Future Search
퓨처서치

조직의 미래를 탐색하게 해줄
Future Search

발행일	2020년 3월 30일
지은이	마빈 웨이스보드, 산드라 제노프
옮긴이	이영숙
발행인	문형식
발행처	얼라인드 북스 서울특별시 서초구 신반포로 47길 105(얼라인드 빌딩 3층) 전화. 02-542-4331 팩스. 02-3443-4331
등록번호	제2016-000058호
등록일자	2016년 3월 17일
인 쇄	라인
가 격	15,000원
ISBN	979-11-964019-4-8 13320

FUTURE SEARCH
Copyright ⓒ 2015 by Marvin Weisboard and Sandra Janoff
All rights reserved.

Korean translation copyright ⓒ 2019 by ALIGNED Books
Korean translation rights arranged with Berrett-Kohler Publishers, Inc through EYA(Eric Yang Agency).

이 책의 한국어판 저작권은 EYA(Eric Yang Agency)를 통해 Berrett-Koehler Publisher's Inc.와 독점계약한 얼라인드 북스에 있습니다. 저작권법에 의해 한국 내에서 보호를 받는 저작물이므로 무단전제와 무단복제를 금합니다.

제3판, 업데이트·확장판

퓨처서치

비전, 몰입, 실행에 필요한 시스템 전체를 한 자리에 모으기

마빈 웨이스보드 · 산드라 제노프 지음

이영숙 옮김

우리가 살고 있는 사회에서 긍정적인 파장을 일으켜 왔고,
지금도 일으키고 있으며, 앞으로도 일으킬
퓨쳐서치 네트워크*Future Search Network* 회원들과
과거, 현재, 미래의 전 세계 리더들에게

목차

서문　8
도입　14

파트 I　이해하기　31

1장　부문과 문화적 차이를 초월한 퓨처서치: 다양한 퓨쳐서치 사례　32

2장　파급효과: 단 한 번의 회의로 세상을 바꿀 수 있는 방법　56

3장　성공에 필요한 조건　71

4장　퓨처서치 원칙의 근원　84

5장　완벽한 회의를 위하여　97

파트 II　계획하기　127

6장　퓨처서치, 당신에게도 통할까?　128

7장　퓨처서치를 통한 기금 확보　140

8장　성공적인 퓨처서치를 위한 준비　146

9장　세부사항 준비　162

파트 III   실행하기   179

10장 "그냥 거기에 서서Just standing There" 퍼실리테이션 하기   180

11장 롤러코스터 타기   197

12장 같은 원칙, 다른 사용   218

파트 V   지속하기   235

13장 지속성 유지를 위한 후속조치   236

14장 경험자로부터 들어보기   248

15장 퓨처서치에 대한 연구와 평가   265

에필로그: 이 "뉴 패러다임"이 이미 오래전부터 있던 것이라구요?   274

부록 A: 퓨처서치 단계별 퍼실리테이션 가이드   283

부록 B: 환경 생각하기   297

부록 C: 회의실 세팅   299

부록 D: 워크북 샘플   306

부록 E: 초대장 샘플   322

감사의 말   325

사진 제공   329

참고문헌   330

저자 소개   338

번역을 마치고   340

옮긴이 소개   344

퓨처서치

서문

이책을 선택하신 여러분을 환영한다. 이 책은 급변하는 세계에서 가능한 한 많은 이해관계자들의 참여가 필요한 사람들에게 필요한 안내서다. 지난 10년 동안 우리가 배운 것을 이 책에 모두 담아내면서 10개 장을 새로 추가하고 5개 장은 수정을 했기 때문에 이 책은 새로 태어난 것이나 마찬가지다. 단 한 번의 회의만으로 창의적인 계획을 수립하고, 참가자들이 완전히 몰입하게 하여 신속한 실행으로 연결해줄 수 있는 방법을 우리는 이 책에서 소개하려 한다. 여러분은 "회의실 안에 전체 시스템Whole system in the room"이 참여하여 각자 가지고 있는 관심사들로부터 공통분모를 찾을 수 있도록 돕고, 지속적으로 실행 단계를 밟아가게 해줄 방법에 대해 배울 것이다. 지난 25년동안 우리는 이런 결과들을 이미 넘칠 정도로 많이 경험해왔다. 세계 여러 곳에는 이 방법을 사용하여 성공적인 결과를 만들어낸 사람들이 상당히 많이 있다. 우리는 이 책을 잡고 있는 여러분도 그런 성공의 반열에 함께할 수 있기를 기대한다.

지금부터 소개할 퓨처서치가 무엇인지 대해 우리 두 사람이 내리고 있는 정의는 다음과 같다.

▶ 어떤 문화적 특성에도 적용할 수 있는 원칙에 기반한 계획수립 회의

▶ 검증된 회의운영 철학과 이론 (회의에서 결정한 사항에 대해 모든 관련자들이 스스로 책임을 진다는 측면에서 우리는 이렇게 정의한다.)
▶ 단 한 번의 회의로 세상을 바꿀 수 있는 전략

아래에 소개하는 것은 2000년에 첫 출간된 이 책을 활용하여 성공적인 결과를 만들어낸 대표적인 사례들이다.

▶ 캐나다의 토론토는 30만개 학교 시스템의 미래를 위한 전략계획을 수립했음
▶ 세계 최대 가구회사인 이케아는 자사의 상품 공급체계를 재디자인하고, 전제품을 재활용할 수 있게 해준 지속가능성을 위한 환경 전략계획을 수립했음
▶ 미국 연방항공청은 꾸준한 필요성 제기에도 불구하고 불가능하다고 치부되고 있던 항공교통관리에 중대한 변화를 가져올 계획에 대해 영공 활용자들로부터 동의를 받아냈음
▶ 파벌 간의 갈등으로 오랫동안 분열양상을 보였던 북아일랜드의 도시인 데리-런던데리 Derry-Londonderry는 경제불황이 지속되는 시기에도 불구하고 도시재건을 위해 적대관계에 있던 당사자들로부터 협력을 이끌어냈음
▶ 인도네시아 교육부는 유니세프 UNICEF 지원으로 전국적으로 진행된 퓨처서치를 통해 학교 시스템을 지방으로 분산하는 계획을 이행했음
▶ 뉴저지의 로렌스빌 Lawrenceville 시민들은 이산화탄소 배출량을 줄이고 다른 지역들의 동참을 이끌어내기 위해 '지속가능한 로렌스'라는 협동조합 설립
▶ 남수단에서 활동중인 유니세프는 강제로 전쟁에 투입된 수천 명의 소년병 해방
▶ 메사추세츠, 네브라스카, 워싱턴 주에 있는 교정국은 공공안전과 교도소 시스템의 주요부문을 개선하기 위한 전략계획 수립

왜 퓨처서치인가?

여러분이 살고 있는 세상이나 커뮤니티, 또는 회사를 보다 성공적으로 만들려면 어떻게 해야 할까? 그 일은 혼자서는 할 수 없는 일이다. 하지만 많은 사람들과 함께 이런 일을 하는 것이 쉬운 일은 아니다. 아주 번거롭고 때로는 위험하기까지 하다. 많은 일들이 워낙 빠르게 전개되기 때문에 끊임없이 돌아가는 시스템에 "변화"를 주는 것이 미친 짓이라고 생각할 수도 있다. 개인적인 입장을 쉽게 바꾸듯 복잡한 인간의 행동을 바꿀 수 있는 방법이 있을까?

많은 이들은 기술발전이 이런 딜레마를 초래했지만 바로 그 기술이 해결책도 될 수 있다고 본다. 세상은 온통 블로그, 소셜 네트워크, 온라인 포럼으로 넘쳐난다. 기술의 진보에도 불구하고 지구를 위협하는 전쟁, 질병, 가난, 환경오염 등과 같은 우리가 다루기 힘든 상황은 매일매일 일어나고 있다. 참여 민주주의와 개인의 자유로운 행동이 지금처럼 시험대에 오른 적은 없다. 쉴 틈 없이 전개되는 변화와 다양성 속에서 퓨처서치는 사람들이 희망을 가지고 행동하게 하고, 서로를 지지해주며, 새로운 해결방안을 찾을 수 있게 해주는 방법이다. 이 책은 다른 참가자들과 함께 얼굴을 맞대고 회의하는 방법을 소개한다. 하지만 우리는 이 원칙이 온라인에도 적용된다고 믿기 때문에 퓨처서치와 새로운 기술을 통합할 수 있는 방법에 대해서도 실험하고 있다.

몇 년 전 인도에서 여러 재단과 NGO에서 활동하는 리더, 컨설턴트, 임원 등 70여명의 참가자들을 대상으로 퓨처서치를 실험한 적이 있다. 주택문제 해결을 위한 퓨처서치의 마지막 단계에서 우리는 아주 흥미로운 비교를 하게 되었다. 지역과 카스트, 종교적 배경이 다른 인도의 중산층이 가지고 있는 "공통 관심사Common ground"를 캘리포니아에 거주하고 있는 사람들과 1대1로 비교해본 것이다. 그 결과, 양쪽의 관심사가 비슷한 것을 보고 매우 놀랐다. 평생학습, 생활에 필요한 적절한 수준의 급여를 받을 수 있는 고용기회, 건강과 주택, 환경보호, 참여적인 정부와 같은 공통의 관심사를 양쪽 모두 가지고 있었다.

우리는 브라질, 캐나다, 중국, 영국, 싱가포르, 스웨덴, 남아프리카에서도 비슷한 경우를 보았다. 대다수의 사람들은 같은 것을 원하고 있다. 이 일을 하면서 더 나은 세상을 위해 우리가 갖게 된 염원이 다른 수백만 명의 염원과 같다는 것을 알게 되었다. 연대의식이 커지면 모든 사람의 선택범위 또한 함께 올라간다. 퓨처서치를 후원하거나 조직하거나 진행할 때마다 여러분은 보다 많은 사람들이 우리가 가진 세상, 우리들이 원하는 세상에 감사함을 느낄 수 있는 길로 안내하게 될 것이다. "회의실 안에 전체시스템Whole elephant in the room"이 참여할 수 있는 회의를 준비하는 사람은 누구나 더 좋은 세상을 만드는데 기여할 것이다.

퓨처서치로부터 혜택을 받을 수 있는 사람들

3개 그룹을 생각해볼 수 있다.

- ▶ 전통적인 전략기획에 드는 시간과 비용은 줄이되 참가자들의 몰입과 성과는 더 높이고 싶어하는 커뮤니티, 비영리기관, 기업 리더

- ▶ 자신의 레퍼토리를 넓히고 싶어하는 경험 있는 컨설턴트와 퍼실리테이터

- ▶ 대규모 회의에서 이해관계자의 참여를 높이고, 회의 디자인에 필요한 아이디어와 실천적인 조언을 얻고 싶어하는 모든 사람

여러분의 동기가 어디에 있든 계획수립을 목적으로 하는 회의에는 성공을 극대화하는 원칙이 있어야 한다는 근거(어쩌면 용기)를 발견하게 될것이다. 퓨처서치의 성공은 그것이 가지고 있는 기법보다 원칙에서 나온다는 사실 또한 확인하게 될것이다. 그렇지만 기법도 필요하기 때문에 우리가 가장 잘 알고 있는 것을 설명하고 그것을 어떻게 발견했는지에 대해서도 이 책에서 소개한다. www.futuresearch.net 사이트를 방문하여 퓨처서치에 관한 비디오를 보면서 이 책에서 말하는 내용을 더 보완하기 바란다.

이 책의 유래

이 책은 1991년에 알버트 아인슈타인 의과대 Albert Einstein College of Medicine 에 있는 케이프코드연구소 Cape Cod Institute에서 있었던 한 실험적인 워크숍에서 시작되었다. 우리가 목표로 했던 것은 성공적인 퓨처서치 회의 진행에 필요한 가이드를 짧은 시간 안에 제공할 수 있을지를 보는 것이었다. 이때 참석했던 100명에 가까운 참가자 가운데 여러 명이 자신들이 학습한 것을 지속적으로 적용하여 긍정적인 결과를 만들어냈다고 우리에게 알려 오기 시작했다. 그래서 우리 두 사람은 이전에는 해본 적이 없는 일이지만 그 일을 지속하게 해줄 회의와 그 회의방법을 가르쳐주는 교육과정 개발에 착수했다.

1992년에 들어서면서 우리는 퓨처서치가 체계적인 변화를 위한 전략이 될 수 있다는 생각을 하기 시작했다. 메릴린 시포드가 이끄는 필라델피아 지역의 조직개발 네트워크 회원 Philadephia Region Organization Development Network들은 퓨처서치 방법을 가르쳐 달라고 우리에게 요청해왔다. 우리는 이 지역에서 비영리단체를 위해 무료로 봉사해줄 컨설턴트들을 모은 후, 짧은 시간동안 필수적인 교육을 해준 후 자체적으로 퍼실리테이션할 수 있는 인턴십을 조직하였다. 30건 정도의 퓨처서치가 이들에 의해 수행되었다. 컨설턴트들과 함께 수행했던 퓨처서치를 검토하는 과정에서 모두 좋은 결과를 얻었다는 사실을 확인할 수 있었다. 자신감을 얻은 우리는 캘리포니아, 콜로라도, 뉴저지, 뉴욕, 캐나다 온타리오, 워싱턴주, 워싱턴 D.C.에서 몇 년에 걸쳐 이 프로그램을 반복적으로 사용하였다.

퓨처서치 네트워크 (Future Search Network)

1993년에 우리는 필라델피아에 본부를 두고 있는 RHD Resources for Human Development Inc. 산하에 국제적인 비영리단체인 '서치넷 SearchNet'을 설립했다. 1999년에는 서치넷이란 이 단체의 이름을 퓨처서치 네트워크

*Future Search Network*로 바꿨다. 우리가 이 조직을 통한 활동을 시작할 당시에는 존재조차 하지 않았던 '인터넷'의 등장으로 인해 우리 활동이 인터넷 서치로 오해될 여지가 있어서 이름을 바꾸기로 했다. 퓨처서치 네트워크의 활동에 대한 입소문이 점점 퍼지면서 아프리카, 아시아, 유럽에서도 퓨처서치 워크숍을 해달라고 우리 두 사람을 초청했다. 우리는 2010년까지 3,600명 이상에게 퓨처서치를 소개했다. 지금은 세계 곳곳에 있는 병원, 교회, 기업, 커뮤니티에서 퓨처서치를 활용하고 있다. 퓨쳐서치의 기본원칙에 대한 동의서에 서명하고 사회봉사를 위해 퓨처서치를 사용하겠다는 동의만 하면 누구나 퓨처서치 네트워크에 참여할 수 있다.

완성이 불가능할 수도 있다고 생각하는 집을 짓는데 기꺼이 필요한 벽돌이 되어줄 이론과 실천이 퓨처서치라고 우리는 생각한다. 이 책은 세계 여러 곳에서 시도되었던 실험을 통해 경험하고 배운 것들을 정리한 보고서이다. 퓨처서치는 이것을 사용하는 개인에게도 도움이 되지만 사회에도 큰 도움이 된다고 우리는 믿고 있다. 단 한 번의 회의로 더 나은 세상을 만드는 일에 누구든지 참여할 수 있도록 준비한 이 책을 손에 든 여러분 모두가 새로운 영감을 얻을 수 있기를 기대한다.

마빈 웨이스보드 · 산드라 제노프
Wynnewood, Pennsylvania
2010년 6월

도입

지난 30년간 우리가 경험한 것에 대한 요약으로 이 책을 시작하고자 한다. 퓨처서치를 통해 얻을 수 있었던 가장 큰 이점은 한 시스템의 실행역량을 완전히 새롭게 바꿀 수 있었다는 것이다. 퓨처서치 원칙을 자세히 들여다보기만 하면 며칠 이내에 누구든지 그렇게 할 수 있다. 우리가 경험한 것을 여러분이 잘 활용하기만 하면 진행과정에서 나타날 시행착오를 상당부분 줄일 수 있다. 이 지점에서 경영의 역사에 대해 잠깐 살펴보고 가자. 퓨처서치가 탄생한 이유를 이해하는 데 도움이 될 것이다.

〈생산성이 높은 조직 Productive Workplaces, Weisbord, 1987〉이란 책에서 웨이스보드는 그때까지 사용되어온 계획수립에 두 가지 변화가 일어나고 있다고 설명한다. 첫번째 변화는 "누구 Who"에 대한 것인데 전문가가 진행하던 계획수립이 여러 사람을 포함하는 형태 From experts to everybody로 바뀌는 것이다. 두번째 변화는 "무엇 What"에 대한 것인데 과거에는 문제해결을 주로 다루었던 내용이 최근에는 전체 시스템 향상을 위한 것으로 바뀌고 있다고 우리에게 말해주고 있다. 산업혁명이후에는 전문적인 문제해결(예컨대 "과학적인 관리")을 황금률로 여겼지만 지금은 그것이 퇴색된 유물로 남아 있을 뿐이다. '집단역학 Goup Dynamics'의 소개를 통해 전문가가 제시해준 해결책을 실제 실행으로 옮기는 것이 얼마나 어려운지 알게 되면서 많은 조직들이 참여를 통한 경영을 점차 받아들이기 시작했다. 1960년대에 '시스템 사고 System thinking'가 세계를 강타하자 전문가들은 문제가 되는 시스템 전체를 한번에 - 종이 위에 - 해결하는 것이 가능하다는 말을 듣고 이 분야로 관심을 몰아갔다. 1980년이 되어 다양성의 증가가 가속화되자 "모든 사람을 시스템 전체의 개선활동에 참여"하게 하는 것으로 나타났다. 이것이 바로 후에 "대규모 그룹 개입 Large group interventions"의 핵심요소가 되었다. ("다음의 곡선" 참고)

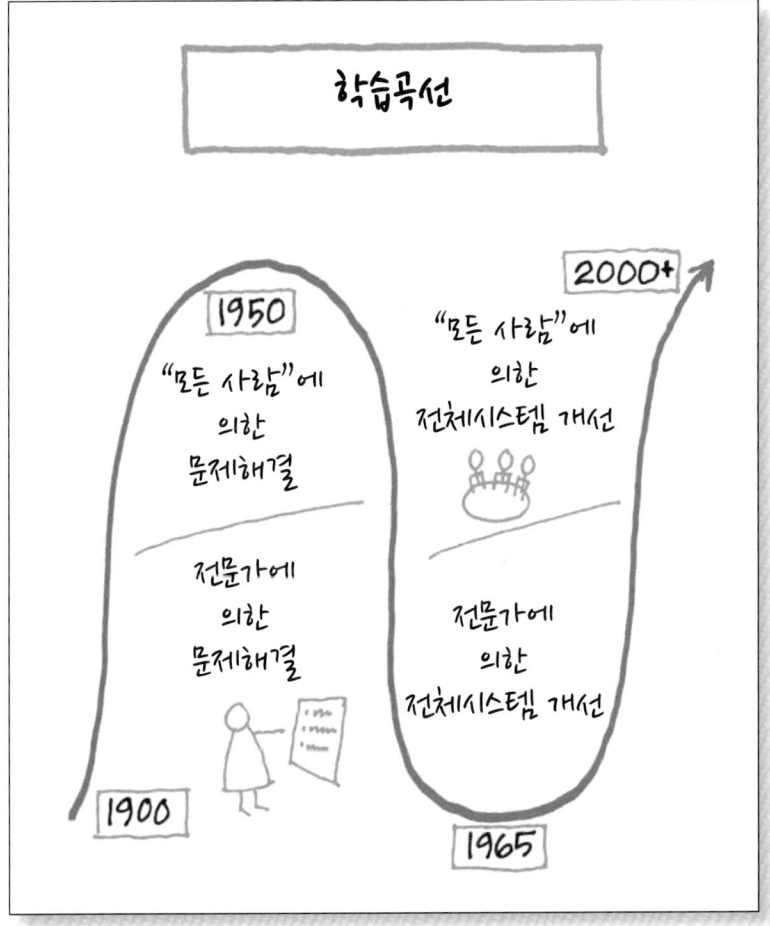

계획수립 방법은 두 가지 축으로 진화해왔다. 한 축은 "누구가 who"에 대한 것인데 전문가에 의한 계획수립에서 모든 사람이 참여하는 계획수립으로의 변화이고, 또 다른 한 축은 "무엇 what"에 대한 것인데 문제해결을 주로 다루던 회의에서 전체 시스템 향상을 다루는 회의로의 변화이다.

〈생산성이 높은 조직에 대한 재고 Productive Workplaces Revisited, Weisbord, 2004〉 인용허가됨

〈생산성이 높은 조직 Productive Workplace〉은 "모든 사람이 전체 시스템을 개선하는 것"만이 급변하는 세상을 만족시킬 수 있다고 제안했다. 여기서 말하는 만족시킨다는 것의 의미는 경제적인 결과가 반드시 품위, 의미, 커뮤니티와 같은 가치와 절충될 필요는 없다고 믿을 경우에 해당한다. 우리에게 퓨처서치는 "모든 사람이 전체 시스템을 개선"하는 학습 실험실과 같다. 이 개념에 대해 편지, 전화, 도움 요청 등의 형태로 많은 사람들로부터 뜨거운 반응을 받게 되면서 대규모 그룹을 통한 계획수립 회의를 효과적으로 진행하는 데 필요한 공통원칙과 실례를 소개하기 위해 〈공통 관심사 발견하기 Discovering Common Ground, Weisbord et al., 1992〉라는 책을 발간했다.

1995년에 우리는 처음으로 퓨처서치 방법을 자세히 소개했다. 2000년에 발행된 재판본에는 이전보다 더 발전된 퓨처서치 모델, 실제 과제를 통한 실험과 기법, 다양한 문화적 배경을 가지고 있는 조직에서 적용한 사례를 소개했다. 그동안 알려져왔던 것과 달리, 사람들은 단 한 번의 회의로도 오랫동안 지속할 수 있는 실행계획을 만들어낼 수 있었다. 우리는 "간섭하지 않는" 퍼실리테이션에 대한 철학적인 근거도 소개했는데, 이에 대해서는 〈무턱대고 아무거나 하지 말고, 그냥 그 자리에 서 있기! Don't Just Do Something, Stand There!, Weisbord et al., 2007〉란 책에서 아주 자세히 설명했다.

제3판 개정내용

제3판은 퓨처서치 네트워크 회원 수십 명이 제공해준 정보를 기반으로 10개의 장을 새로 추가하였고, 새로 학습한 것을 반영하기 위해 5개의 장을 보완하였다. 우리는 보다 큰 자신감과 다양한 사례, 다양한 문화적 배경을 가진 개척자들의 현실적인 비판을 통해 퓨처서치에 대해 새롭게 이야기할 수 있게 되었다.

구체적으로 수정한 부분은 다음과 같다.

- ▶ 흐름을 간소화하고 결과물을 더 잘 만들어내기 위해 회의 디자인을 보완 (5장, 부록 A)
- ▶ 다양한 문화와 부문에서 우리 두 사람을 포함하여 동료들이 경험한 것을 토대로 새로운 사례 추가 (1장)
- ▶ 수년간 다양한 부문에서 꾸준한 결과를 보여준 퓨처서치의 파급효과 정리 (2장)
- ▶ 퓨처서치 스폰서, 준비위원회, 참가자, 기부자, 퍼실리테이터에게 도움이 될 구체적인 지침 제공 (6장)
- ▶ 퓨처서치의 경제적 효과에 대한 사례 정리 (7장)
- ▶ 가상기술Virtual technologies 사용과 계획수립에 대한 조언 추가 (8장과 9장)
- ▶ 퍼실리테이션에 대한 우리의 핵심철학과 이론 강조 (10장과 11장)
- ▶ 퓨처서치의 변형 및 다른 방법과의 통합 적용에 대한 자세한 설명 (12장)
- ▶ 효과적인 후속조치를 통해 실행을 지속하는 방법에 대한 다양한 사례 추가 (13장)
- ▶ 퓨처서치의 의미에 대해 이것을 적용했던 리더들과 인터뷰한 내용 추가 (14장)
- ▶ 효과성의 공식적 근거에 대한 연구와 평가에 대한 설문조사 (15장)
- ▶ 퓨처서치가 다양한 문화적 경계를 극복하게 해준 근거에 대한 두 발적인 생각 (에필로그)

퓨처서치, 무엇이 다른가?

퓨처서치는 혼자 발견할 수 있는 것보다 더 많은 것을 조직과 커뮤니티가 함께 배울 수 있게 해준다. "회의실 안으로 전체 시스템Whole system into the room"을 가져옴으로써 복잡성과 불확실성과 조우한 것을 서로 공유하게 하고 그것을 통해 명료함과 희망, 행동을 이끌어내게 한다. 공유한다는 말은 우리가 가장 중요하게 여기는 단어이다. 다른 사람들과 함께 공통 관심사를 탐구할 수 있을 때 창의적인 에너지가 발산되어 혼자서는 할 수 없는, 모든 사람들이 그 가치를 충분히 인정할 수 있는 프로젝트가 도출된다.

3일간 진행되는 퓨처서치는 투자한 시간동안 매우 효율적으로 계획을 수립하게 해주는 방식이다. 좋은 계획을 수립하기 위해 추상적인 개념을 모두 마스터할 필요는 없다. 참가자들은 자신이 이미 가지고 있는 스킬과 경험, 동기를 꺼내 사용하기만 하면 된다. 우리는 사람들이 원하는 것은 물론이고 절대로 할 수 없다고 꿈조차 꾸지 않았던 것을 추구해왔다. 행동으로 옮기는데 필요한 모든 핵심적인 조건을 단번에 정복하기는 어렵지만 모든 회의는 점점 더 생산적인 모습으로 바뀔 것이다.

퓨처서치 사용에 적합한 상황

퓨처서치는 주로 아래 3가지 목적을 위해 사용할 수 있다.

- ▶ 조직과 네트워크, 커뮤니티가 전체 구성원들과 공유할 수 있는 비전과 행동계획을 수립하기 위해
- ▶ 모든 이해관계자들이 공통 관심사에 근거하여 행동하고, 자신이 맡은 계획을 실행할 책임을 져야 할 때
- ▶ 실행하지 않고 내버려두었던 기존의 비전을 되살려 실행의 불을 지펴야 할 때

퓨처서치 개요

퓨처서치 디자인은 "성공에 필요한 조건"을 고수하느냐에 따라 달라진다. "성공을 위한 조건"에는 4가지 핵심원칙이 있는데, 이 부분은 3장과 4장에서 집중적으로 설명하기로 한다.

- "회의실 안에 전체 시스템이 참여하게 하기 Whole system in the room"
- 부분적인 행동에 필요한 전체적 맥락
- 문제와 갈등이 아니라 미래와 모든 참가자들의 공통 관심사에 초점을 둠
- 자율적인 운영과 실행에 대한 책임

우리는 모든 사람의 참여를 보장하고 건강한 회의실 분위기를 조성하기 위해 3일동안 충분한 시간을 가지면서 진행하고, 모든 참가자들이 합의한 후속조치에 대해서는 공개적으로 약속하게 한다.

■ 참가자에 대한 용어 정리

우리가 퓨처서치를 진행할 때는 아래 용어를 사용하고 있다.

- 스폰서: 퓨처서치를 주도하는 조직이나 지역단체, 연합체의 책임자
- 준비위원회: 과제 결정, 이해관계자 선정, 세부사항 관리, 후속조치에 필요한 기본 프레임을 만들기 위해 스폰서에 의해 선발된 사람들
- 이해관계자: 스폰서가 성공적인 퓨처서치를 위해 반드시 참석해야 한다고 생각하는 사람들로서 최대한 다양한 조직/부서를 대변하기 위해 결정된 참가자
- 기금제공자: 퓨처서치의 목적과 관련하여 프로젝트와 프로그램에 비용을 투자해줄 사람들
- 퍼실리테이터(퓨처서치 매니저 또는 컨설턴트): 스폰서와 함께 퓨처서치를 기획하고 퍼실리테이션 하는 숙련된 전문가

■ 구조

퓨처서치에는 동일한 목적을 가지고 있는 60명에서 100명 정도의 사

람들이 참여하여 함께 논의한다. 대체로 5가지 활동을 하는데, 각 활동은 2시간에서 4시간동안 진행하기 때문에 16시간에서 20시간이 필요하다. 먼저 지나온 과거를 함께 돌아본 후, 현재를 분석하고, 이어서 기대하는 미래에 대한 시나리오를 함께 만들어내고, 모든 참가자들이 원하는 공통 관심사를 발견하고, 마지막으로 실행계획을 함께 준비한다.

과거와 미래에 대해 논의할 때는 각 부문을 대표하는 사람들이 소그룹에 들어갈 수 있도록 부문을 섞어서 그룹을 만드는 것이 효과적이다. 현재 시점에 대해 분석할 때는 관점을 충분히 공유하고 있는 이해관계자끼리 그룹으로 만들어주면 훨씬 실질적인 대화를 나눌 수 있다. 모든 부문을 하나로 묶게 될 공통 관심사에 대해서는 참가자 모두가 인정할 수 있는 항목들이 나와야 한다. 실행계획을 수립할 때는 이해관계자와 참여하겠다고 자원한 사람들로 그룹을 구성하고 모든 과제는 전체그룹 대화로 마무리한다.

■ 롤러코스터 타기

퓨처서치는 건설적인 결과를 만드는데 필요한 강력한 집단역학을 만들어준다. 우리는 감정의 롤러코스터를 타고 컨퍼런스의 최고점에도 올라가 보고, 밑바닥으로 떨어지는 순간도 경험하게 된다. 한 순간에 세계적으로 일어나고 있는 트렌드의 늪으로 곤두박질치다가, 다음 순간에는 지극히 이상적인 최고점까지 솟아오르기도 한다. 불확실성과 좌절, 혼란 때문에 생기는 문제는 언제나 재미와 에너지, 성취한 것들로 해결된다. 이렇게 오르내리는 순간들을 잘 관리하면 현실에 맞는 선택을 할 수 있고 건설적인 실행계획도 만들어낼 수 있다.

퓨처서치는 참가자들이 가지고 있는 다양한 학습스타일을 충분히 수용해주는 것을 중요하게 생각한다. 객관적인 사실을 찾는데 집중하는 사람도 있지만 감정에 주파수를 맞추는 사람도 있다. 우리는 참가자들이 가급적 많은 단계에 참여하여 다양한 활동을 해볼 수 있도록 디자인한다. 모든 사람에게는 최선을 다할 수 있는 기회가 주어진다. 사전

교육이나 사전정보, 데이터 수집, 진단 같은 것을 요구하지도 않는다. 그대신 자신이 알고 있는 이야기를 완전히 오픈해서 들려주고 다른 사람들이 하는 이야기를 마음을 열고 경청해주기를 요청한다. 우리가 발견한 것이 우리가 함께 살아가고 있는 이 세상에서 피해갈 수 없는 한 부분이라는 것을 인정할 수 있기를 원한다. 간단히 말하면, 이미 존재하고 있음에도 불구하고 땅 속에 묻혀 있어서 아직은 우리가 잘 보지 못하고 있는 새로운 가능성을 채굴해내고 싶다는 것이다.

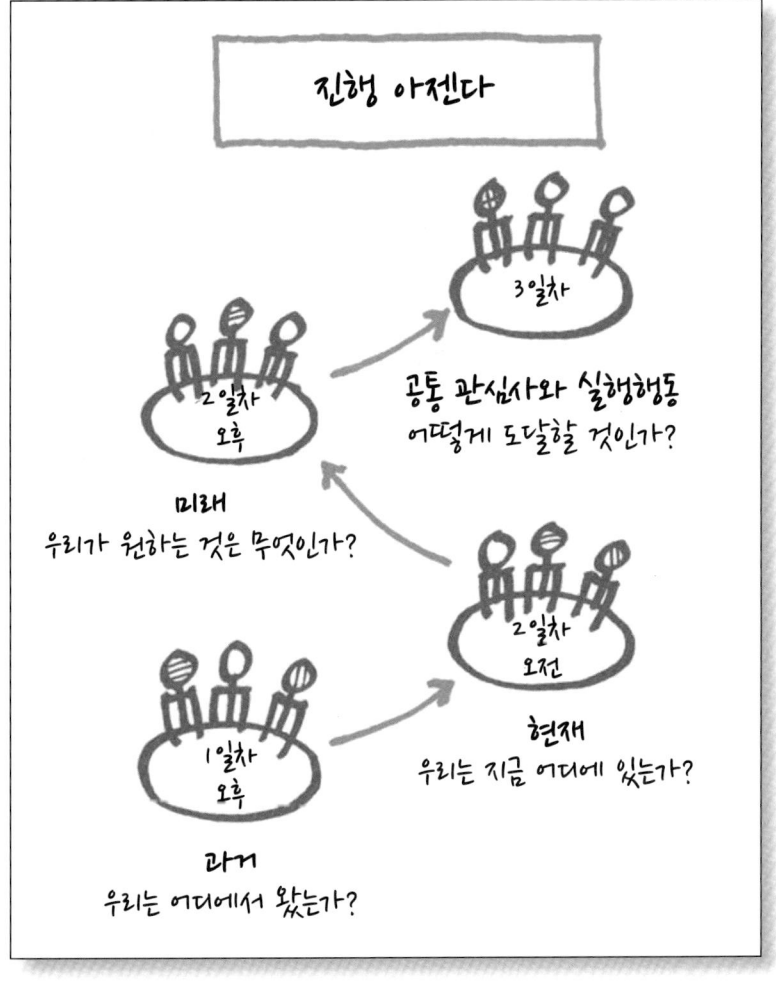

퓨처서치는 공동의 목적을 가지고 있는 60명에서 100명이 3일동안 한 자리에 모여 과거, 현재, 미래, 공통 관심사, 행동계획 수립이라는 5가지 주제에 집중하여 대화를 나눌 수 있게 해준다.

주: 이 다이어그램은 3일 과정의 개요를 나타낼 뿐이다. (단계별 세부 아젠다는 5장과 부록 A 참고)

■ *실행으로의 이동*

퓨처서치에 모인 참가자들은 서로가 관심을 두고 있는 과제를 함께 다루면서 문화, 계층, 연령, 성별, 인종, 권력, 신분, 위계구조 때문에 일어나는 모든 장애물을 극복하고 넘어간다. 퓨처서치 프로세스는 강압적으로 몰아가는 행동이나 싸우거나 회피하는 행동, 불평거나 비난하는 행동, 또는 누군가 해결해주기만을 기다리는 잘못된 행동패턴이 반복해서 일어나지 않게 해준다. 퓨처서치는 사람들이 가장 이상적으로 생각하는 것을 표현할 수 있도록 모두에게 충분한 기회를 준다. 그들에게 특정한 행동을 바꾸도록 요구하는 대신 그들의 상호작용을 방해하는 조건을 바꿔주는데 집중한다. 바로 그것만이 우리가 통제할 수 있는 것들이다. 그렇게 하면 누구나 깜짝 놀랄 만한 결과를 만들어낼 수 있기 때문이다. 우리는 그렇게 믿어왔고 지금까지 그렇게 퓨퍼서치를 진행해왔다.

그러나 그 어떤 프로세스도 실행까지 책임져줄 수는 없다. 퓨처서치를 통해 만들어진 계획들이 지난 40년동안 우리가 사용해본 그 어떤 계획수립 방법보다도 현실에서 더 성공적으로 실행되는 것을 우리는 지금까지 보고 있다. 사람들이 아무리 좋은 시간을 보내고, 퍼실리테이터를 좋아하고, 서로간의 차이점을 해결하고, 잘 마무리했다고 느끼더라도 실행은 완전히 다른 문제이다. 모든 사람이 공유하고 있는 목표를 믿어주고 상호협력할 수 있을 정도로 서로에 대해 충분히 신뢰할 수 있을 때 비로소 실행으로 이어진다. 거기에는 시간과 에너지, 가끔은 돈과 같은 다양한 자원이 뒤따라야 한다. 우리는 이번 개정판에서 퓨처서치가 공유할 수 있는 목표와 신뢰, 그리고 자원을 어떻게 만들어내는지에 대해서도 보여줄 것이다.

조직개발의 경계를 무너뜨리는 퓨처서치

우리는 퓨처서치가 전통적인 조직개발*Organization Development: OD*을 새로운 방향으로 확장해가는 것을 보고 있다.

첫째, 조직개발은 일회성 회의가 아니라 대규모의 시스템 변화를 위한 전략으로 인식되어 왔다. 하지만 퓨처서치 회의에 소요되는 기간은 불과 3일이다.

둘째, 조직개발은 '변화의 필요성'을 받아들인 사람들과 진행하는 반면, 퓨처서치는 며칠동안 시간을 함께 보내자는 초대를 받아들인, 회의주제를 다루는 데 적합한 사람들과 진행한다.

셋째, 원래 조직개발이란, 컨설턴트가 진단한 현재상태와 목표상태 사이의 차이에 토대를 두고 있었다. 이렇게 하는 이유는 기존 시스템을 "해빙 Unfreeze"하여 사람들로 하여금 그동안 유지해온 상호관계와 역량을 재정리하게 하기 위해서이다. 이 경우 실행단계가 되면 대개는 교육을 하게 되는데 이 방법은 사람들이 '자신들이 원한다고 말한 것을 실천할 방법을 알지 못한다'는 이론에 근거한 것이다. 하지만 퓨처서치는 그 어떤 사전진단도 요구하지 않는다. 참가자들에게 "협력자" 또는 "저항자"라는 식의 이름도 붙이지 않는다. 회의에 다양한 특성을 가진 사람들이 모일수록 어떤 특정한 개념을 지켜야 할 필요성은 점점 더 떨어진다. 퓨처서치는 참가한 사람들이 현장에서 제기하는 이슈 이외에 사전에 이슈를 별도로 정해서 그것을 다루기 위해 사람들을 불러모으지 않는다. 그래서 전통적인 조직개발과 달리 고쳐야 할 문제에 집중하지 않는다.

우리는 사람들 사이의 관계나 기능을 개선하기 위해 모이지 않는다. 오히려 사람들이 새로운 방식으로 관계를 맺을 수 있는 조건을 만들어주기 위해 모인다. 우리는 다양성이나 신뢰, 의사소통, 협력과 같은 사회적인 이슈를 경제적이고 기술적 이슈와 분리하지 않는다. 다양성을 다루기 위해 퓨처서치를 하는 건 아니지만, 다양한 사람들이 모여서 자신들이 살고 싶어하는 방법이나 일하고 싶어하는 방법을 함께 탐구하게 한다.

"당면한 현실" 경험하기

퍼실리테이터로서 우리는 좋은 정보인지 아니면 나쁜 정보인지, 완벽한 정보인지 아니면 대충 준비한 정보인지, 유용한 정보인지 아니면 아무 쓸모 없는 정보인지, 적절한 수준의 정보인지 아니면 불필요한 것을 너무 많이 담고 있는지에 대해 함부로 판단하지 않는다. 사람들이 하는 말이나 행동이 무엇이든(말, 행동, 기대, 반응) 그 모든 것을 그들의 것으로 인정해준다. 회의 현장에서 일어나는 모든 것은 이해관계자들이 자기 생각을 표현한 것이다. 사람들이 퓨처서치에서 며칠동안 동료로서 시간을 함께 보냈다고 해서 권위를 잃어버리는 것도 아니고, 서로에게 의존해야 할 필요성이 사라지는 것도 아니다. 다만, 책임감을 공유하고 함께 일하는 능력에 대해 그들은 더 많은 것을 배우게 될 것이다. 우리가 관심을 두는 것은 이미 존재하고 있는 것에 대해 참가자들이 가능한 한 충분히, 깊이, 인간적으로 경험하게 하는 것이다. 그렇게 하면 사람들이 자신이 원하는 것을 합리적으로 선택할 가능성이 훨씬 높아진다.

일의 분담

우리가 하는 주된 활동은 시스템 전체(자신, 커뮤니티, 세상)가 직접 만나게 하는 것이다. 그러나 우리는 시스템 분석을 전문적으로 하지는 않는다. 우리는 한 사람의 전인적인 모습을 여러 차원에서 접해볼 수 있는 상황들을 만들어줄 뿐이다. 사람들이 일을 나누고, 돌아다니고, 불확실성을 감수하고, 꿈을 실현하도록 요청한다. 퓨처서치에 참가한 사람들은 만나본 적도 없는 사람들 앞에서 한번도 제기한 적 없는 이슈에 대해 이야기를 한다. 이들 가운데 대부분은 이전에 자신이 회피했거나 무시했던 문제에 대해 기꺼이 책임을 진다. 사람들이 자발적으로 어떤 행동을 하겠다고 약속할 수 있는 것은 순전히 회의실에 함께 있었던 다른 사람들 덕분이다.

우리는 주로 읽고 쓸 수 있는 능력을 가진 사람들을 대상으로 퓨처서치 절차를 진화시켜왔지만, 읽고 쓸 줄 아는 능력에만 의존한 건 아니다. 말로 하는 커뮤니케이션이나 상징적인 커뮤니케이션도 퓨처서치에는 중요하다. 퓨처서치를 통해 만들어진 결과는 여러 문화권과 다양한 문화적 특성을 가진 집단에서도 반복해서 입증되고 있다.

우리가 지지하는 원칙을 토대로 디자인한 회의는 다음과 같은 결과를 도출한다고 믿고 있다.

▶ 참가자들은 자신이 책임져야 할 부분을 기꺼이 받아들인다.
▶ 실행계획을 신속하게 완료한다.
▶ 회의에서 만들어진 이해관계자들간의 관계를 지속적으로 유지한다.

10년 전에는 우리 스스로 이 모든 것들을 "입증되지 않은 가설"이라고 불렀다. 그러나 지금 발간하는 제3판에서는 우리가 만든 이론과 현장에서의 적용, 그리고 결과와의 관계가 얼마나 강력한지에 대해 설득력 있는 증거를 제시할 것이다. 무엇이 효과 있고 없는지에 대해 지금은 이전보다 훨씬 높은 확신을 가지고 말할 수 있다. 우리가 주장하는 것을 평가해보고 싶으면 우리가 세운 핵심원칙을 고쳐서 그로 인해 나타나는 결과를 추적해보라. 무엇이 달라졌는지 알게 될것이다.

회의 디자인의 한계 –
시스템 내부의 한계와 우리 자신 안에 있는 한계

퓨처서치는 참가자들이 쉽게 받아들일 수 있는 방식을 사용하고 있다. 모든 사람이 특정한 방식을 동일하게 잘 활용할 수 있는 것도 아니고, 모든 사람이 그것을 신뢰하는 것도 아니며, 모든 사람이 많은 일을 빠른 시간 안에 성취할 수 있는 것도 아니고, 여느 회의보다 더 많은 시간을 들인다고 해서 그 회의가 특별히 더 가치 있는 것도 아니다. 잠재적인 스폰서나 컨설턴트는 자신이 통제력을 잃거나 제기하고 싶지 않은 이슈가 혹시라도 제기될까 걱정하지만, 우리는 그에 대해 그다지 놀라지 않는다. 컨퍼런스를 진행하면서 불안해하지 않았던 순간은 단 한 번도 없었다. 하지만 얼마 지나지 않아 그런 불안이 우리에게 에너지와 창의력을 가져다주는 오랜 친구가 된다는 것을 우리는 매번 경험해왔다.

우리는 회의를 디자인할 때, 회의 목적이나 리더십, 이해관계자들의 참여와 용기를 요구하기는 하지만, 언제나 이 모든 것들이 보장된다고는 생각하지 않는다. 어느 누구도 회의에 참가하지 않은 사람에게 영향을 줄 수는 없다. 참가하지도 않은 사람에게 자신도 모르게 만들어진 계획을 책임지라고 할 수는 없다. 우리는 왜 회의에 참석해야 하는지, 왜 함께 일을 해야 하는지 알지 못하는 사람들에게는 퓨처서치를 추천하지 않는다. 퓨처서치가 우리가 상상할 수 있는 모든 종류의 갈등을 다루는데 적합한 방법은 더더구나 아니다. 다만 퓨처서치는 어떤 것이 일어나기를 기다려주는 것과 사람들이 그 일들을 빠른 시간 안에 손쉽게 현실로 만들어주는데는 최상의 도구라고 생각한다.

"정답"은 디자인에 있는 것이 아니라 우리 자신 안에 있다.

우리는 퓨처서치 원칙이 우리 삶뿐만 아니라 우리가 하는 일에 폭넓게 적용될 수 있다고 믿는다. 그 원칙을 사용하기 위해 "우리 자신 밖에 있는" 시스템만 본다고 되는 것은 아니지만 말이다. 우리 자신에 대해서도 노력해야 할 필요가 있다. 특히, 다른 사람을 고치겠다는 생각을 내려놓기 위해 우리는 더 많이 배워야 한다. 우리는 이렇게 시작하는 질문을 너무도 많이 들어왔다. "그래요, 하지만 어떻게 하면 그 사람들이" "나타나게", "전 일정에 참석할 수 있게", "서로 경청하게", "말을 너무 많이 하지 않게", "실제로 생각하는 것을 다른 사람들 앞에서 말하게", 또는 "실질적인 계획을 세우게" 하지요?

이에 대한 우리의 대답은 아주 간단하다. "우리는 그렇게 하지 않는다"는 것이 바로 우리 대답이다. 퓨처서치 정신의 가장 중요한 부분은 자율적 운영과 자기발견에 있다. 우리는 회의에 참가하는 사람들이 필요한 리더십을 공유하고, 자신이 해야 할 일을 스스로 준비할 수 있기를 기대하고, 실제로 그렇게 하도록 회의를 디자인하고 있다. 성공에 대해 우리가 알고 있는 모든 것을 그들에게 들려준다. 무엇을 하든 모든 사람은 자신에게 최선이 되도록 일을 한다고 우리는 믿고 있다. 회의 주제를 다루기에 적합한 사람들이 퓨처서치에 온다면, 전체 일정에 참여하여 자신들이 원하는 것에 대해 서로 이야기를 나눌 것이다. 이것이 우리가 요구하는 전부이다. 우리는 그 이상을 요구하지 않는다.

퓨처서치와 관련된 프로세스

우리가 소개하는 프로세스는 다른 컨퍼런스 프로세스와 겹치는 부분이 많다. 그 중 하나는 에릭 트리스트*Eric Trist*와 프레드 에머리*Fred Emery*가 개척하고 메를린*Merrelyn*과 프레드 에머리가 개발한*Emery, 1993* '서치 컨퍼런스*Search Conference*'이다. 우리가 그들에게서 큰 도움을 받긴 했지만 몇 가지 측면에서 차이가 있다. (예를 들면, "회의실안에 시스템 전체 들여오기"를 강조하고, 실행을 위한 무대 위에 개인적인 경험과 창의적인 미래 시나리오를 올려놓는 것은 서치 컨퍼런스와는 다른 점이다.)

해리슨 오웬*Harrison Owen, 1997*이 개발한 '오픈 스페이스 테크놀로지*Open Space Technology: OST*'가 추구하는 정신도 퓨처서치와 같다. OST에서는 참가자들이 다른 사람들과 논의하고 싶은 안건과 그룹을 본인들이 직접 선택한다. 퓨처서치에서는 사전에 결정된 그룹이 공동의 미래를 추구하기 위해 동일한 과제에 대해 논의를 한다. 두 모델 모두 참가자들 스스로 소그룹을 직접 운영하고 강력한 공동체 정신을 만들어가도록 한다.

퓨처서치와 관련된 또 다른 프로세스는 작고한 물리학자인 데이비드 봄*David Bohm*이 만들고 윌리엄 아이작스*William Issacs, 1999*와 그의

MIT 동료들이 보완해서 활용되고 있는 '다이얼로그 그룹Dialogue Group' 이다. 퓨처서치와 이 모델은 제기되는 모든 이슈는 타당하고 모든 관점은 경청되어야 한다는 규범을 중요하게 여긴다. 그러나 '다이얼로그 그룹'과 달리 퓨처서치는 구조화되어 있고 과제에 초점을 두며 적극적으로 관리하며 실행에 시간 제한을 두고 있다.

    우리는 참여적인 전략계획 수립 컨퍼런스로 알려진 '전체 변화Whole Scale Change'와 '실시간 전략적 변화Real Time Strategic Change'도 주목하고 있다. 이것은 작고한 캐더린 댄밀러Kathleen Dannemiller, Dannemiller-Tyson Associates, 2000와 로버트 제이콥스Robert Jacobs가 1994년에 개발한 컨퍼런스 모델이다. 이 모델들과 퓨처서치는 에바 쉰들러-레인맨Eva Schindler-Rainman과 로날드 리피트Ronald Lippitt, 1980가 만든 대규모 그룹을 모태로 해서 만들어졌다. 댄밀러/제이콥스의 컨퍼런스에서는 리더들이 중심역할을 하는데, 이들이 컨퍼런스의 맥락을 설정하고, 지향하는 미래방향에 대한 정보를 제공하고, 참가자들이 제기하는 질문을 다뤄준다. 반면에 퓨처서치는 리더, 전문가, 특별한 관심사를 가지고 있는 사람들이 다른 모든 사람들과 함께 어우러가면서 참여한다. OST와 댄밀러/제이콥스 컨퍼런스에는 한 번에 수백 명이 참가할 수 있지만 퓨처서치는 60에서 100명을 적절한 참가인원으로 보고 진행한다.

    퓨처서치 제2판이 출간된 무렵에 비슷한 프로세스 두 가지가 새롭게 등장하였다. 데이비드 쿠퍼라이더David Cooperrider, 2005와 그의 동료들이 개발한 '긍정탐구AI: Appreciative Inquiry'와 주아니타 브라운Juanita Brown과 데이비드 아이작스David Issacs, 2005가 고안한 '월드 카페World Cafe'가 바로 그것이다. 퓨처서치가 가지고 있는 여러 측면을 통합하고 있는 '긍정탐구 회의Appreciative Inquiry Summit, Ludema et al., 2003'는 사전 인터뷰를 통해 끌어낸 긍정적인 경험을 기반으로 하고 있다. 그러나 퓨처서치는 모든 경험이 관련되어 있고 또 의미있다고 본다. 월드 까페는 구조화되어 있고, 자율적 운영방식으로 대화하게 하며, 시간대와 사람의 수에 제한받지 않는다는 장점이 있다.

우리는 지금도 모든 오픈 시스템 프로세스로부터 배우고 있으며 그 프로세스들을 격려하고 지지한다. 전례 없이 복잡하고 혼란스러운 시기에 우리가 살고 있기 때문에 부분이 아닌 전체를 경험하도록 도와줘야 한다는 필요성을 생각하면 앞에서 소개한 프로세스들이 갖는 유사점이나 차이점은 그다지 중요한게 아니다. "최고의 모델"이라는 개념은 시대착오적인 생각이다. 이런 방법론들은 만화경에 비유할 수 있다. 모든 사람이 가지고 있는 유리 색깔의 비트 정도는 같지만, 어떻게 "흔드느냐"에 따라 패턴은 매번 달라지기 때문이다. 최고의 모델은 여러분이 추구하는 목표와 가치, 직관, 능력과 잘 부합될 때에 만들어진다.

많은 사람들이 퓨처서치를 포함한 다양한 대규모 그룹 방법을 새로운 변화전략으로 통합해가고 있다. 이 제3판에서는 이런 트렌드를 자세히 살펴보기 위해 12장을 추가했다. 이 책의 범위 밖에 있는 전략적인 질문과 세팅을 다루기 위해 다양한 컨퍼런스를 통해 실험하고 있는 사람들도 있다. 그러나 우리는 여러 방법을 시도하기 전에 우선 한 가지 프로세스라도 잘 운영하는 방법을 배우라고 권하고 싶다. 퓨처서치는 사회변화와 개인변화에 필요한 기초단계로서 집을 지을 때의 벽돌 역할을 한다. 퓨처서치를 통해 우리가 경험한 것들을 여러분이 복제해낼 수 있다면 여러분은 새로운 가능성의 세계를 열 수 있을 것이다.

제3판의 구성

파트 1 : 이해하기 1장은 여러 부문과 문화권에서 퓨처서치를 통해 어떤 결과들을 만들어냈는지에 대해 보여준다. 2장에는 퓨처서치를 처음 시도한 후 여러 해에 걸쳐 사회로 확산된 다양한 사례를 소개하고 있으며, 3장은 퓨처서치를 성공적으로 진행하는데 필요한 조건에 대해 기술하고 있다. 4장은 이론을 실행으로 바꿔가는데 도움이 될 역사적 관점을 가질 수 있게 해주며, 5장은 퓨처서치 디자인이 진화해온 과정을 최근 정보와 함께 소개하고 우리가 이 작업을 계속하는 이유에 대한 설명도 덧붙였다.

파트 2 : 계획하기   6장은 스폰서, 준비위원회, 참가자, 퍼실리테이터에게 도움이 되는 조언을 담고 있다. 7장은 퓨처서치를 통해 기금이 어떻게 확보되는지에 대해 짧게 소개했다. 8장에서는 퓨처서치 주제를 결정하고 함께 준비할 이해관계자들을 어떻게 모으는지에 대해, 그리고 9장은 성공적인 퓨처서치를 위해 어떻게 무대를 준비해야 하는지에 대해 소개했다.

파트 3 : 실행하기   10장은 퓨처서치를 전문적으로 퍼실리테이션 하는데 필요한 스킬을 가르쳐준다. 11장은 불안감을 억제하면서 서로간에 신뢰를 쌓고 과제에 집중하는 데 필요한 것을 제시하고 있다. 12장은 퓨처서치 모델의 변형된 형태 및 다른 방법과 통합해서 사용하는 방법에 대해 설명해준다.

파트 4 : 지속하기   13장은 효과적인 후속조치 방법에 대해 설명하고, 14장에는 퓨처서치를 진행해본 리더들의 경험을 통해 그들에게 도움이 되었던 점과 앞으로 진행할 퓨처서치 스폰서들에게 주고 싶은 조언을 담았다. 15장에서는 퓨처서치가 가져온 효과에 대해 리서치한 결과를 소개해준다.

추가 자료   에필로그는 문화의 교류에 대한 다소 도발적인 구상을 담고 있다. 부록 A에서 E까지는 세부적인 디자인 가이드, 회의실 세팅과 준비물, 참가자 워크북, 초대장 샘플 등이 들어있다. 컨퍼런스룸에 대한 실제적인 가이드라인도 참고를 위해 추가하였다.

PART I
이해하기

1장 **부문과 문화적 차이를 초월한 퓨처서치**: 다양한 퓨처서치 사례
여러 부문과 문화권에서 만들어진 결과

2장 **파급효과**: 단 한 번의 회의로 세상을 바꿀 수 있는 방법
퓨처서치 실시 이후 사회로 확산된 파급효과

3장 **성공에 필요한 조건**
성공적인 퓨처서치에 필요한 조건

4장 **퓨처서치 원칙의 근원**
이론을 실천으로 바꿔가는 데 도움이 될 역사적 관점

6장 **완벽한 회의를 위하여**
퓨처서치 디자인의 진화과정과 우리가 이 활동을 계속하는 이유

1장

부문과 문화적 차이를 초월한 퓨처서치

퓨처서치 사례

우리 두 사람의 친구인 바푸 디오라리카Bapu Deolalikar는 1953년 당시 인도 아메다바드에 있는 칼리코 밀스Calico Mills라는 회사의 본사에서 인사총괄 책임자로 일을 하고 있었다. 이때 그는 세계 최초로 참여적인 방식으로 진행하는 업무 디자인 프로젝트를 직접 목격하게 된다. 사전에 아무런 교육도 받지 못한 작업자들이 새로운 기술을 받아들여야 할 상황이었다. 런던에 있는 타비스톡연구소Tavistock Institute의 A. K. 켄 라이스A.K. Ken Rice가 새로운 기술에 대해 브리핑 한 후 불과 며칠 만에 이 작업자들은 다중스킬을 확보한 자신들만의 팀을 꾸려낸 것이다(Weisbord, 2004, ch. 9).

그로부터 40여년이 지난 후, 세계 여러 곳을 다니며 조직개발 컨설팅 프로젝트를 해오던 바푸가 우리가 하고 있던 퓨처서치를 "문화의 초월Culture free"이라는 이름으로 불러서 우리를 깜짝 놀라게 했다. 퓨처서치가 사람들로 하여금 자신들만의 경험과 신념체계에 따라 일을 하게 한다는 점을 바푸는 강조해주었다. "세계 어느 곳에 있는 사람들에게도 이 모델을 적용할 수 있다"고 그는 말했다. 그날 바푸가 우리에게 한 일은 40년 전에 켄 라이스가 작업자들에게 해준 것과 같다고 본다. 이 두 사람은 존재하는지조차 알지 못했던 우주를 열어준 것이다.

그로부터 불과 1년도 채 되지 않아 세계 여러 곳에서 활동하고 있던 퓨처서치 네트워크 회원들은 퓨처서치를 받아들이기 시작했다. 그 후 10년이 넘는 기간동안 바푸가 말했던 것을 우리는 아프리카, 아시아, 유럽에서 직접 볼 수 있었다. 다양한 문화권에서, 그리고 다양한 문화와 문화 사이에서 퓨처서치가 사용되고 있었다. 그들이 선택한 부문, 이슈, 문제가 무엇이든간에 그들은 퓨처서치를 적용했다. 퍼실리테이터가 관련된 문화를 잘 알고 있어야 할 필요도 없었다. 단지 회의실 안에 있는 사람들의 전통과 경험을 존중하기만 하면 되었다.

퓨처서치를 개최한 지역은?

퓨처서치는 호주, 오스트레일리아, 방글라데시, 보스와나, 브라질, 캐나다, 중국, 콜롬비아, 덴마크, 에콰도르, 이디오피아, 핀란드, 독일, 가나, 헝가리, 인도, 인도네시아, 이란, 아일랜드, 이스라엘, 일본, 케냐, 말레이시아, 몰디브, 말리, 멕시코, 모잠비크, 네덜란드, 뉴질랜드, 나이지리아, 노르웨이, 파키스탄, 필리핀, 폴란드, 러시아, 싱가포르, 남아프리카공화국, 스페인, 스리랑카, 수단, 스웨덴, 트리니다드, 영국, 미국, 서인도제도, 짐바브웨, 미국에서 실시되었다.

퓨처서치가 사용된 부문은?

- ▶ 예술과 문화 : 박물관, 동물원, 합창단, 예술위원회
- ▶ 비즈니스 : 서비스, 제조, 기술, 소매, 건설, 보험, 은행
- ▶ 커뮤니티 : 고용, 건강관리, 주택, 교통, 경제 발전
- ▶ 종교단체 : 다양한 종파, 개별적, 지역적, 전국적
- ▶ 경제 : 특정 지역에 기업, 관광, 투자, 일자리 유치
- ▶ 교육 : 공립학교, 사립학교, 전체 학구(學區), 전문대학, 대학
- ▶ 환경 : 도시, 지방, 공공용지나 수질관리와 같은 이슈 및 지속가

능성을 위한 활동
- ▶ 정부 : 공공서비스 통합을 위한 지방정부 및 기관들
- ▶ 건강관리 : 병원, 전국적인 의료시스템, 보험가입자들, 의과대학과 치과대학
- ▶ 사회서비스 : 주택, 가족, 고용, 가족계획
- ▶ 기술 : 무역그룹, 소프트웨어 개발자, 서비스 제공자
- ▶ 청소년 : 어린이집, 헤드스타트 Head Start[1], 걸스카우트, 지역센터

사람들이 제기한 질문

북아일랜드 - 분열되었던 과거를 극복한 사례

북아일랜드에서 두 번째로 큰 도시인 데리-런던데리 Derry-Londonderry는 17세기에 만들어진 벽으로 둘러싸인 도시이다. 이곳은 우리에게 잘 알려진 아일랜드 시민권 운동이 일어난 곳이며 "바로 그 문제"가 촉발된 곳이기도 하다. 1972년 1월 30일 일요일, 시민권 확보를 위한 평화적 시위가 폭력적으로 변하면서 카톨릭과 개신교 사이에 30년 동안 지속되어온 갈등에 불이 붙었다. 1998년에 '성금요일 평화협정 Good Friday Peace Agreement'이 맺어진 후에야 경제가 회복되고 시민들은 자녀들이 더 밝은 미래에서 살 수 있게 되었다고 안심하기 시작했다.

통합정부가 추진했던 사업 중 하나는 '이렉스 Ilex'라는 회사를 세워 그 지역의 물리적, 경제적, 사회적 재건활동을 대대적으로 펼치는 것이었다. 재건 프로젝트를 이끌었던 제라드 맥클리브에 따르면, "2008년 6월, 당시 이렉스의 회장으로 임명된 로이 맥널티 경은 이 도시에는 리더십도 없고 도시의 미래를 창조하는 데 필요한 조직 조차 없습니다."라

---

1 (역주) 취학 전 아동을 위한 미국 정부 교육사업

북아일랜드의 분열된 역사에도 불구하고 퓨처서치 참가자들은 공통 관심사를 발견할 수 있었다. "어떤 사람은 이 도시를 데리라 부르고, 다른 어떤 사람들은 런던데리라고 부르지만, 우리 모두는 그곳을 고향이라고 불렀습니다."

- 마틴 맥긴스Martin McGuiness, 북아일랜드 부총리 -

고 정부에 보고하였다. "도시 중간을 가로지르는 강때문에 상징적으로 뿐만 아니라 물리적으로도 분리되어온 이 도시에서 어떻게 하면 핵심 이해관계자들을 한 자리에 불러 모아 도시재건을 위한 로드맵에 합의하게 할지 자문하기 시작했습니다." 당시 고용/교육부장관이자 1999년에 퍼매너주County Fermanaghd 주지사가 된 에이딘 맥긴리Aideen McGinley가 퓨처서치를 통해 이 프로젝트를 해보자고 제안하였다. 실제로 그녀는 퓨처서치를 후원해준 인물이다. 그녀는 나중에 북아일랜드의 신생 부처인 문화·예술·레저부 장관으로 재임할 당시 최초로 예술전략을 수립한 데 이어 국가대표 축구팀의 전략, 지리정보시스템, 도서관 아카이브 정책, 얼스터-스코츠Ulster-Scots의 언어와 문화에 대한 비전과 실행계획 수립을 위한 안건을 다룰 때도 퓨처서치를 사용하도록 후원해준 인물이다. (14장에 정리되어 있는 그녀의 이야기 참고)

도이 경의 회상에 따르면, "도시의 역사나 함폐화 정도, 과거에 실패로 끝났던 사업, 도시 안에 퍼져있는 냉소주의를 고려하면 그런 행사를 개최하겠다고 생각하는 것 자체가 미친 짓이었어요." 그럼에도 불구하고 120명 가까운 사람들은 2009년 2월에 데리-런던데리에서 그때까지 한 번도 해본적 없는 새로운 경험을 하기로 했다. 그 컨퍼런스 주제는 "패턴의 변화를 통한 결과의 변화Changing Patterns-Changing Outcomes" 였다. 오랫동안 분열로 서로 담을 쌓아온 그들이지만 그래도 예상치 못한 곳에서 서로를 연결해주는 공통 관심사를 찾아낼 수 있었다. 그들을 가장 놀라게 한 것은 도시 이름(일부는 데리라고 불렀지만, 다른 사람들은 런던데리로 불렀음)을 짓는 것에조차 정치적인 논쟁이 끼어들었다는 점이었다. 그러나 그런 행동들이 점차 사리지기 시작했다. 고통스러운 과거를 인정하고 난 후에야 사람들은 교육, 스킬, 인프라, 기업, 직업, 빈곤퇴치, 시민과 방문자를 환영하는 도시 만들기와 같은, 이 도시가 다뤄야 할 핵심과제를 선정하기 위해 함께 활동하기 시작했다. 처음으로, 핵심 인사들이 정치적 성향을 초월한 모든 시민들의 공통 관심사를 발견할 수 있었다.

그들은 모든 시민들을 위한 평생학습과 지역 통합, 지속가능한 고용, 그리고 예술, 스포츠, 관광을 하나의 문화유산으로 활용하자는데 합의하였다. 또한 포일강Foyle River과 도로, 오솔길, 철도를 하나로 통합하는 교통시스템을 상상하기 시작했다. 하지만 그들이 중요하게 생각한 가치는 모든 실행계획 안에 평등이 보장되어야 한다는 것과, 가장 가난한 시민들의 니즈를 누락하지 않고 다뤄야 한다는 것이었다. "이 도시를 누군가는 데리, 누군가는 런던데리라고 부르지만, 우리 모두는 그곳을 고향이라고 부릅니다." 북아일랜드 부총리[2]인 마틴 맥긴스Martin McGuiness가 한 말이다.

퓨처서치는 12개의 부문별로 실행그룹을 만들었다. 이렉스는 회의 결과를 도시재건을 위한 기본 안으로 받아들여주었다. 수개월에 걸쳐 450명에 달하는 사람들이 정기적으로 만나 회의를 했다. 18개월이 지나자 그 숫자는 천 명을 넘어섰다. 그들은 가난한 사람들이 필요로 하는 것과 불평등적인 부분을 다루는데 그치지 않고 도시의 공통의 비

---

2 (역자) 북아일랜드는 총리와 부총리의 권한이 동등한 공동수반 체제

1장: 부문과 문화적 차이를 초월한 퓨처서치

전달성에 필요한 미래사업을 발굴하기 위해 서로 협력하는 단계로까지 올라갔다. 로이 경은 "지난 한 해동안 우리가 했던 일과 그 결과를 보면 극도의 도전에 우리가 얼마나 잘 맞서 왔는지가 고스란히 들어있습니다."라고 말했다. "우리는 퓨처서치에서 만들어진 열정과 헌신을 토대로 준비한 계획들을 하나씩 잘 추진하고 있습니다."

이것이 다가 아니다. 데리-런던데리는 2010년 7월에 영국이 선정한 첫번째 "문화도시"가 되었다. 이 영예는 힘들었던 과거를 다루고, 조상으로부터 물려받은 유산을 존중하면서도 모두가 놀랄 정도의 새로운 이야기를 창조하고 싶어하는 문화 프로그램에 대해 시민들이 엄청난 지원을 해주었기 때문에 가능한 일이었다.

스웨덴 – 글로벌 사업계획서에 지속가능성 추가

이케아(IKEA)는 세계최대의 가정용 가구회사이다. 직원은 물론 고객과 좋은 관계를 유지한다는 기업문화를 가지고 있는 회사이다. 이케아 인사책임자인 토마스 오셀맨은 2003년에 퓨처서치를 도입했다. 이케아의 디자인과 생산, 유통부문 총괄책임자인 조세핀 리드버그-듀몽 Josephine Rydberg-Dumont은 퓨처서치를 즉시 받아들였다(14장 참고). 그녀의 요청에 따라 회사는 "디자인에서부터 고객에 이르는 글로벌 운영프로세스 전체를 엑토르프 소파라는 단일상품을 통해 살펴보기" 위해 퓨처서치를 실시하기로 했다(Weisbord and Janoff, 2005). 2005년에는 리드버그-듀몽과 공급체인 담당 매니저인 외란 스타크가 이케아의 공급 프로세스를 재디자인하기 위해 퓨처서치를 다시 활용하였고, 공급자들과의 관계개선을 위해 중국에서 또 다시 퓨처서치를 사용하였다. 이런 일련의 노력에 대해 스타크는 "중국산 제품이 이케아 제품 품질의 실질적 상징이 될 수 있도록 품질에 주력했습니다."라고 말했다.

이케아는 또한 지속가능한 환경을 위해 헌신을 다하겠다는 약속을 공개적으로 발표했다. "우리는 환경문제를 지속적으로 생각해왔지만 그것을 전략적 맥락에서 고려해보지는 않았습니다. 환경문제에 대해 이야기할 수 있는 공통의 언어가 우리에게는 없었습니다. 우리에게는 통합적 관점이 없었어요."라고 리드버그-듀몽의 후임인 토르브외른 뢰프는 말했다.

    2008년에 이케아는 탄소배출을 줄임으로써 글로벌 리더로 자리잡겠다는 야심찬 목표를 세웠다. "우리가 늘 해왔던 대로 하면서 우리는 글로벌 리더가 되었습니다."라고 지속가능성을 책임지고 있던 토마스 버그마크는 말했다. "우리가 정말로 원했던 것은 우리 사업방식 안에 지속가능성을 완전히 통합하는 것이었습니다."

    2008년 5월에 이케아는 모든 부서의 내부 이해관계자들과 공급업체, 그리고 세계야생기금World Wildlife Fund, 그린피스Greenpeace International, 유니세프UNICEF, EU 집행위원회European Union Commission 등과 같은 외부 파트너 기관도 참여하는 퓨처서치를 조직하였다. 이 워크숍의 목적은 어떻게 하면 지속가능한 이케아가 되어 사업을 지속할 수 있을지에 대해 함께 생각해본다는 것이었다. 200개 매장, 1만개의 제품, 55개국에

이케아 퓨처서치에서, 경영진 모두는 지속가능성의 목표와 실행단계를 사업계획 안으로 통합해가기로 결정했다.
"우리는 회사 내, 외부로부터 중요한 사람들을 모았습니다. 이들은 계획한 것을 지속적으로 실행해가는 과정에서 우리에게 강력한 동력이 되어 주었습니다."

흩어져 있는 공급업체와 13만명 직원이 매년 6억명의 고객에게 서비스를 제공할 때 탄소배출을 최소화할 수 있는 방법을 찾기 위해 모든 참가자들이 논의에 열정을 쏟았다.

"만약 당신들이 지금 하고 있는 사업방식 그대로 지구상에 있는 모든 사람들의 집에 가구를 제공한다면 과연 자원이 남아날 수 있을까요?"라며 외부 참가자 중 한 사람이 질문을 제기했다. 이 질문에 대해 열띤 대화가 오가는 동안 NGO 회원들은 자신들이 이케아에게 바라는 기대가 회사가 원하는 것을 충족시키지 못한다는 사실을 깨닫게 된 '아하'의 순간에서 자신들이 그동안 어떤 요구를 해왔는지 알고 깜짝 놀라게 되었다. 한 환경문제 전문가는 "우리는 이케아가 성공하기를 바랍니다. 수익성과 지속가능성을 모두 추구하는 것은 여러분의 도덕적 의무입니다"라고 말하였다. 서로의 입장을 모두 보게 되는 순간들이 이어졌다.

이케아와 파트너들은 서로를 연결해주는 공통 관심사로부터 함께 다룰 수 있는 안건을 도출해내었다. 이케아가 만든 전제품을 재활용, 재사용, 재생 가능한 소재로 만들겠다는 "요람에서 요람까지"라는 장기적인 방향에 헌신하기로 약속했다. "그 결과 회사의 원자재 전략은 완전히 바뀌었습니다. 우리가 생산하는 모든 제품이 환경에 미치는 영향을 추적하고 평가하기 시작했습니다." 라고 뢰프가 말했다.

지속가능성을 위한 목표와 실행단계를 품질과 제품범위, 가격과 동등한 수준에서 사업계획에 통합한다는 것을 경영진이 받아들였다. 각 핵심 프로세스와 부서도 지속가능성 목표를 수립하고 실행에 대한 책임을 지기로 했다. 이케아 회장인 앤더스 달빅*Anders Dahlvig*에 따르면, "2000년 당시에는 우리가 가지고 있던 통찰력이나 이해력, 태도의 수준이 서로 달랐습니다. 이런 토론을 할 준비가 되어 있지 않았어요. 그렇지만 지금은 공정하고 정직하게 책임지는 이케아가 되겠다는 약속을 우리 어깨 위에 올려놓고 있습니다. 우리가 살고 있는 세상을 보다 살기 좋은 곳으로 만드는 데 필요한 중요한 것들을 이케아는 만들어낼 수 있게 되었습니다."

버그마크는 "퓨처서치를 통해 우리는 필요한 토대를 마련했습니다. 회사 내, 외부로부터 핵심적인 사람들을 한 자리에 불러모았습니다. 이들은 계획한 것을 지속적으로 실행해가는 과정에서 우리에게 강력한 동력이 되어 주었습니다. 지속가능성은 이제 제가 맡고 있는 부서만의 일이 아니라 우리 회사의 제품 개발과 원자재 구매전략의 핵심이 되었습니다."라고 말했다.

미국 – 신도들의 회복

미국 뉴저지의 앱세컨Absecon, New Jersey에 있는 200년 된 마을교회에 새로 부임한 목사인 브라이언 로버츠는 1995년에 신도 80명과 함께 진행하기로 한 퓨처서치를 위해 스폰서가 되어주었다. 신도들은 인근에 있는 새로 개발된 주거단지까지 포함하는 지역교구로 성장하고 싶어했다. "그 퓨처서치를 하면서 우리는 큰 꿈을 꾸게 되었습니다."라고 로버츠 목사는 말했다. 예배 참석인원은 220명에서 350명으로 늘어났다. 부족한 예산으로 '큰 꿈'을 실현하는 것이 쉬운 일은 아니었지만 7년에 걸쳐 진행한 프로젝트를 3백만 달러 예산 내에서 완료할 수 있었다. 이 프로젝트를 위해 150년 된 성소의 벽을 허물어야 했고, 처음에 교회를 세웠던 가족들의 묘지까지 옮겨야 했다. 신도들은 퓨처서치를 통해 프로젝트를 담당했던 건축가와 12차례 회의를 가진 후에야 비로소 프로젝트 추진에 찬성표를 던질 수 있었다. 로버츠 목사는 "우리는 힘든 순간마다 퓨처서치가 던져준 핵심가정을 곰곰이 되뇌어보았습니다. 회의실 안에는 언제나 시스템 전체를 대변하는 참가자들이 자리를 차지하고 있었습니다. 매순간 전체 시스템이 참석하도록 노력했어요. 그렇게 할 수 없을 때는 이슈를 들고 사람들을 찾아갔습니다."

2005년이 되면서 로버츠 목사는 뉴저지 오션시티에 있는 성피터스 연합감리교회 목사로 부임을 했다. 부임한지 2개월도 지나지 않아 그는 또 다른 퓨처서치를 열기로 했다. 몇 달 후 90명이 주말에 모여 10년 후 교회의 미래에 대해 함께 그림을 그리기 시작한 것이다. 이 과

브라이언 로버츠 목사가 말했다. "우리는 모든 활동에서 퓨처서치의 핵심 가정인 '언제나 회의실 안에 시스템 전체가 참여한다.'가 지켜질 수 있도록 최선을 다했습니다."

정에서 그들은 새로운 도전이 될 수 있는 것들을 많이 받아들였다. 예를 들면, 대규모 예배를 한번만 드리는 대신, 다른 시간대에, 다른 스타일로, 다른 환경에서라는 3가지 버전으로 예배를 드리기로 했다. (그 중 하나는 여름에 대서양을 바라보면서 예배를 드리는 것이었다.) 퓨처서치를 한 지 2주가 채 지나지 않아 기획팀은 새로운 비전을 중심으로 한 예배를 디자인하기 위해 모든 신도들을 불러모았다. 그들이 만들어낸 실행계획을 모든 신도들이 볼 수 있도록 교회 현관에 게시했다. 다과시간을 갖는 동안 신도들은 실행계획을 하나하나 읽고, 거기에 대해 다른 신도들과 이야기를 나누고, 퓨처서치의 하이라이트를 비디오로 시청할 수 있게 해주었다. 그들은 원하기만 하면 실행팀에 들어올 수 있었는데, '위원회'가 아니라 '실행팀'이란 이름을 붙인 것은 '실행'에 대한 그들의 의도를 보여주기 위해서였다.

이런 일련의 과정을 통해 교회의 위원회는 "온전한 믿음의 공동체"라는 새로운 비전을 공식적으로 승인하게 되었다. 그들은 위원회가 해야 할 새로운 역할도 명확하게 규정했는데, "우리의 꿈에 활기를 주고, 사람들이 퓨처서치를 일회성 이벤트로 보지 않고 우리 여정의 시작으로 볼 수 있게 해주는 사람"으로 정의를 내렸다. 로버츠 목사는 이렇게 덧붙였다. "퓨처서치는 많은 집중과 의도를 필요로 합니다. 참가자 개개인이 가지고 있는 신성한 본성을 존중하고, 참가자들이 자신의 목소리를 내게 해주며, 실제적이면서도 진정한 공동체를 맛볼 수 있게 한다는 점에서 볼 때 퓨처서치는 본질적으로 하나의 영적 과정이라고 생각합니다."

■ 남수단 – 소년병 징집해산

1999년에 샤라드 사프라는 유니세프의 '수단 생명 구출작전'에 대한 책임을 총괄하게 되었다. 이란에서 지역책임자로 있을 당시에는 그 지역에서 행해지던 아동학대를 줄이고, 아동의 노동조건을 개선하고, 거리를 떠도는 아동이 겪는 어려움을 덜어주기 위해 세 번에 걸쳐 퓨처서치를 후원해주었다. 그가 이란에서 수단으로 왔을 당시 수단은 남수단과 북수단으로 나뉜 분단국가로서 17년간 내전을 계속하고 있었다. 이 긴 시간동안 가장 큰 전쟁 희생자는 바로 아이들이었다. 많은 아이들이 고아가 되었을 뿐만 아니라 강제로 군인이 되어야 했다. 아이들은 학교도 잃었고, 병원과 가족, 마을까지 잃었다. 사프라는 "수단 국민들은 전쟁의 소란통에 아이들 세대를 완전히 놓치고 있었어요."라고 말했다. 이란에서 아동보호 활동을 하는 동안 그는 아이들의 목소리를 세상에 알려야 한다는 결심을 하게 되었다. 그래서 아이들의 운명을 다룰 수 있는 퓨처서치를 두차례로 나누어 진행하기로 마음을 정했다. 하나는 오직 아이들 만을 위해, 다른 하나는 아이들과 어른들이 함께 퓨처서치를 한다는 것이었다.

사프라는 난민캠프와 여러 지역으로부터 청소년들을 모집했다. 대부분은 교육을 받지 못했고 가족도 없었으며 태어나면서부터 전쟁지역에서만 살아온 아이들이었다. 여러 부족에서 아이들이 참가했는데 각자 여섯 개 언어 가운데 하나만 사용했기 때문에 소그룹마다 통역자가 필요했다. 전쟁지역이 아닌 나이로비나 케냐 등에서 만나 그들이 겪고 있는 궁핍과 슬픔에 대한 이야기를 나누면서 희망의 비전을 세우기 시작했다. 특히 그들은 평화를 원했다. 가족이 그들 품으로 돌아오기를 바랐으며, 보건의료 혜택을 받을 수 있기를 희망했다. 무엇보다 학교에 가서 배울 수 있는 기회를 갖고 싶어했다. 이틀 후에 청소년 그룹에서 선발한 소년 5명과 소녀 5명을 어른들과 함께 하는 두번째 컨퍼런스에 참

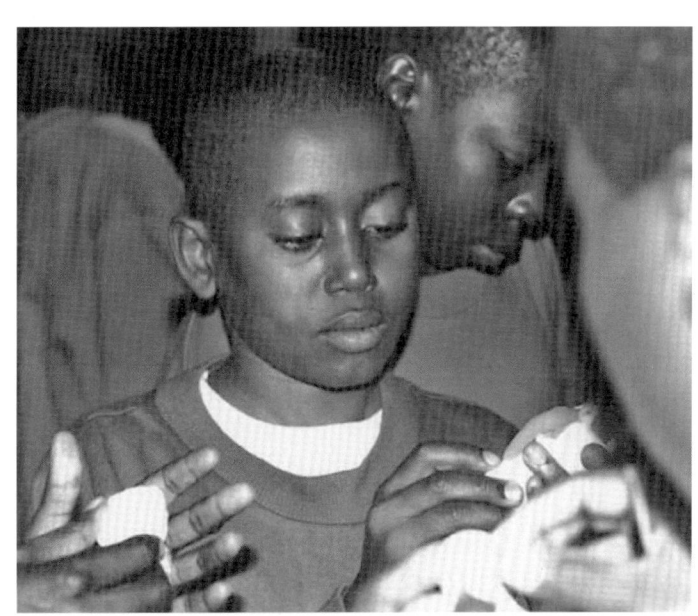

수단 아동들은 자기자신들과 전쟁 때문에 찢어진 조국을 위한 희망의 비전을 세우기 시작했다.

여하게 했다. 그 두번째 컨퍼런스는 아이들이 사회복지사와 교사, 외교관, 보건의료인, 부족장과 수단의 운명을 염려하고 있는 해외에 거주하는 수단교민들을 직접 만날 수 있는 자리였다.

남수단에서 벌어진 인종 집단간의 고통스러운 역사적 갈등에도 불구하고 아이들의 존재는 어른들로 하여금 더 높은 목적에 집중하게 만들었다. 그들은 해외에 거주하는 수단교민들이 보내주는 교육자료와 교과서를 가지고 새로운 학교 설립을 위한 계획을 추진했다. 농업전문가와 농부를 위한 교육과정, 지역 주민들 스스로 건강센터를 세우는데 필요한 도움을 줄 수 있는 보건의료 전문가를 끌어들이기 위해 계획을 세웠다. 5년 안에 수단 땅에 평화와 화해를 만들겠다는 공통 관심사 위에 참여한 모든 사람들이 하나가 될 수 있었다.

1년 후에 우리는 다시 케냐로 가서 남수단과 북수단 출신의 유엔 개발인력 50명을 대상으로 퓨처서치 퍼실리테이션을 위한 교육을 진행하였다. 교육에 참가한 사람 중 몇명은 바로 그 다음 주에 남수단 룸벡에서 12세 아동까지 징집해온 소년병들을 해산하는 문제를 다루기 위해 퓨처서치를 진행하였다. 그 이전까지 여러 해동안 이런 노력을 쏟아 부었지만 정작 혜택을 본 숫자는 몇 명에 불과했다. 종종 아이들이 다시 징집되어 전쟁터로 끌려 나오는 경우도 있었다. 그런 후 처음으로 부족장과 군사령관, 교사, 부모, 시민운동가와 젊은이들이 뭔가 행동을 취하지 않으면 안된다는 공동의 책임을 제대로 보기 시작했다. 전사가 되어야 한다는 생각에서 벗어나 교육과 의미 있는 삶을 살 수 있는 아이들의 미래를 만들어줄 방법에 대해 입을 떼기 시작했다. 오랜 시간동안 이렇게 노력한 덕분에 마침내 군대는 소년병에서 징집해제된 아이들이 재징집되지 않게 할 시스템을 마련한다는 데 동의를 했다.

짧은 기간 안에 3,500명의 소년병들이 자유를 되찾게 되었고, 그로부터 2년이 지나지 않아 남수단 반란군 가운데 16,000명의 소년병들은 가족들이 있는 집으로 돌아갈 수 있게 되었다. 5년 후에는 퓨처서치 초기에 세웠던 비전에서 감동을 받은 북수단과 남수단이 전쟁을 종식하는 평화협정을 체결하기에 이르렀다. 그러나 지금은 전세계가 다르푸르Darfur에 주목하고 있음에도 불구하고 이 평화협정을 위협하는 갈등이 끓어오르고 있다.

■ 일본 – 공동체의 가치를 되찾기 위한 활동

일본인들은 조상 대대로 살아온 고향을 전통적으로 중요하게 여긴다. 그렇지만 지금 젊은 세대들은 대가족보다는 핵가족으로 살고 있고 직업에 따라 다른 지역으로 이주하는 일이 자주 일어나면서 오랫동안 중요하게 이어온 전통은 무너지고 있다. 2008년, 일본의 한 지방은 의미 있는 활동을 생각하게 되었다. 15만 명이 살고 있는 나고야 교외에 있는 코마키 시의 원로들은 커뮤니티를 사랑하는 그들과는 달리 젊은이들은 그렇지 않다는 것을 깨닫고, 지금의 커뮤니티를 과거의 가치로 재연결하는 시도를 해보기로 했다. 이 무렵, 이 지역 교육청장은 난잔대학교의 토시미추 추무라와 카주히코 나카무라가 진행했던 워크숍에 참

나고야 교외에 있는 코마키시는 과거에 대한 존중을 토대로 커뮤니티의 미래를 새로 만들기 위해 풍부한 역사와 전통을 활용하기로 했다.

퓨처서치   Part 1: 이해하기

참가자 중 한 명이 러시아 텔레비전에서 흐루스팀을 마케팅하는 미래 시나리오를 발표하고 있다. 제품개발팀, 마케팅팀, 유통팀이 함께 일하기 시작하자 "여러곳으로 분산되어 있던 에너지가 갑자기 한 곳으로 집중"되기 시작했다.

석했던 사람들로부터 퓨처서치에 대한 이야기를 듣게 되었다. 아이들이 풍부한 역사와 전통을 존중할 수 있도록 도와주려면 원로들과 다른 이해관계자들이 함께 모여야 하는데, 그들의 이야기를 들으면서 퓨처서치가 적격이라는 것을 깨달은 것이다.

"아이들과 함께 지역사회의 미래 만들기"라는 이름으로 진행된 퓨처서치로부터 많은 프로젝트가 나오게 되었다. 예를 들면, 중고등학교는 학교 행사를 원로들에게 개방했고, 원로들은 지역 봉사활동과 전통축제에 학생들을 초대했다. 공통 관심사를 정의한 문안 가운데 가장 단순하고도 가장 의미 있는 것은 "이 지역에 거주하는 사람은 세대와 신분에 상관없이 서로 인사한다. 우리는 풍부한 커뮤니케이션으로 이 도시를 가득 채운다"는 것이었다. 바로 이것에서 "길모퉁이 인사하기"로 불리는 새로운 실천운동이 시작되었다. 많은 주민들은 나이가 많고 적음을 떠나 새로운 공동체의식을 만들어내기 위해 "인사를 담당하는 스텝" 역할을 맡기 위해 자원자로 나섰다.

러시아 – 스낵푸드의 부활

프리토레이 러시아*FritoLay Russia, FLR*가 출시한 스낵칩인, 흐루스팀*Hrusteam*은 러시아 어머니들이 남은 검은 빵조각을 처리하기 위해 구웠던 전통적인 방식을 떠올리게 했다. 회사는 혁신적인 제품이 필요했다. 주력 상품인 레이 감자칩*Lay's Photo Chips*은 성장세에 있긴 했지만 소비자들의 기대를 50%밖에 충족시키지 못했다. 흐루스팀이 스낵 사업에 새로운 생명을 불어넣어줄 것이라고 이사들은 기대했지만 2년이 지난 후 흐루스팀은 실패한 상품이 되고 말았다. 마케팅은 진부하기 그지없었고, 배송업체는 제품 주문에 어려움을 겪고 있었다. 생산팀은 그동안 시간과 공간만 낭비했다고 불만을 털어놓았다. 대부분의 사람들은 그 "아이"를 죽이고 싶어했다.

그러나 당시 유럽 중동부지역의 펩시코 푸드*Pepsico Foods* 회장이었던 도미니크 바흐는 흐루스팀에 대한 믿음을 저버리지 않았다. 그는 한 친구로부터 퓨처서치가 문제해결에 좋은 방법이 될지도 모른다는 말을 들었다. 바흐는 "이보다 더 엉망일 수는 없을 정도라는 것을 이미 알고 있었어요."라고 말했다. 그러나 진짜 문제는 이 제품의 미래에 대해 마케팅과 유통팀 사이에 흐르고 있던 팽팽한 긴장상황이었다. 이사들은 하루 종일이 걸리더라도 이 문제를 논의해야 한다고 생각했다. 이들은 퓨처서치가 과연 도움이 될 수 있을지에 대해 먼저 논의해보고 싶어했다.

유통회사인 PBG 사장이었던 알렉세이 메호노신은 "어떻게 이런 방법이 대회 분위기를 만들고 두 부문 사이에 존재하는 높은 장벽을 제거할 수 있을지 너무 궁금했어요"라고 말했다. 또 다른 이사는 "누구도 모든 소리를 다 들어보려 하지 않았습니다. 그러나 퓨처서치 프로세스 덕분에 늘 해오던 대로 계획 없이 행동하지 않고 한걸음 물러설 수 있었어요."라고 말했다. 오랜 대화 끝에 이사진은 퓨처서지를 진행해보기로 결정하였다.

2007년 11월에 "흐루스팀의 미래: 레이의 성공 부활"이라는 제목으로 퓨처서치가 개최되었다. 이해관계자에는 중부유럽 지역의 경영진, FLR 경영진, 판매팀, 제조팀, 마케팅팀, 유통팀, 창고팀, 소매업자, 소비자 그룹이 포함되었다. 러시아어와 영어 동시통역이 제공되어 언어에 제약을 받지 않고 대화에 집중할 수 있었다. 참가자들은 러시아인들의 스낵 습관, 세계경제와 지역경제가 처한 위기상황, 점점 복잡해지는 시장구조, 경쟁상황 등에 대한 토론을 이어갔다. FLR은 유통회사가 흐루스팀을 중요하게 다루지 않았다고 주장했다. 유통회사는 극심한 경쟁상황에서 부족한 마케팅 인력으로는 일을 제대로 해낼 수 없다고 어려움을 토로했다.

그러나 서로의 생각 차이로 힘들어하던 그들이 동의해줄 수밖에 없는 영역이 엄청나게 많은 것을 보고 깜짝 놀라고 말았다. 건강한 식품을 제공하는 것이 중요하다, 제품을 더 많이 노출시켜야 한다, 가치사슬망에 있는 모든 사람들에게 수익이 돌아가야 한다는 것이 그날 동의한 영역들에 속한다. 그 중 가장 중요한 전략적 결정은 러시아에서 바삭바삭한 귀리빵 시장을 확대하기로 한 것이다. 이 전략은 제품개발팀과 마케팅팀, 유통팀의 협력이 전제되어야 한다. 바흐는 "바로 이것이 우리에게 확실한 전환점이 되었습니다. 그때까지 분산되어 있던 에너지가 갑자기 집중되기 시작했습니다."라고 말했다.

유통책임자인 메호노신은 "사람들이 어쩌면 그렇게 빨리 자기 부서위주로만 생각하던 관점을 뚫고 나와 시스템 전체에 도움이 되는 아이디어들을 내놓는지 정말 너무나 놀랐습니다."라고 회상했다.

FLR과 PBG가 공동으로 이끌기로 한 5개의 실행팀이 결성되었다. 2009년 11월에는 마케팅 책임자인 말고자타 루벨스카가 도저히 믿을 수 없는 성과 결과를 발표했다. "흐루스팀, 우리의 영웅! 이것이 올해 러시아 비지니스의 구세주이자 우리의 성장을 이끈 핵심 제품이 되었습니다!" 흐루스팀은 러시아에서 가장 많이 팔리는 귀리빵이 되어 경제적으로 어려운 시기에 회사의 성장을 주도해나갔다. 퓨처서치가 바로 그 전환점을 마련해준 것이다. 루벨스카는 "여러 부문을 통합한 팀을 만든 것이 결정적이었다고 생각합니다. 윗사람 뿐만 아니라 소매

1장: 부문과 문화적 차이를 초월한 퓨처서치

베렛쾰러에서 진행된 퓨처서치에서 특별활동팀은 공통 관심사로 나온 안건들을 전자책을 포함한 멀티미디어 출판과 관련된 활동을 바꾸는 데 집중했다.

상과 소비자로부터 받은 정보를 이용해서 어려운 논의를 놀라운 경험으로 바꿀 수 있었습니다."라고 말했다.

2010년 초에 일곱 가지 맛으로 포장된 흐루스팀은 시장의 성장 속도가 떨어짐에도 불구하고 35%나 성장하는 신기록을 만들어냈다. 흐루스팀이 정말 사고를 제대로 친 셈이었다.

■ 미국 – 출판전략 재구성

"1990년에 조시-바스Jossey-Bass가 다양한 이해관계자 그룹을 파악하기 위해 실시했던 퓨처서치는 조직이 무엇인지, 무엇이 우리 회사인지, 누가 중요한지에 대한 내 관점을 완전히 바꿔놓고 말았어요."라고 조시-바스의 전임 회장이면서 베렛쾰러Berrett-Koehler 출판사의 회장이자 발행인인 스티브 피어산티는 말했다. "그때부터 나는 출판사가 직원, 사장, 투자자, 작가, 고객, 공급업체, 서비스 제공자, 영업 파트너, 우리가 의존하고 있는 커뮤니티의 인프라 등 많은 이해관계자 그룹으로 구성되어 있다고 생각하게 되었어요."

그 후 피어산티는 1992년에 창업한 자기 회사에서 모든 이해관계자들의 관심사항을 고려한다는 원칙을 가지고 두 차례 진행한 퓨처서치의 스폰서가 되어 주었다. 베렛퀼러는 닷컴 버블이 한창 일어나고 있던 시기에 전략계획을 수립하기 위해 첫번째 퓨처서치를 열었다. "퓨처서치에서 나온 결과들은 당시 우리 주변에서 돌아가고 있는 모든 것과는 완전히 반대되는 것이었습니다"라고 피어산티는 말했다. "우리는 닷컴이 요동치는 세상에 우리 농장을 내놓지 않기로 결론 내렸습니다. 대신 핵심적인 출판사업에 집중하기로 했고, 디지털 상품은 다른 출판사들이 하도록 내버려두기로 결정했습니다. 그렇게 결정한 후 몇 달이 채 가지도 않아 닷컴 버블 붕괴가 확산되면서 퓨처서치에서 우리가 내린 결정은 마치 미래를 알고 내린 것처럼 되었습니다."

베렛퀼러는 2008년에 진행했던 두번째 퓨처서치를 통해 이전에 세웠던 전략계획을 업데이트하기 위해 투자자, 미디어, 출판업계 동료는 물론 작가, 고객, 직원, 서비스 제공자, 영업 파트너들을 모두 초대했다. 피어산티에 따르면, "두 번째 퓨처서치에서 나온 핵심과제는 'BK 작가들을 위한 권리와 책임에 관한 규정'인데 지금까지 출판업계에서 한 번도 본 적이 없는 안건입니다. 출판업계가 가장 두려워하는 것 중 하나는 작가들의 기대를 맞춰주지 못하는 것입니다. 이때 만든 권리규정은 우리가 작가들의 기대를 맞춰주는데 아주 유용한 수단이 되었습니다."

미국교육훈련협회*American Society for Training and Development: ASTD*의 한 이사는 "BK에서 놀라운 일이 일어나고 있어요!"라고 협회 회장에게 보고를 했다. 피어산티는 "ASTD에는 7만명 이상의 회원들이 각 국가와 지역의 지부에서 활동하고 있습니다. 이 분야에 있어 세계에서 규모가 가장 큰 협회입니다. 보고를 받은 ASTD 회장이 우리를 만나러 비행기를 타고 날아왔어요. 양측 모두에 가치가 있는 7개 영역에서 우리는 파트너십을 맺었습니다"라고 전해줬다.

또한 퓨처서치를 통해 직원들의 업무량과 디지털 출판에 관한 문제도 다루었다. BK 출판사의 재원을 더 높이기 위해 "소유권 구조 개

1장 : 부문과 문화적 차이를 초월한 퓨처서치

여러 개의 소규모 그룹이 시골 외양간 밖에서 퓨처서치를 진행하면서 "시골풍경이 중요하다!"는 것을 참가자 모두가 알 수 있게 해주었다.

선을 위한 특별팀"을 구성하기도 했다. 뿐만 아니라 자매기관을 만들어서 BK 출판사의 영향을 확대해나기 시작했다. 이러한 이니셔티브는 'ASTD/베렛-쾰러 리더 연합ASTD/Berrett-Koehler Leaders Alliance'이란 모임을 결성하게 했으며, 'BK 작가 협동조합BK Authors Cooperatives'은 리더를 위한 학습 프로그램과 리더를 교육하고 도와주는 사람들을 위한 학습 프로그램을 만들었다.

■ 네덜란드 : 급속한 도시화로부터 시골 지켜내기

2004년 가을, 네덜란드의 한 지방정부는 컨설턴트인 젬마 반 데르 플뢰그Gemma van der Ploeg와 에릭 스판스Eric Spaans 에게 아주 흥미로운 의뢰를 하게 된다. 로테르담Rotterdam, 헤이그The Hague, 델프트Delft, 웨스트랜드Westland 와 같은 대도시에 둘러싸인 미덴-델프란드Midden-Delfrand 라고 하는, 토탄질 대지위에 서 있는 이 오래된 시골마을이 실행중심의 비전을 만들 수 있도록 도와 달라는 것이었다. 그들은 농부와 주민, 기업가, 행정가, 정치인, 공무원, 예술가, 과학자 등으로 구성된 이해관계자 125명을 조직해서 시원하게 앞이 탁 트인 농지가 우리들의 삶에서 얼마나 중요한지 극적으로 보여주기 위해 시골 외양간에서 만나기로 했다. "중요한 점은 그 시골풍경이 제대로 먹혔다는 것입니다!"라고 퓨처서치를 기획한 사람이 우리에게 전해줬다. 몇 개의 특별팀을 꾸려서 활동을 개시했다. 그 지역을 지키는 데 동참하고 싶은 사람들을 초대한다는 소식지를 커뮤니티 전체에 보냈다.

"미덴-델프란드 2025"라는 이름의 이 최종보고서는 네덜란드에서 가장 이상적인 모델로 인정받게 되었다. 베아트릭스 여왕_Queen Beatrix_ 재임 25주년을 기념하는 해에, 이 작은 도시를 방문한 여왕에게 이 보고서를 발표하였다.

2010년이 되어도 이 작은 도시가 이뤄낸 결과는 여전히 파급효과를 만들어내며 다른 지역으로 퍼져나갔다.

- ▶ NGO와 정부기관들은 이 지역의 아름다운 경치와 휴양시설을 알리기 위해 지역홍보에 힘썼다.

- ▶ 미덴-델프란드를 둘러싼 6개 대도시와 수도청은 퓨처서치에서 도출된 공통 관심사를 토대로 마련한 지역개발 세부항목을 2009년에 공식적으로 인준해주었다.

- ▶ 미덴-델프란드는 네덜란드 최초로 국제적인 "슬로시티" 운동에 가입한 도시가 되었다.

- ▶ 미덴-델프란드를 보존하기로 한 것은 이 지역의 비전에서 시작되었지만 12개 지방자치단체, 수도청, 지방과 중앙정부의 지지를 받아 국가차원의 정책으로 격상되었다.

■ 라틴아메리카 - 지역경제 살리기

AED는 사회경제개발을 위해 활동하는 국제적인 비영리단체이다. 베트 부스와 동료들은 미국의 국제개발처_USAID: United States Agency for International_

1장 : 부문과 문화적 차이를 초월한 퓨처서치

전통적으로 전문가들이 주도해온 접근방법을 사용하는 대신, "퓨처서치는 이해관계자들을 운전석에 앉힘으로써 전통적으로 사용해오던 패러다임을 완전히 바꾸었다.

Development 활동의 일환으로 퓨처서치를 여러 번 후원한 적이 있다. "지금까지 국제적인 기부 프로젝트는 전통적으로 전문가들이 주도하는 접근방법을 써왔습니다. 그러나 퓨처서치는 이런 패러다임을 완전히 뒤집고 이해관계자들을 운전석에 앉게 했습니다"라고 부스는 설명해주었다.

AED는 다양한 문화를 가진 지역주민들이 "회의실 안에 전체 시스템Whole System in the Room"이 참여하게 한다는 퓨처서치의 핵심원칙에 매료되었다. 그래서 행사를 위해 "Whole System in the Room"의 영문 첫 자를 딴 약칭 WSR을 사용하기 시작했다. 퓨처서치는 개발도상국가들의 위생과 위생시설, 환경교육, 물 사용의 효율성, 지속가능한 관광, 생식건강,(역자주: 생식건강이라는 용어는 1994년 이집트 카이로에서 개최된 UN 인구 및 개발회의*International Conference on Population and Development*의 실행 프로그램에서 처음으로 구체적으로 정의된 용어이다. 생식건강의 의미는 생식기관, 생식기능 및 생식과정과 관련하여 질병이나 불구가 없을 뿐만 아니라 신체적, 정신적 그리고

53

사회적으로 안녕한 상태를 말한다. 생식건강의 궁극적인 목표는 인류의 건강 증진에 있다.) 지속가능한 자연자원 관리 등 AED가 추진하는 USAID 프로젝트의 핵심적인 부분이 되었다.

라틴아메리카에서 주목할 만한 사례를 들자면, 2009년에 온두라스와 니카라과에서 있었던 'USAID 글로벌 어업연맹USAID Global Fish Alliance Spiny Lobster Initiative의 랍스터 살리기 계획'이 제일 먼저 떠오른다. 랍스터의 개체군과 인디언 원주민인 미스키토Miskito 잠수부, 그리고 산업 자체를 위협하는 파괴적인 수산관행이 가장 큰 문제로 떠올랐다. 기획팀은 양쪽 국가에서 70명이 참가하는 퓨처서치를 준비하기 위해 각 지역 실무팀을 대상으로 퍼실리테이션을 했다. 정부는 물론 민간부문의 구매자와 가공업자, 환경보호 활동을 하는 비영리단체, 커뮤니티 지도자, 어민에 이르기까지 다양한 이해관계자들로 퓨처서치 참가자를 구성하였다.

퓨처서치는 양국의 수산업에 상당한 영향을 미쳤다. 온두라스 회의 이후 정치적인 불안을 이유로 USAID는 그때까지 제공해왔던 온두라스 정부에 대한 지원을 중단하였다. 자금부족으로 중단 위기에 빠졌지만 그에 굴하지 않고 모든 이해관계자 네트워크는 랍스터를 살리기 위한 프로젝트를 계속해서 추진하였다. "정말 놀라웠습니다. AED의 지원 없이 퓨처서치 활동만으로 만들어낸 엄청난 결과였습니다. 참가자들은 외부에 단 한 푼의 재정적 지원도 요청하지 않았습니다. 그들은 조직 내에서 필요한 자원을 찾아냈습니다." 부스가 들려준 말이다.

이들이 퓨처서치를 통해 만들어낸 결과는 부스의 말처럼 놀라웠다. 니카라과 최대은행이 랍스터 어민들의 신용등급 재조정을 받아들였고, 랍스터 잡이 어선을 검문할 때 상선과 수산당국, 온두라스 해군이 협조해준다는 항목들이 들어 있었다. 로아탄 해양공원Roatan Marine Park과 온두라스 호텔 및 레스토랑 협회는 랍스터 공급과 소비에 대한 책임을 함께 지기 위해 "책임 있는 레스토랑"이란 캠페인 활동을 시작하였다. 카리베나, 다덴 레스토랑과 모스키토 다이버 협회는 수입창출을 위한 대안으로 랍스터 덫을 만들기로 계약을 맺었다.

지속적으로 퓨처서치 진행

특정 기관이나 커뮤니티가 정기적으로 퓨처서치를 개최하는 사례들도 있다. 예를 들면 텍사스 오스틴에 본부를 두고 있는 유기농식품 체인점인 '홀푸드마켓Whole Foods Market'은 1988년 이후 매 5년마다 퓨처서치를 개최하여 직원은 물론 고객과 공급업체까지 참여시켜 전략을 재설정해오고 있다. 초기에 실시했던 세 차례 퓨처서치는 우리가 직접 진행하였다.

공공기관인 유타 교통국Utah Transit Authority, UTA은 퓨처서치 네트워크 회원이자 조직개발 컨설턴트인 드러실라 코프랜드와 앤더 앤 린드스트롬 파트너스 컨설팅사의 벵 린드스트롬이 진행하는 퓨처서치를 세 차례 진행했었다. UTA의 최고책임자인 존 인글리시는 퓨처서치 방법론에 대한 강력한 지지자가 되어 2001년에는 전략기획을 위해 퓨처서치를 사용하였고, 2004년에는 주요 협회 회원 사이에서 연장자의 위치가 어떻게 얻어지고, 보상받고, 인정받는지 탐구하기 위해, 2008년에는 장애자를 위한 서비스를 개선하기 위해 퓨처서치를 이용하였다.

한 번의 퓨처서치로 수 년 동안 지속될 건설적인 활동을 만들어낼 수 있는 방법에 대해서는 2장에서 다양한 사례를 통해 다시 한번 살펴보기로 한다.

파급효과

단 한번의 회의로 세상을 바꿀 수 있는 방법

1994년에 유니세프 방글라데시 대표였던 롤프 카리에르Rolf Carriere는 방글라데시의 이해관계자와 컨설턴트, 교육전문가, 매니저들을 위해 "다카Dhaka 어린이의 미래"라는 제목으로 퓨처서치를 시뮬레이션해보게 되었다. 그의 목표는 퓨처서치가 전통적이고 위계적인 사회에도 도입될 수 있는지 확인해보는 것이었다. 그때의 회의 이후 일어난 일들은 지난 16년간 아프리카, 남아시아, 중앙아시아에서 유니세프가 하는 일에 엄청나게 큰 영향을 미치게 되었다.

우리가 이것을 알게 된 것은 1990년대에 퓨처서치 네트워크가 "파급효과 연구Ripple Research" 프로젝트를 시작하면서 부터다. 퓨처서치 네트워크 회원 50여명은 그들이 운영했던 퓨처서치 이후에 어떤 후속조치들이 있었는지 확인해보는 활동을 시작했다. 우리가 알고 싶었던 것은 다음 세 가지였다.

▶ 퓨처서치 이전에는 하지 못했다가 이후에 하게 된 일은 무엇인가?

▶ 사람들이 자기가 약속한 것에 대해 얼마나 오랫동안 실천을 지속하는가?

▶ 당시 회의에서 생각해낸 것은 아니지만 그 출처가 퓨처서치로 거슬러 올라갈 수 있는 프로젝트는 무엇인가?

수 십여 개의 보고서가 들어왔는데 모두 다 같은 방식을 가리키고 있었다. 첫 퓨처서치 이후에 새롭게 얻은 통찰력을 바탕으로 사람들은 프로그램을 진행하고, 계획을 수립했으며, 프로젝트를 수행했다. 그들이 쏟아 부은 노력은 시간과 공간을 너머 큰 파문을 일으켰고 다른 수천 명의 삶에 영향을 미쳤다. 예를 들면, 1999년에 팩커드재단Packard Foundation이 후원해준 생식건강Reproductive heath에 관한 퓨처서치를 통해 나이지리아 북부지역에서는 가족계획 문제와 여성의 건강문제를 개선하기 위한 전략을 만들었다. 당시 이 자리에 참석했던 이디오피아의 보건전문가들은 이 때의 경험을 바탕으로 2000년에는 청소년들의 생식건강Reproductive health 문제를 집중적으로 다루기 위해 이디오피아에 퓨처서치를 도입하게 된다.

2001년에 팩커드 재단은 필리핀에서 성인과 청소년이 처음으로 성(性)과 생식에 관해 진지한 대화를 나누게 하는 활동을 추진하였다.

2002년에는 퓨처서치를 후원한 적이 있던 팩커드 재단의 돈 라우로Don Lauro가 나이지리아로 돌아가 그 지역의 리더를 개발하기 위한 활동에 퓨처서치를 활용하였다.

2006년에는 팩커드 재단에 근무하면서 퓨처서치에 참석했던 세릴 프란시스코니는 국제교육연구소Institute of International Education 소장이 되어 이디오피아로 부임한 후 퓨처서치를 활용하여 리더십 문제를 다루었다.

2008년에 프란시스코니는 서로 떨어져 있는 필리핀의 섬들을 비디오로 연결하여 동시에 3개의 퓨처서치를 진행하도록 후원해주어서 과제에 관심을 가지고 있던 이해관계자 모두로부터 큰 지지를 얻어냈다.

2009년에 이디오피아에서는 건강관리를 위한 퓨처서치 컨퍼런스에 참여했던 이해관계자들이 프란치스코니의 도움을 받아 또 다른 퓨처서치를 조직했는데, 대학생들을 대상으로 "성차별에 의한 폭력 예방"이라는 주제로 진행되었다. 퓨처서치 컨퍼런스에 참석했던 나이지리아 연방보건부도 같은 해에 퓨처서치를 통해 보건분야에 대한 국가전략안을 도출해냈다. 보건부의 기획담당자는 "3일만에 이렇게 많은 유용한 자료를 도출해낼 수 있다는 생각은 하지도 못한 채 1년이란 긴 기간동안 컨설턴트를 3명이나 고용할뻔했습니다"라고 나중에 털어놓았다.

부문 내 또는 부문 간에 만들어낸 활동 결과 알리기

우리는 지금까지 여러 해에 걸쳐 일어난 파문들을 추적하면서 주목할 만한 두 가지 패턴을 찾아낼 수 있었다.

- ▶ 팩커드 사례에서 논의한 바와 같이 파문은 특정 부문에서 대호평을 받으면서 시작되었지만 퓨처서치를 통해 그 부문 내의 세계 여러 지역으로 퍼져 나갔다.
- ▶ 곧 소개할 미시간의 베리언 카운티*Berrien County, Michigan* 사례를 보면, 파문은 단일 지역 내에서 한 번에 여러 부문, 즉 비즈니스, 교육, 정부, 사회서비스, 노동, 보건 등 여러 부문으로 확산된다.

이번 장에서는 여러분이 어떤 물결효과가 있었는지 이해할 수 있도록 그동안 어렵게 모은 4가지 사례들을 연혁에 따라 설명하고자 한다. 여기에서 소개하는 최고의 사례나 상황들을 보면, 이 활동을 주도했던 사람들에게 리더십과 자원, 시간과 상호의존성, 변화를 만들어내겠다는 깊은 갈망이 있었다는 것을 알게 될 것이다.

유니세프, 개발도상국가 어린이들의 삶을 개선하다

1995 유니세프의 롤프 카리에르는 방글라데시에서 "설사로 인한 어린이 사망 예방"이라는 제목으로 실시했던 퓨처서치를 후원해주었다. 그 결과, 그동안 지지부진한 상태에 빠져 있던 프로그램이 활기를 되찾고 더 많은 마을 사람들이 탈수증 치료용 보급염(鹽)에 대한 사용방법을 배워서 설사때문에 사망하는 어린이 수를 극적으로 감소시킬 수 있었다.

1996년 그리고 이후   방글라데시의 유니세프는 유아기 아이를 위한 개발, 아동노동 종식, 산모 사망률 감소, 에이즈 감염 퇴치, 요오드 결핍증을 제거하기 위해 5개의 퓨처서치를 공동으로 후원해주었다.

■ 이란

1997년   방글라데시에서 실시했던 첫 퓨처서치에 참석했던 유니세프 프로그램 책임자인 샤라드 사프라는 나중에 이란에서 아동노동, 아동학대, 길거리 아이들의 운명에 관한 퓨처서치를 후원해주었다. 이 활동 이후 이란은 아동권리 보호에 대한 8개의 새로운 법안을 성공적으로 통과시킬 수 있었다.

■ 남수단

1999년   17년동안 지속되었던 전쟁으로 인해 다음 세대를 이어갈 어린 아이들이 완전히 황폐화되었다. 유니세프의 '수단 생명 구출작전 *Operation Lifeline Sudan*'을 이끌던 사프라는 이런 상황에 대해 함께 고민하기 위해 수단의 마을사람들, 부족장, 서비스 제공자들, NGO 단체, 교사, 커뮤니티 사업가, 이민자, 그리고 가장 중요한 어린아이들을 한 자리로 초대하였다. 그는 어린이 40명만 참석하는 퓨처서치를 후원해주었는데 이때 참석했던 10명의 어린이는 나중에 어른 64명이 참여한 두 번째 퓨처서치에도 참여하여 어른들 앞에서 자신들이 원하는 것을 발표하였다.

1999년에서 2001년   퓨처서치 참가자들은 학교를 50개 이상이나 세웠다. 학교에 등록한 소녀들의 수는 이전에 비해 3배나 늘었다. 수단의 해외거주자들은 커리큘럼을 개발해줄 뿐만 아니라 마을로 교과서도 보내왔다. 특별전담팀은 농업전문가와 농부를 위한 교육과정을 디자인해 주었다.

2000년 유니세프가 남수단과 북수단에서 근무하고 있던 현장직원 52명을 대상으로 퓨처서치 교육을 받을 수 있도록 후원해주었다. 이 현장직원들은 나중에 남수단 룸벡에서 소년병 해방을 위한 퓨처서치를 실시하여 2,500명이 넘는 어린 소년들이 전쟁터에서 마을로 돌아올 수 있게 해주었다.

2002년 강제징집에서 해방된 소년병의 수가 16,000명에 달했다.

2005년 남수단과 북수단은 마침내 평화협정에 동의를 하였다. 당시 사프라는 이렇게 회상하였다. "아이들은 그런 순간만을 꿈꿔왔고 어른들은 아이들이 꿈꾸는 것을 경청하고 있었습니다."

인도네시아

2001년 유니세프 인도네시아 책임자였던 롤프 카리에르가 교육의 지방분권화를 위해 인도네시아 교육·종교부처와 공동으로 퓨처서치를 후원해주었다. 퓨처서치 네트워크는 이 논의를 잘 진행할 수 있도록 퍼실리테이터 40명을 교육하기 위해 발 벗고 나섰다. 그들은 교육의 질을 높이기 위해 각 지역별로 교육을 제공해주었다.

아제르바이잔

2005년 '수단 생명 구출작전 Operation Lifeline Sudan'에 함께 참여했던 길리안 윌콕스는 10년 동안 실시할 인력개발 프로그램에 어린이와 청년들의 목소리를 담기 위해 아제르바이잔 정부와 함께 유니세프의 퓨처서치를 후원해주었다.

몰디브

2009년 당시 8학년에서 10학년 사이에 있는 어린이의 3분의 2가 마약을 한다는 보고가 있었다. 유니세프 책임자인 만수르 알리와 부회장인 모하메드 와히드 하산 박사는 약물남용 문제를 국가적인 차원에서 다루기 위해 퓨처서치를 공동으로 후원해주었다.

2010년 몰디브 정부는 마약중독에 대한 예방, 처벌, 재활, 교육, 치료에 관한 새로운 정책을 채택했다. 시민들은 몰디브 사람들을 하나로 연결해줄 수 있는 수단으로 페이스북을 선택하여 마약과 마약범죄 문제에 관한 정보를 시민들에게 지속적으로 제공해주었다. 몇 주 만에 1,000명이 넘는 사람들이 이 활동에 합류했다. 퓨처서치에 참여했던 유엔 마약/범죄사무국의 지역책임자인 크리스티나 앨버틴은 마약사용 예방 및 치료에 필요한 역량을 구축하기 위해 220만달러를 지원하겠다고 약속했다. 이 지원금액은 UN이 특정국가를 위해 기술협력 프로젝트를 진행한 첫번째 사례가 되었다.

미시간 베리언 카운티의 "세계 최고 수준의 커뮤니티"

2001년 다국적 기업인 월풀Whirlpool의 최고경영자였던 데이비드 휘트웜은 인종간에 심각한 긴장상황을 극복하고 서로 협력할 수 있게 해줄 활동에 시민들이 직접 참여할 수 있는 기회를 만들어주었다. 벤턴 하버Benton Harbor 지역은 흑인이 주로 사는 빈곤지역인데 월풀 회사는 이 곳에 있었다. 반면에 강 건너에 있는 세인트 조세프St. Joseph는 주로 부유한 백인이 거주하는 지역이었다. 재단을 대상으로 다양성에 대한 컨설팅을 수도 해주고 있던 카릴 제미슨 컨설팅 그룹Kaleel Jamison Consulting Group의 도움으로 이 두 지역이 서로 협력할 수 있도록 촉진하기 위한 지역개발 활동이 시작되었고, 이들을 돕기 위한 교육 프로그램도 제공되기 시작했다. 두 지역 사이에 흐르고 있는 강 양쪽 지역에서 수백 명의 시민들이 이 프로젝트에 참여했다.

2002년 월풀 재단은 인종과 계층을 초월하여 함께 진행하게 될 공동 프로젝트에 주민들이 직접 참여할 수 있도록 퓨처서치 네트워크를 초대하였다. 퓨처서치 네트워크는 양쪽 지역에서 별개로 활동하고 있던 비즈니스, 신앙, 교육, 보건, 지역봉사, 경제개발과 정부 부문을 통합하기 위해 퓨처서치를 여덟 차례나 실시하였다.

벤턴 하버와 세인트 조세프의 주민들은 '세계최고의 커뮤니티 개발 위원회Council for World Class Communities: CWCC'를 조직하여 다양한 프로그램 개발을 위해 서로 협력하기 시작했다.

- ▶ 디지털 역량 : 주민들로부터 후원받은 컴퓨터로 어린이들을 위한 컴퓨터 교육 실시
- ▶ 다양성 교육 : 커뮤니티 전체와 법률 집행기관을 대상으로 다양성에 대한 교육 진행
- ▶ 스마트SMART: Southwest Michigan Arts for Real-World Training : 예술과 스킬교육을 연결한 프로그램 개발
- ▶ 벤턴 하버 지역의 성인을 대상으로 한 리더십 개발

2003년 벤튼 하버와 세인트 조세프의 어린이와 청년들은 베리엔 카운티 전역에서 온 사람들과 함께 그들만의 퓨처서치를 기획하고 주도하였다. 주민센터 운영, 10대 청소년의 임신율 감소를 위한 프로그램 운영과 커뮤니티 봉사를 위한 약속과 같은 합의사항들이 결과물로 도출되었다.

2004년 CWCC는 "세계최고의 커뮤니티 개발연합회Alliance for World Class Communities"에 4개의 다른 기관이 참여할 수 있게 해줌으로써 경제개발, 교육개혁, 리더십 개발, 포용을 위한 활동을 함께 하기로 했다. 연합회 회장인 마크 미첼은 "누구도 뒤쳐지지 않도록 모든 사람들을 포용할 수 있는 공동체를 세우기 위해 함께 노력하면서 우리 지역에서 활동하고 있던 기업과 기관, 개인들과 수없이 많은 관계를 구축할 수 있었습니다."라고 말했다.

2005년 시민들은 "경제엔진" 확보를 이 지역의 최우선 과제로 결정

했다. 그들은 사람들을 이 도시로 불러들이기 위해 호수와 강을 활용하여 벤턴 하버를 아름다운 휴양지로 만들기로 했다. '연합회'의 회원이자 커뮤니티 개발 컨소시엄 회장인 마커스 로빈슨은 "퓨처서치를 통해 여러 사람들이 함께 큰 꿈을 꿀 수 있게 되었습니다."라고 말했다.

2006년 세인트 조세프는 하버 쇼어에 해변과 골프 리조트를 만들기 위해 미개발 상태로 남아 있던 강기슭 땅을 강 건너 이웃인 벤턴 하버로 넘겼다. 월풀의 휘트웜은 "퓨처서치를 하기 전에는 어느 누구도 이런 일이 일어날 수 있다고 믿지 않았을 것입니다. 믿을 수 없는 변화가 우리에게 일어나기 시작했어요."라고 흥분을 감추지 못한 채 말을 했다.

2008년 오랫동안 벤턴 하버를 괴롭혀왔던 빈곤문제를 종식시키기 위해 연합회는 성인을 대상으로 개인별 지도와 함께 삶에 필요한 스킬교육과 개인성장을 도와주기 위한 워크숍을 제공하기 위해 '가족 문맹퇴치 센터' 활동을 시작하였다. 소상공인 서비스 연합회는 이 지역 기업가를 대상으로 필요한 지원과 교육을 제공해주었다.

2009년 세계적으로 유명한 골프선수인 잭 니클라우스 Jack Nicklaus의 이름을 건 골프코스를 갖춘 레크레이션 지역으로 만들기 위해 하버 쇼어는 5억달러를 모금한 뒤 미국 최초로 비영리 경제개발을 목적으로 한 활동을 시작하였다. 모든 과정과 절차는 커뮤니티에 재투자되었다.

2010년 이제 벤턴 하버는 갤러리와 레스토랑, 음악학교와 댄스학교가 있는 예술적인 지역으로 거듭나게 되었다. 매년 200명에서 500명의 학생들이 떠나야 했던 이 학교로 많은 학생들이 돌아왔다. 건강 공동체를 위해 진행했던 프로젝트는 건강과 복지를 결정짓는 요소가 무엇인지 연구하기 시작했다. 주민들은 25년 만에 158채의 주택이 새로 건축되는 현장을 지켜보았다. 기증받은 컴퓨터 2,000대를 가지고 시민들이 컴퓨터 사용법을 배우기 시작하면서 벤턴 하버 가구의 40%가 인터넷으로 연결되었다. 2006년 이후 2백만달러 이상을 기부해온 켈로그 재단W.K. Kellog Foundation의 기금으로 지역사회 이사회에서 보조금을 지급하는 "커넥트-업 펀드Connect Up Fund"를 통해 풀뿌리 단체 40여 곳에 운영 지원금을 후원해주었다.

휘트웜이 하는 말을 들어보자. "400명의 흑인과 600명의 백인이 한 자리에 모여 안전한 환경에 대해서, 그리고 매우 감정적인 문제까지 함께 논의할 수 있다는 것을 퓨처서치를 통해 처음으로 발견했습니다. 우리가 함께 할 수 있는 플랫폼이 우리에게 생겼습니다."

"후포노 쿠라우 로아 Ho'opono Ko'olau Loa"
하와이의 공동체 가치 회복

하와이 언어로 후포노 'ho'opono'는 "바로 잡다"라는 뜻이다. 수세기에 걸쳐 하와이섬은 자신들만의 전통적인 생활방식을 유지해왔다. 1800년대 후반에 이 섬에 들어간 선교사와 무역업자들은 면역체를 가지고 있지 않던 원주민들에게 질병을 퍼뜨렸다. 하와이 고대 지도자 중 마지막 두 번째였던 엠마Emma 여왕은 멸종위기에서 주민들을 구해내기 위해 '여왕 의료센터Queen's Medical Center'를 열어 의료서비스를 제공하기 시작했다. 1885년 죽음에 임박하자 여왕은 하와이 주민들의 건강을 지속적으로 지원하기 위해 거대한 땅을 남겨주었다. 나중에 이 의료센터는 하와이 주의 최대 의료기관이 되었다. 1990년까지만 해도 인구의 12.5%가 원주민이었지만 10대의 임신, 천식, 당뇨, 알코올 중독, 비만인 사람의 3분의 1에서 절반가량이 원주민들이었다. 원주민 청소년 범죄율도 일반 시민에 비해 3분의 1이나 더 높았다. 원주민이 가장 많이 살고 있던 지역은 오아후Oahu 섬 북쪽 해안에 7개 마을이 연결되어 있는 쿠라우 로아Ko'olau Loa였다.

1995년 지역의 의료서비스 확대를 위한 지원을 요청받은 엠마여왕재단은 쿠라우 로아에서 이 문제를 다루기 위해 마을회의를 열었다. 당시 주민들은 신체적이고 경제적인면 뿐만 아니라 정신적으로도 심각한 위기에 처해있었다. "그들이 원한 것은 의료시설에 국한되지 않았어요. 그 이상을 원했습니다"라고 재단의 수석부회장이었던 히데오 무라카미 Hideo Murakami는 회상했다. "그들은 자신들의 삶의 질을 높여줄 인프라를 갈망했습니다. 우리는 클리닉을 세울 줄은 알지만 권한부여나 가치와 같은 추상적인 개념을 구체적인 프로젝트로 바꾸는 일은 해본 적이 없었어요." 해결방법을 찾고 있던 무라카미는 '의료포럼 저널Health-care Forum Journal'을 통해 퓨처서치에 대해 알게 되었다(Flower, 1995).

1996년 재단은 사람들이 새로운 여정을 만들 수 있도록 퓨처서치를 후원해주었다. 원주민을 비롯하여 서양의 치유자, 성직자, 공동체 연합, 사회/문화기관, 기업체, 고등학교 학생, 교사, 활동가들을 퓨처서치에 초대했다. 서로 떨어진 마을에서 분리된 채 살아가고 있던 이방인들이 처음으로 한 자리에 모였다. 이렇게 모인 그들은 여러 프로젝트에 참여하면서 자신들의 삶의 질을 개선하기 위해 서로 협력하게 되었다.

준비위원회는 비과세 비영리조직[3]으로서 "마라마 오하나Malama Ohana"의 의미인 "확대가족 돌보기Caring Extended Family"를 지속하기 위해 7개 지역을 매달 순회하면서 활동을 이어갔다. 각 지역위원회는 고등학생들도 활동에 포함시켰다. 카후쿠Kahuku 고등학교 3학년인 크리스천 팔머는 "후포노 쿠라우 로아 컨퍼런스는 제 눈을 뜨게 해줬어요. 이 활동에 참여하면서 친구들과 저는 우리 지역의 미래가 관심을 가지고 적극적으로 참여하는 사람들에 의해 결정된다는 것을 깨닫게 되었어요"고 말했다.

특별전담반은 연례 모임을 계획하고 고속도로 신호와 교통안전에 대한 교육을 개선하고 문맹 문제를 다루었다. 약물 남용 현실을 해결하

---

3 역주: 501(C)(3)에 해당하는 연방소득세의 감면 혜택을 받는 비영리조직 중 종교, 교육, 자선, 과학, 학문, 공공안전을 위해 활동하는 것으로 검증된 조직

기 위해 노력했고, 하와이 전통의학과 서양의학을 통합시키기 위해 노력했으며, 병원 공터에서 건강에 대한 설명회를 매달 실시했다. 하와이 주 건강부 지역건강 간호부서장이던 로라 암스트롱은 "환자와 가족이 파트너라는 점을 간호사들에게 강조하기 위해 교육 프로그램을 수정했습니다. 후포노 쿠라우 로아는 이전과는 완전히 새로운 방식으로 생각하게 하는 하나의 전환점이 되어주었습니다"라고 말했다

하우라 초등학교에서 요리를 하던 맥신 카하우레리오와 은퇴한 전화수리공인 존 카이나는 퓨처서치에서 만나 후원금 부족문제를 겪고 있는 어린이집을 다시 열 수 있을지 알아보기 위해 학부모 회의를 소집했다. 그들은 교육자, 보건전문가, 기부자들을 한 자리에 불러 위원회를 만들고 4만달러 기금을 모아 미취학 아동 30명과 전업교사 1명, 보조교사 2명과 함께 '나 카마레이 쿠라우 로아' 조기교육 프로그램을 개발했다.

카후쿠 고등학교 교장인 레아 앨버트는 140명의 학부모, 교사, 학생, 사업가, 직원들과 함께 퓨처서치를 실시했다. 그 결과, 학교는 교육 커리큘럼에 커뮤니티와 관련된 내용(미래 지역산업으로서의 의료서비스, 서양의학과 전통의학의 통합, 환경보호, 농업, 생태관광, 수질 및 폐기물 관리, 주택 등)을 추가하게 되었다. "우리는 학생들이 이 지역에서 살면서 우리의 미래경제에 도움이 되는 직업을 선택하기를 원합니다. 우리가 살아가는 이곳은 지구에서 가장 아름다운 곳 가운데 하나입니다. 우리 젊은이들은 이런 방식을 통해 이 지역의 자원을 관리하는 데 기여할 것입니다."라고 앨버트는 말했다.

1997년 주민들은 하와이에서 오랫동안 유지되어온 전통적인 가치와 관습을 서양의 의료모델과 통합하기 시작했다. 카후쿠 병원, 쿠라우 로아의 주요 의료센터는 지역차원에서 건강에 대한 프로그램을 운영하였다. 그들은 매달 건강에 대한 설명회를 개최하고, 농산물 직판장을 후원하면서 주민들의 질병여부를 검진하고 하와이식 치유방법을 가르쳐 주었다.

1998년 퓨처서치에 참여했던 하와이의 브리검 영 대학*Brigham Young University* 총장인 에릭 셤웨이는 하와이 원주민들이 경험한 것을 학문영역으로 인정하고 하와이 언어문화연구센터를 오픈하였다.

2002년 주거지로부터 75마일 이내에 응급시설과 출산시설을 갖춘 유일한 병원인 카후쿠 병원이 문을 닫을 위험에 처하자 퓨처서치를 개최하여 재정문제를 재조정하여 지속적으로 의료서비스를 제공할 수 있게 해주었다.

2005년 쿠라우 로아는 재단의 후원자들이 우선순위를 바꾸고 자원을 취소하기로 결정하자 커뮤니티 전체 차원에서 이에 대한 검토회의를 개최하였다. 커뮤니티는 지금까지 성공적으로 이루어낸 것을 축하하며 이제부터는 그들 스스로 노력을 지속해야 한다고 결론 내렸다. 커뮤니티가 자발적으로 노력을 기울인 결과 다음과 같은 새로운 결과를 만들어냈다.

- ▶ 연간 교통사고로 인한 사망자 수가 8명에서 2명으로 줄었다
- ▶ 이 지역의 특별전담팀은 고등학교에서 진행하던 하와이 문화프로그램을 브리검영 대학의 하와이 문화 프로그램과 연계하여 운영하고 하고 있다.
- ▶ 규모가 3배나 커진 '나 카마레이' 어린이집은 놀이활동, 야외활동, 영어와 하와이 언어 교육, 음악, 스토리텔링, 창의적인 예술, 부모에 대한 교육까지 지원하고 있다. 이 프로그램들을 3가지 다른 프로그램인 '마라마 나 와히네 하파이 산전 건강관리*Malama Na Whahine Hapai for prenatal care*, 영유아들의 산모를 위한 건강, 올바른 건강습관을 위한 프로그램과 병행해서 제공하고 있다.

브리검영 대학의 에릭 셤웨이 총장에 따르면 "오래전부터 하와이에서 전해오고 있는 오랜 속담에는 '6주 만에 토란을 키울 수는 없다'는 말이 있습니다. 첫 번째 퓨처서치에서 뿌린 씨앗이 예상치도 못한

지역에서 싹트고 있습니다. 우리는 이제 더 이상 서로에게 이방인이 아닙니다. 이제 따뜻한 공동체가 되었습니다. 이 점이 가장 중요합니다."

2010년 마라마 오하나는 지금도 두 달에 한 번씩 마을회의를 열고 있다.

캐나다 오타와의 바이워드 시장ByWard Market 살리기

1826년 오타와에 세워진 바이워드 시장은 캐나다에서 가장 오래된 시장이면서 가장 큰 시장이기도 하다. 쇼핑하기에 좋은 곳이어서 수도 최고의 관광지로 인정받아왔다. 농산물 직판장과 특산물 좌판, 100개가 넘는 레스토랑과 바가 이 시장에 꽉 들어차 있었다. 그러나 1960년대부터 1990년대까지 많은 사람들이 도시를 떠나면서 시장은 꾸준히 쇠락해갔다. 그럼에도 불구하고 임대료와 재산세는 올라서 이곳에서 농산물을 파는 농민의 수는 점차 감소하고 있었다.

      1990년대 초반에 이르러 이 시장은 전문가의 도움으로 전략계획을 마련하기로 했다. 여기에서 나온 결과로 트럭에서 농산물을 파는 농민에게 우호적인 조례를 제정하였지만, 그것은 오히려 그 농민들과 상인들 사이에 깊은 균열을 초래하고 말았다. 1995년에 이 조례가 폐지되긴 했지만 공동체는 여전히 혼란에 휩싸였다. 프랑스어를 구사하는 상인 대 영어를 구사하는 상인, 지역에서 성장한 사람 대 농민 노점상을 대표하는 그룹, 이 외에도 많은 그룹들이 서로 대립관계에서 벗어나지 못하고 있었다.

1996년 오타와시에서 시장 관리를 책임지고 있던 필립 파월은 컨설턴트인 엘라인, 라일 마코스키와 함께 퓨처서치 교육에 참가하게 된다. 교육에서 돌아온 파월은 시장의 다양한 구성원들을 불러 모아서 준비위원회를 소집했다. 모든 참가자들은 자신이 선택한 언어로 말할 수 있고, 13개월동안 충분한 시간을 가지고 퓨처서치를 계획한다는 원칙을 이 준비위원회에서 마련했다. "느리지만 확실하게 관계를 구축하기 시작했다는 것이 핵심"이라고 고뎃은 말한다. "그동안 노점상과 점포 주인, 오타와 시 사이에 너무나 많은 불화가 있었습니다. 사람들이 자신의 목소리를 내고 서로에 대해 알아가는 과정을 갖게 하는 것은 언제나 가치 있는 일입니다."

1998년 바위워드 시장에서 진행된 퓨처서치에는 농민 노점상, 유통업자, 고객, 주민, 레스토랑과 바 주인, 길거리 공연자, 정치가, 시 공무원 등 다양한 대표자들이 참여할 연합체를 조직하기 위해 함께 활동할 사람들을 불러들였다.

- ▶ 자발적으로 참여한 지역주민, 노점상, 사회기관, 경찰, 시 공무원으로 구성된 안전/보안위원회: 위원회는 주차구역, 심야에 벌어지는 소란, 노골적인 구걸행위 등을 다루기 위해 마련한 '거리 대사 프로그램Street Ambassador Program'을 감독할 책임을 지게 되었다.

- ▶ 바이타운의 날, 스튜 요리 경연대회, 사순절 기념 시장 등 특별행사를 추진하는 광고/홍보 위원회: 시장의 로고와 간판 체계를 새로 만들었다.

- ▶ 쇼핑객의 최대 장애물인 교통·주차 위원회: 주차공간을 늘리고 불법주차 스티커 발급을 줄이는 주차 전략을 만들었다.

- ▶ 노점상을 대표하는 바이워드 시장 노점상위원회가 결성되었다.

1999년 바이워드 시장 모임에 60명이 참석하여 그때까지 성취한 결과들을 축하하고 새로운 실행계획을 확정해주었다.

2003년 45명이 참여한 두 번째 퓨처서치 모임을 축하해주었다. 이 자리에서 지역을 위해 공헌한 사람들에게 상이 수여되었다.

2006년 오타와 관광국과 오타와시, 퓨처서치의 이해관계자들은 음식 관광을 위해 파트너십을 구축하기로 했다. 그들은 오타와와 인근 지역까지 포함하는 음식관광 대상 지역을 결정하였다. 퀘벡주의 강 건너편에 있는 헐Hull 주민들은 자매기관까지 만들어서 필요한 기금조성에 동참했다.

2007년 모든 참여자들이 협력을 통해 지역 음식과 음료를 널리 알리기 위해 '오타와 맛보기*Savor Ottawa/Savourez Ottawa*' 행사를 개최했다.

2010년 퓨처서치에서 구성된 모든 자원봉사위원회들이 드디어 활동하기 시작했다. 시장관리 책임을 맡은 그룹은 경영에 관련한 결정을 내릴 때도 모든 이해관계자들의 협력을 얻은 후 추진하였다. 필립 파월에 따르면 "관리자로서 우리가 하는 일은 이전에 비해 훨씬 쉬워졌어요. 퓨처서치를 하기 전에는 스스로 해결하도록 맡겨주지 않고 문제에 대한 우리의 입장을 정리하느라 힘든 시간을 보냈습니다. 더 이상 상의하달식으로 의사결정할 필요가 없어졌어요. 모든 사람이 의사결정 과정에 참여했기 때문에 우리가 내린 결정은 그들 모두로부터 지원과 지지를 받게 되었습니다."

3장

성공에 필요한 조건

이 장에서는 우리가 관찰했던 희망적인 모습들을 소개하려 한다. 우리가 처음 이런 활동을 시작했을 때보다 점점 더 많은 사람들이 회의를 성공적으로 해야 한다는 데 대한 의지를 보이고 있다. 퓨처서치를 준비할 때 우리는 걱정하기 보다 오히려 퓨처서치가 만들어내는 에너지를 경험하는 행운을 누린다. 어려운 상황에서도 얼마든지 새로운 돌파구를 만들 수 있다는 것을 사람들은 점점 믿기 시작했다. 우리가 말하는 원칙만 지키면 된다는 뜻은 아니다. 리더십이나 가치 있는 일, 서로에게 의존할 수 있는 사람들은 여전히 필요하다. 회의 주제에 적합한 사람들이 회의에 참가하게 하는 것은 생각보다 어려운 일이다. 시간적인 압박감을 충분히 고려하고 회의하기에 적합한 공간을 확보하면 퓨처서치를 시작할 수 있다.

퓨처서치 활동에서 좋은 결과물을 만들어내려면 반드시 갖춰야 할 것들이 있다. 아래에 소개하는 것들이 바로 우리가 찾아낸 조건들이다.

4가지 핵심원칙

- "회의에 시스템 전체"가 참여하게 한다.
- 부분적 실행을 위해 전체의 맥락을 이해하게 한다.
- 문제와 갈등이 아닌, 미래와 공통의 관심사에 집중하게 한다.
- 자율적으로 관리하고 실행에 대해 책임지게 한다.

성공적인 회의를 보장해주는 4가지 방법

- 반드시 회의가 끝날 때까지 참여한다.
- 건강한 회의환경을 준비한다
- 3일동안(2박) 충분히 시간을 갖고 진행한다.
- 후속조치에 대한 책임자를 공개적으로 결정한다.

핵심원칙

■ 원칙1: "회의에 시스템 전체"가 참여하게 한다

어떤 경우에도 시스템 전체를 회의에 참여하게 할 수는 없다. 그렇지만 다행스럽게도 중요한 결과를 만들어내기에 충분한 사람들을 회의실로 불러오는 건 언제나 가능하다. 우리는 이 책의 2판에서 "회의실 안에 시스템 전체가 참여하게 하라"가 무엇을 의미하는 지에 대해 소개했었다. 아래에 소개하듯이 상호의존성을 가지고 있는 이해관계자들이 회의에 참석하게 하는 것이 중요하다.

- Authority : 스스로 실행할 수 있는 권한을 가지고 있는 사람
- Resources : 시간, 예산, 접근권한, 영향력 등의 자원을 가지고 있는 사람
- Expertise : 주제에 대한 사회적, 경제적, 기술적인 전문성을 가지고 있는 사람
- Information : 다른 사람들이 필요로 하는 정보를 가지고 있는 사람
- Need : 회의 결과물에 의해 영향을 받게 될 사람들

왜 이런 다양한 이해관계자들을 한 자리에 불러야 할까? 몇 가지 중요한 이유가 있다. 먼저, 실행권한과 자원을 가지고 있는 사람들은 보다 확실하게 행동을 취하기 때문이다. 그리고 전문지식과 정보를 가지고 있으면 올바른 선택을 할 가능성이 그만큼 높아진다. 니즈를 가지고 있는 사람들은 뜻밖의 결과가 나와도 현실적인 측면에서 확인해줄 수 있다. 다른 기준을 적용해서 참가자를 결정할 때도 한다. 예를 들면, 관련 부서, 참가자들의 구성(연령, 성별 등), 근무지역도 함께 고려한다. 이해관계자를 구성하는 것이 쉬운 일은 아니다. 그러나 60명 중 단 한 사람 때문에 상호작용이 수 천배나 더 활발해질 수 있다는 점을 생각하면

누구를 초대할지는 결코 소홀히 할 수 없는 일이다.

시스템 용어로 표현하면, 우리는 좀처럼 만나기 어려운 사람들이나 결코 만나지 않을 것 같은 핵심 이해관계자들의 참여를 끌어들이기 위해 그동안 사용해왔던 참가자 선정기준을 바꾸기도 한다. 이해관계자의 범위를 넓히면 기존에 참석했던 사람들과는 할 수 없었던 행동도 얼마든지 할 수 있다. 회의에 참가할 이해관계자들에게 2가지 핵심목표를 줄 수 있다;

▶ 모든 참가자가 경험한 것을 활용하여 어느 한 명이 시스템에 대해 알고 있는 정도 보다 훨씬 많은 것을 하루만에 모든 참가자들이 알 수 있게 한다.

▶ 참석하지 않은 사람들의 허락을 굳이 받지 않고도 비전을 실행으로 옮길 수 있는 사람들이 참여하게 한다.

원칙2: 어떤 한 부분에 대한 해결방법을 찾기 전에 먼저 "코끼리 전체"를 탐색한다

다른 말로 하면, 회의에 참가한 모든 사람들이 동일한 세계에 대해 말할 수 있게 하라는 것이다. 모든 참가자들이 인식하고 있는 것을 모두 포용할 수 있는 세계를 만들어야 한다는 말이다. "코끼리 전체"라는 말은 여섯명의 맹인들이 코끼리를 만나러 갔던 수피교도들 사이에 오랫동안 전해 내려오는 이야기에 나오는 말이다. 여섯명의 맹인들은 각기 코끼리의 다른 부분을 만지게 되었는데 첫번째 사람은 코끼리 옆면을 만져보고 코끼리는 벽과 같다고 말하고, 두 번째 사람은 코끼리 상아를 만지고는 코끼리가 창과 같다고 말했다. 세 번째 사람은 코를 손으로 잡아보고는 자기가 뱀을 집있다고 확신했다. 네 번째 사람은 다리를 만져보고는 자신이 나무에 올라간 줄 알았으며, 다섯 번째 사람은 귀를 잡고는 그것이 부채라고 확신하였다. 여섯 번째 사람은 코끼리 꼬리를 잡아본 후 코끼리가 밧줄 같다고 했다.

> **맹인과 코끼리 우화**
>
> 배우기 좋아하는 인도스탄의
> 여섯 사람이
> 코끼리를 보러 갔네
> 모두 다 앞을 볼 수 없는 사람들이지만
> 자신이 본 것에 만족했다네
>
> 첫 번째 사람은 코끼리에게 다가가
> 넓고 튼튼한 면에 부딪히자,
> 단번에 고함을 질렀네,
> "아이쿠, 코끼리는 정말 벽과 같구나!"
>
> 두 번째 사람은
> 상아를 만지고 소리쳤네,
> "와! 이렇게 동그랗고 부드러우면서
> 날카로운 게 뭐지?
> 코끼리의 경이로움은 바로
> 창과 같은 것이었구나!"
>
> 세 번째 사람이 다가가
> 꿈틀거리는 코를 손으로 잡고는
> 대담하게 말했네,
> "코끼리는 뱀과 같구나!"
>
> 네 번째 사람이 간절한 마음으로 손을 뻗어
> 무릎 주위를 만지고 말하기를
> "가장 경이로운 짐승인줄 알았더니
> 사실은 아주 평범하구나,
> 코끼리는 나무와 같구나!"
>
> 다섯 번째 사람이 귀를 만져보고 말하기를
> "앞 못 보는 사람도
> 이게 무엇을 닮았는지 말할 수 있겠네,
> 코끼리의 경이로움은 부채와 같네!"
>
> 여섯 번째 사람은
> 손으로 더듬기 시작하더니
> 흔들거리는 꼬리를 잡고서
> 그가 아는 범위에서
> "아 알겠다! 코끼리는 밧줄 같으네!"
>
> 그래서 이 인도스탄 사람들은
> 큰 소리로 오래 다투었네,
> 모두는 자기 의견을
> 지나치게 강하게 펼쳤네.
> 각자 부분적으로는 옳았지만
> 그들 모두 틀렸다네!
>
> 존 가드프리 색스(John Godfrey Saxe, 1881)

참가한 모든 사람들이 경험한 것을 한 곳으로 모아 서로가 공유할 수 있는 환경을 만들어내지 못하면 어떤 대화에서든 우리는 다른 사람이 생각하는 관점을 볼 수 없다. 우리 모두는 자기가 가지고 있는 한 부분을 확장한 것이 전체라고 생각한다. 특정 행동을 취하기 전에 세계가 어떤 모습을 하고 있는지 구체적인 차원까지 함께 대화를 나누면 잘못된 행동계획을 세울 가능성을 상당부분 줄일 수 있다.

우리는 퓨처서치 주제를 사회 전체의 관점에서 바라본다. 중심이 되는 이슈의 *내부*(닫힌 시스템Closed system)와 *외부*(오픈 시스템Open system) *사이에* 어떤 트렌드가 일어나고 있는지 탐색해보는 것이다. 그리하여 우리가 살고 있는 세상, 퓨처서치 주제, 회의실 안에 있는 사람들까지 모두 연결시키는 하나의 역사를 만들어내게 된다. 우리가 연구하고 있는 공동체나 기관, 부문, 또는 기업을 둘러싸고 일어나고 있는 트렌드 *전체를* 탐색하기 위해 다양한 사람들을 초대하는 것이다. 이 자리에 초대받은 사람들은 개인적인 차원에서 자신이 기억하고 있는 부분들과 조각들을 끄집어내어 다른 참가자들에게 말해준다. 이 작업을 여러 명이 함께 하면 중요한 모든 것을 기억해낼 수 있다. 그러면서 서서히 자신만 알고 있는 코끼리에 대해 말하지 않고 함께 알고 있는 동일한 코끼리에 대해 이야기할 수 있게 된다. 이 모델이 말해주는 시스템 "사고"를 비로소 경험할 수 있게 된다. 참가자들은 자신들이 처한 "환경"을 만들어 낸 바로 그 장본인들과 상호작용을 하는 것이다. 왜 사람들이 어떤 주제는 선택하고 어떤 주제는 선택하지 않는지는 더 이상 미스터리가 되지 않는다. 이 단계에서는 모든 사람이 한 바구니에서 주제를 선택하기 때문이다

원칙3: 과거의 문제와 갈등에 집중하지 않고 미래와 모든 참가자들이 동의할 수 있는 공통 관심사 발견에 집중한다

해결할 수도 없는 문제와 갈등에 80%의 시간을 써버린다면 해결 가능한 일에 쓸 시간은 남아나지 않을 것이다. 모든 참가자들이 공감할 수 있는 공통의 관심사를 찾아내고, 그 공통 관심사를 토대로 미래에 함께 취할 행동을 준비하게 하는 것이 퓨처서치가 해주는 일이라고 우리는 참가자들에게 말해왔고, 지금도 그렇게 말하고 있다.

회의주제에 직면한 사람들이 회의에 참가하면 의견충돌은 일어나기 마련이다. 이때 일어나는 충돌은 목표로 가는 길에서 만날 수 있는 지극히 자연스러운 현상이다. 모든 관점을 다 말하도록 참가자들을 격려해주지만, 참가자들 사이에 존재하는 차이점을 해결하려고 시도하는

사람들이 보이면 우리는 그렇게 하지 못하게 한다. 대화 도중에 참가자들 사이에 갈등이 일어나면 갈등은 잠시 보류시켜 놓고 공통의 관심사를 전면으로 내세워 거기에 대해 이야기하게 함으로써 상황에 대한 반전이 일어날 수 있게 한다. 문제와 갈등은 행동을 취해야 할 것이 아니라 인지하고 있어야 할 정보로 다뤄주면 된다. 너무 극단적인 상황이 일어나면 그것은 피하지 않고 다뤄줘야 하지만 함부로 대응하는 것 또한 바람직하지 않다. 가급적이면 참가자들이 다른 사람의 생각을 바꾸려는 노력을 하지 않도록 그룹 내에서 일어나는 대화를 주의깊게 살핀다. 오히려 서로가 가지고 있는 차이점을 밖으로 드러낼 수 있게 해줌으로써 다양한 관점을 이해하는데 집중하도록 도움을 주고 있다.

퍼실리테이터로서 우리가 가장 많이 신경쓰는 부분은 모든 참가자들이 만족할 수 있는 넓은 공통 관심사를 발견할 수 있게 하는 것이다. 너무 쉽게 타협하지 않게 하고, 서로가 *충분히 공유할 수 있는 진정한 공통 관심사가 모습을 드러낼 수 있을 때까지* 서로의 관점을 주고 받을 수 있도록 도와준다. 이런 현실적인 토대가 마련되어야 비로소 어떤 새로운 행동을 취할 수 있을지에 대해 이야기할 수 있다. 마법처럼 한 순간에 사람들이 과거보다 좋아지는 일은 일어나지 않는다. 오히려 더 건설적이고 협력적으로 대응할 수 있게 해주는 외부로부터의 충동과 자극을 이해하기 위해 귀를 기울이고 주파수를 맞출 때 좋은 일이 새롭게 일어난다. 퓨처서치는 성격차이나 정치적인 견해 차이, 또는 문제점이나 현상에 집중하지 않고 지속가능한 공동체를 세우는데 모든 에너지를 집중할 수 있게 해준다.

■ 원칙4: 참가자들이 그룹을 자율적으로 관리하고 실행에 대해 책임을 지게 한다

우리는 자기조직화 Self-organizing 능력을 갖춘 소그룹을 퓨처서치에서 자주 활용한다. 이 소그룹 안에서는 모든 참가자들이 정보를 공유하고, 정보를 해석하며, 어떤 단계로 행동을 취할지 함께 결정한다. 회의가 진행되는 동안 계급, 수동적인 태도, 갈등, 전문가나 퍼실리테이터에 대한 의존도를 줄이려고 한다. 장황하게 늘어놓는 일방적인 연설, 학습목적을 위한 연습, 도구, 게임과 같은 것은 퓨처서치에서 아예 하지 않는다. 데이터를 정리하거나 후속조치에 대한 계획을 특별히 세우지도 않는다. 이런 상황에서는 대부분의 참가자들이 자신이 학습해야 할 것과 취해야 할 행동에 대해 스스로 책임을 진다. 논의를 이끄는 논의 리더Discussion Leader, 대화내용을 기록하는 기록자Recorder, 발표자Presenter, 시간관리자Timekeeper 등으로 역할을 나누어 참가자들이 돌아가면서 다른 역할을 맡아보게 한다. 이렇게 하면 모든 참가자

가 리더십과 책임을 나눠질 수 있다. 참가자들은 금방 알아채지 못하겠지만 이렇게 함으로써 권위를 둘러싼 그룹내 관계에 중대한 변화를 만들어낼 수도 있다. 우리 두 사람이 대규모 그룹을 쉽게 이끌 수 있었던 것은 해야 할 일을 스스로 알아서 진행하는 소그룹 덕분이다. 어떤 경우에는 참가자의 절반이 리더십 역할을 맡았던 때도 있다. 얼마나 재미있는 일인가!

성공적 회의를 보장해주는 방법

두 가지 사전석 의미를 연결해서 본 성공적인 회의를 보장해주는 방법은 "미래에 일어날 수 있는 손실을 막기 위해" 개인이나 사회집단이 선택한 행동계획을 의미한다. 우리에게 크게 도움이 되었던 4가지 예방조치를 여러분에게도 제안하고 싶다.

▨ 회의 전체에 참석하도록 설득하라

특정 행동에 대한 수행능력을 바꾸려면 인식이 바뀌어야 한다. 인식을 새롭게 하려면 참가자들은 지속적으로 참가해야 한다. 공통 관심사에 대해 혁신적인 아이디어를 내려면 반드시 모든 참가자들이 공유할 수 있는 경험이 있어야 한다. 공동의 미래에 도달하는 데 필요한 중요한 단계를 밟지 않으면 그런 미래에 대한 계획 수립은 힘들어진다. 그렇기 때문에 우리는 참가자들이 특정부분에만 참석하고 사라지는 것을 권하지 않는다. 꼭 그렇게 할 수밖에 없는 이유가 있다면 한두 번은 인정할 수 있겠지만 회의 시작부터 끝까지 반드시 참석해야 한다는 원칙만은 고수해야 한다.

▨ 건강한 환경에서 회의를 하라

따뜻한 햇살이 들어오는 곳, 좋은 음향시설을 갖춘 곳, 건강에 좋은 음식은 최고의 회의결과를 만들어내는데 중요한 요소들이다. 어두컴컴한 공간에서 건강에 좋지 않은 음식을 먹으면서 3일을 보내게 하는 것은 좋은 결정이 아니다. 회의나 워크숍을 진행할 때 우리는 가급적이면 창문이 있고 바람이 잘 통하는 회의실을 예약하고, 가벼운 점심식사나 참가자들의 에너지를 높여줄 수 있는 영양가 높은 간식을 준비해둔다. 소그룹 토의가 있는 경우에는 서로가 하는 말을 잘 들을 수 있도록 카페트가 깔린 바닥과 방음시설을 갖춘 회의실을 선택한다. 소그룹을 만들었다 해체하기 쉽도록 바퀴 달린 의자가 있는지에 대해서도 사전에 반드시 확인한다. 다행스럽게도 이런 조건들을 모두 충족하는 회의실을 만날 때도 있다. 이 과정에서 우리는 재활용품이나 재활용할 수 있는 재료를 사용함으로써 우리가 살고 있는 지구의 지속가능성을 위해 우리가 질 수 있는 책임을 지려고 한다. (부록 B참고)

▨ 16시간에서 20시간 동안 함께 논의할 수 있도록 적어도 3일은 확보하도록 하라

퓨처서치를 하려면 "적어도 2박3일은 필요해요."라고 호주에 사는 우리 동료인 토니 리차드슨이 말했다. 이틀을 확보하거나 이틀동안 16시간 이상의 시간을 확보했다고 하더라도 2박 3일을 확보했을 때만큼 성공적으로 해내지는 못한다. 사람들이 서로를 이해하고 새로운 일을 함께 하려면 서로에게 "스며들 수 있는 시간"이 필요하다. 오랜 경험을 통해 볼 때, 1일차 점심식사 후 시작해서 3일차 오후까지 진행하는 일정이 가장 적절하다고 본다. 밤 늦은 시간까지 참가자들을 회의실에 잡아두는 상황은 최대한 피하려 한다. 어떤 경우에는 1일차 오후 늦게나 저녁시간에 시작하기도 한다. 상황에 따라 얼마든지 형태를 바꿔서 유연하게 진행할 수 있다.

그러나 하루를 끝내는 시간은 아무렇게나 되는대로 결정하지 않는다. 중요한 과제를 다룰 때는 사람들이 밤사이 곰곰히 생각해본 후 다음날 아침 일찍 시작할 수 있도록 진행 중간에 멈추기도 한다. 끝내지 못한 일이 있으면 무의식은 아주 신비스런 방식으로 작동한다. 이틀동안 퓨처서치를 진행할 경우, 참가자들이 과부하 상태에서 심한 피로감을 느끼는 순간에 행동계획을 수립하게 된다. 짧은 시간 안에 회의를 끝내려고 무리수를 둘 때 보다 "2박" 일정으로 편안하게 진행할 때 그룹의 실행역량이 훨씬 더 잘 발휘된다.

▰ 후속조치에 대한 책임자를 공개적으로 결정한다

자신이 의도하는 바를 공개적으로 선언하게 되면 그것을 끝까지 수행해낼 가능성이 훨씬 더 높아진다. "실천적 이론가"인 커트 르윈 Kurt Lewin은 세계2차대전 기간동안 인류학자인 마가렛 미드 Magaret Mead와 함께 "참여를 통한 관리 Participative management"라는 개념을 만들어낸 것으로 유명한 '식습관 연구'에서 이 원칙을 발견했다. 그들은 아이오와주에 사는 주부들이 공개적으로 이야기를 나눈 후 어떤 결정을 내리면 공개적으로 이야기를 나누지 않은 사람들에 비해 결정한 것을 더 잘 수행한다는 것을 발견했다*(Weisbord, 2004, ch.5)*. 그래서 우리는 참가자들이 자신이 다음에 무엇을 하려고 하는지 여러 사람 앞에서 공개적으로 말하게 한 후에 회의를 끝낸다.

타협에 대한 압력

새로운 일을 하지 않고는 절대로 변화를 만들 수 없다. 그러나 우리 자신에게 익숙하지 않은 것이 나타나면 우리는 저항으로 응답한다. 사람들은 어떤 여행지를 좋아하기는 하지만 거기까지 여행할 시간은 없다고 주장한다. 우리는 가끔 회의가 너무 빨리 진행된다고 걱정한다. 그러나 우리가 느끼는 속도보다 더 빨리 회의를 진행하는 사람이 있다면 어쩌면 그 사람은 획기적인 돌파구를 찾아내거나 지속적인 행동을 이끌어내는 데에 목적을 두는 것이 아니라 다른 데에 목표를 두고 있을지 모른다.

다음 퀴즈를 풀어보자. 도저히 결론이 나지 않는 회의에서 주요역할을 맡았다고 가정해보자. 그 회의에서 참가자들이 비난을 퍼붓게 되는 대상은 무엇일까?

a. 운명

b. 서로에 대해

c. 바로 당신

정답은 (c)이다. 여러분은 사람들에게 달 위를 걸을 수 있다고 약속을 했지만 사실은 그들을 발사대까지만 데려간 셈이다.

▪ 회의론에도 타당성이 있다고 보는 이유

여러분은 타협해야 한다는 압력을 받게 될 것이다. 회의에서 초조함을 느끼는데는 여러가지 이유가 있다. 회의 결과는 예측할 수 없을 뿐만 아니라 보장되는 것도 아니다. 잠재적인 스폰서 몇 명이 성공에 반드시 필요한 요소를 생각하면서 초조함을 느끼는 건 지극히 당연한 현상이다. 평소에는 만나지도 않던 사람들을 회의에 초대해야 하고, 핵심이슈를 제대로 보기도 전에 전체적인 맥락을 찾아내야 하며, 문제와 갈등이 아닌 미래와 공통의 관심사를 발견하는데 초점을 맞춰야 하고, 회의만 하면 피로감을 느끼는 사람들을 자율적으로 관리할 수 있는 소그룹으로 활동하게 해야 하며, 모든 사람이 원하는 미래에 대해 동의를 얻어낸 후에야 행동계획을 세우게 하며, 좋은 음향시설을 갖춘 햇빛이 잘 드는 밝은 회의실을 찾아야 하고, 모든 것을 압축하여 하루 반 안에 끝낼 수 있는 회의를 3일에 걸쳐 16시간에서 20시간이나 투자해야 한다니 말이다. 그러나 이 모든 단계들이 성공적인 회의에 기여한다는 점을 기억해야 한다. 모든 것을 잘 갖추어 놓을 때 퓨처서치는 새롭고, 생산적이고, 실질적이고, 오래 지속될 수 있는 결과물을 만들어낼 수 있다. 만약 이런 요구사항을 갖추는데 필요한 만큼 시간을 확보할 수 없다면 영부인이었던 낸시 레이건이 마약사용에 대해 충고했듯이 "할 수 없어요."라고 말해야 한다.

    회의시간 구성, 과제, 휴식시간 등에 대해 우리가 선호하는 특정한 방식은 그것이 성공에 필요한 조건을 갖추게 해준다. 그러나 우리가 좋아하는 방법이 유일한 방법은 아니다. 많은 사람들이 우리가 사용한 방법대로 진행하지 않고 그들만의 방식으로 새롭게 시도했다. 그런 시도들 가운데 성공적이었던 사례만 뽑아서 12장에서 소개할 것이다.

비슷한 것처럼 보이지만 실제로는 동일하지 않은 회의 구조

우리가 제시하는 원칙을 굳이 따르지 않더라도 타임라인 챠트나 마인드맵, 공통 관심사를 붙이는 벽은 얼마든지 다르게 사용할 수 있다. 기법은 그걸 가지고 당신이 무엇을 하는지에 대해서는 관심이 없다. 참가자들이 서로의 이해관계를 충분히 드러내는 과정을 통해 서로가 함께할 수 있는 공통의 관심사를 발견해내고, 그 공통의 관심사에 근거하여 실행할 수 있도록 도와주는 회의 타입 중에서 아래에 소개하는 타입들은 퓨처서치 모델만큼은 아니지만 여전히 사용되고 있는 방법들이다. 이 방법들이 어떤 점에서는 유용한 기능을 하기도 하지만 비슷한 기법을 쓴다고 해서 퓨처서치와 같은 결과를 만들어내는 건 아니란 점을 혼동하지 않았으면 한다.

미리 예정해둔 결과로 참가자들을 끌고가는 회의　미리 정해진 결정사항이나 해결책을 승인하기 위해 소집된 회의는 도움이 될 때도 있지만 회의에 참석한 모든 사람들이 책임을 지게 하는 회의형태와는 다른 철학적 기반을 가지고 있다.

전문가나 상의하달식 연설이나 타운미팅　전문가가 이야기한 후에 그룹토의나 질의응답 세션을 추가하는 것은 바람직하지 못하다. 그렇게 하면 새로운 것을 발견하기 위한 대화도 불가능하게 되고, 자발적으로 행동할 수 있는 조건도 제대로 만들어내지 못한다. 이처럼 정보제공을 통해 참석자들에게 영향을 미칠 수는 있지만 참가자들로부터 서로에게 도움이 될 수 있는 협력적인 행동을 이끌어낼 수는 없다.

"즉각적인" 행동없이 의견만을 얻기 위한 회의　퓨처서치는 다른 누군가가 계획을 수립하게 할 목적으로 "의견만을 얻어내기" 위해 하는 회의가 아니다. 퓨처서치가 가지고 있는 유일무이한 특성은 회의결과가 모든 참가자에게 속한다는 것이다. 따라서 포커스그룹 회의는 퓨처서치의 목적에는 맞지 않다.

팀 빌딩, 갈등 관리, 단일부서 회의　퓨처서치 기법이 온전한 팀이 서로 협력하는데 도움을 주기는 하지만, 다른 사람들을 참여시키지 않고 더 큰 시스템과의 관계를 바꿀 수는 없다. 그 팀이 공장에 있느냐, 아니면 임원 회의실에 있느냐는 그리 중요하지 않다. 이미 구성된 활동그룹은 현장과 떨어져 있을 때조차도 현장과 동일한 역동성에 따라 움직인다.

교육내용 실습, 아이스브레이커, 진단도구 이 모든 것들은 퍼실리테이터와 참가자의 불안을 덜어줄 수 있는 것들이긴 하지만 퓨처서치에서는 이 모든 것들이 굳이 필요치 않다. 오히려 이런 것들은 참가자들의 의존성을 더 길게 끌고 가서 목표에 집중하지 못하게 할 뿐이다. 교육 컨설턴트인 로버트 매거는 직면한 문제가 교육에 대한 것인지, 아니면 동기부여에 대한 것인지 판단하게 하는 핵심질문을 던졌다. *만약 그 일에 그들의 생명이 달려 있다면, 그들은 그 일을 해낼 수 있을까?* 퓨처서치는 특별한 인풋이 없어도 누구든지 할 수 있다. 퍼실리테이터라면 사람들이 과제에 대해 걱정하는 것이 기능에 대한 것인지, 책임소재에 대한 것인지, 아니면 스스로 행동을 만들어내야 한다는 데 대한 것인지 알고 있어야 한다.

퓨처서치 원칙의 근원

개척자들이 남긴 유산에 기반을 두다

사람들은 수천 년 동안 그룹으로 활동하면서 살아왔다. 로날드 리피트 *Ronald Lippitt*와 커트 르윈*Kurt Lewin*이 집단역학*Group Dynamics* 이라는 용어를 사용하여 사람들 사이의 상호작용 패턴을 파악한 것은 1939년 무렵이 되어서였다. 공예 프로젝트에 참가한 어린이들을 대상으로 한 연구에서 어린이들이 민주적 리더십 환경에 있을 때와 권위주의적 리더십 환경에 있을 때 서로 다르게 행동하는 것을 발견하면서 이 용어를 만들어냈다*(Lewin et al., 1939)*. 그 이후 교사와 관리자, 군인, 사회복지사, 정치인, 심리학자들은 사람들을 협력하게 만드는 것이 무엇인지 알아내려고 앞을 다투어왔다. 이번 4장에서는 퓨처서치를 개발할 당시 우리가 근거를 두었던 핵심사항이 무엇이었는지에 대해 설명하려고 한다. 퓨처서치에서 사용하는 플립차트와 펠트펜*(felt-tipped pen*: 역자주 - 압축된 섬유심을 가진 펜. 사인펜, 마커펜, 보드마커펜, 매직, 파인라이너, 라이너, 피그먼트 라이너 등이 모두 펠트펜에 속한다.*)* 뒤에는 연구결과와 이론, 실행사례로 가득 찬 지식창고가 있다.

1960년대에 몇몇 선구자들은 "시스템 사고"*(Von Bertalanffy, 1952)*를 활동그룹에 도입하기 시작했다. 그들은 예컨대, 부정적 엔트로피, 등결과성, 환경적 요구 등과 같은 일반인들은 이해하기 어려운 용어를 사용하기 시작했다. 그러나 이때 중요한 개념이 등장하게 된다. 하나의 부분은 자신이 속해 있는 보다 큰 시스템(환경)과의 관계를 변화시킬 때만 비로소 시스템(사람, 기관, 이웃)을 개선할 수 있다는 것이다(Ackoff, 1974).

1980년대에 우리가 퓨처서치를 디자인할 당시 우리에게 도전이 되었던 것은 두 가지였다: 하나는 시스템 분석을 굳이 가르치지 않고도 시스템 사고를 통해 얻을 수 있는 혜택을 회의에서 얻어내는 것이었고, 다른 하나는 사람들에게 이미 알려진 친숙한 방법을 사용하여 전체 시스템을 개선할 수 있는 방법을 만들어 내는 것이었다. 우리는 "시스템 사고"를 경험할 수 있는 방법을 찾고 있었다. 우리가 집중했던 핵심 사항은 "환경"에 해당하는 것을 회의실 공간 안으로 가져오는 것(예를 들면 이해관계자인데, 이 이해관계자는 통상적으로 서로에게 드러나지 않았음)이었다. 또 다른 핵심사항은 모든 사람이 자기가 알고 있는 것을 다른 참가자들과 공유하게 하는 것이었다.

우리가 하는 일에 감춰진 두 가지 흐름

퓨처서치가 소개되기 전에 일어났던 두가지 중요한 사건에 대해 먼저 말해보자. 첫번째 사건은 영국 사회과학자인 에릭 트리스트*Eric Trist*와 그와 협력관계에 있던 호주의 프레드 에머리*Fred Emery*가 1960년에 영국에서 개발한 서치 컨퍼런스라는 선구자적인 업적이다. 두번째 사건은 1970년대에 에바 쉰들러-레인맨*Eva Schindler-Rainman*과 로날드 리피트*Ronald Lippitt*가 대규모로 진행했던 커뮤니티 퓨처 컨퍼런스*Community futures conference*였다. 이 혁신가들은 모두 전설적인 사회심리학자이자 "실천적 이론가"였던 커트 르윈*Kurt Lewin*으로부터 영감을 받았다. 르윈은 새로운 해결책과 실행가능한 지식을 함께 탐구하기 위해 연구자와 연구대상을 연결시키는 사회적 실험에 대해 '실행연구*Action Research*'라는 용어를 만들어서 사용하기 시작했다(Lewin, 1948). 당시 새롭게 일어났던 흐름들에 우리가 만들어낸 것을 추가하고, 지금도 여전히 진화하고 있는 디자인에 그것들을 통합하기 시작했다. 퓨처서치라는 이름속에는 우리가 세운 원칙에 확실한 근거를 제시해주는 이 선구자들을 기린다는 의미가 들어있다. 퓨처(미래)는 쉰들러-레인맨과 로날드 리피트의 회의를, 서치라는 단어는 에머리와 트리스트가 만들어낸 혁신을 기리기 위해 이 두 단어를 합쳐서 사용하기로 한 것이다.

이제부터 퓨처서치의 원칙 각각에 들어있는 뿌리를 하나씩 추적해들어가보자.

■ *쉰들러-레인맨과 리피트에게서 나온 원칙들*

원칙 1: "회의실 안에 시스템 전체가 참여하게 한다"

1970년대에 쉰들러-레인맨과 리피트는 88개 도시와 마을, 주를 대상으로 공동체 컨퍼런스를 운영했다. 그때마다 그들은 커뮤니티의 실제 모습을 제대로 반영하기 위해 직업, 성별, 연령, 인종, 교육 수준, 경제적 상황에 따라 참가자들이 충분히 섞일 수 있도록 배려했다. 그들은 300개에 이르는 다양한 그룹들이 모여서 대화를 하면 혁신적인 계획을 수립할 수 있다는 사실을 발견했다. 각 개인은 복잡한 퍼즐을 맞출 수 있는 조각을 적어도 하나 이상은 가지고 있었다. 그들이 가지고 있던 조각들을 하나씩 맞추자 그동안 어느 누구도 가지지 못했던 퍼즐 전체를 모든 참가자들이 함께 가질 수 있게 되었다. 그들이 서로 충분히 상호작용을 했기 때문에 그때까지 누구도 혼자서는 할 수 없었던 혁신적인 프로젝트가 가능해진 것이다. 이렇게 만들어진 창의적인 계획과 그들이 보여준 높은 수준의 헌신은 1980년에 두 사람이 저술한 〈협력적인 공동체 만들기*Building the Collaborative Community*〉에 상세하게 기록되어 있다.

원칙 3: 문제와 갈등이 아닌 미래와 공통의 관심사에 집중하게 한다.

1939년에 르윈*Lewin*과 함께 집단역학*Group dynamics*이라는 용어를 처음

> **퓨처서치 원칙**
>
> - "회의에 시스템 전체"가 참여한다.
> - 실행에 필요한 전체적인 맥락, "코끼리 전체"를 이해한다.
> - 문제와 갈등이 아닌 미래와 공통의 관심사에 집중한다.
> - 자율적으로 관리하고 실행에 대해 책임진다.

다양한 그룹이 서로 협력하게 해줄 조건과 관련한 이론 검토와 연구를 통해 퓨처서치의 4가지 핵심원칙이 만들어졌다.

으로 만들어낸 로널드 리피트 Ronald Lippitt는 1950년대에 또 다른 중대한 발견을 하게 된다. 전략기획 회의 장면을 녹음한 테이프를 분석하던 중 문제해결이 사람들을 우울하게 만든다는 결론을 내렸다. 쉰들러-레인과 리피트가 진행했던 컨퍼런스의 핵심적인 특징은 참가자들이 이미 일어난 문제를 고치게 하지 않고, 미래의 "잠재성에 대한 이미지"를 마음껏 그려보게 하는 것이었다. 마치 그 꿈이 이미 실현된 것처럼 생생하게 표현하게 함으로써 자신들이 기대하는 미래에 생기를 불어넣을 수 있는 활기찬 제안들을 생각해보게 했다. 그들이 사용했던 이 방식은 참가자들을 긍정적으로 생각하게 할 뿐만 아니라 높은 수준의 에너지 세계로 이끌어갔다. 이처럼 '꿈꾸는 미래 그리기' 방법은 수십 년이 지난 후에도 널리 활용되고 있는 '비전 그리기 Visioning'와 긍정적인 탐구활동 Appreciative Exercise을 이끌어온 선도자 역할을 했다(L. Lippitt, 1998). 우리는 이런 경험들을 퓨처서치에 담아 넣었다.

에머리Emery와 트리스트Trist에게서 나온 원칙들

원칙 2: 부분에 대한 해결로 들어가기 전에 먼저 "코끼리 전체"에 대해 탐구한다.

1960년에 트리스트와 에머리가 디자인했던 역사적인 전략계획수립 회의로 거슬러 올라가 보자(Weisbord et al., 1992, ch. 2). 이 두 사람은 합병을 결정한 두 회사로부터 성공적으로 합병할 수 있도록 도와달라는 요청을 받았다. 당시 한 회사는 제트엔진을 만들고 있었지만 다른 한 회사는 피스톤을 만들고 있었다. 에머리는 집단에 압력이 있을 때도 사람들이 독립성을 유지할 수 있는지에 관한 사회심리학자인 솔로몬 애쉬Solomon Asch, 1952의 연구결과를 토대로 회의 아젠다를 만들었다.

그 유명한 실험에서 애쉬는 자원자들에게 플래시카드에 그려진 선을 보고 다른 카드에 그려진 세 개의 선 가운데 길이가 비슷한 선을 선택하게 했다. 사전에 지시를 받은 앞사람들이 계속해서 잘못된 선을 고르자 대다수 사람들은 그 선이 틀린 줄 알면서도 앞 사람이 선택한 선을 선택했다. 그룹원들 가운데 다른 한 사람에게 사전지시를 통해 집단이 선택한 것과 다른 선을 선택하게 했지만, 나머지 실험대상자들은 이전에 선택한 것을 바꾸지 않았다. 이 실험을 통해 에머리는 독립적인 사고와 합의를 만들어내기 위해 효과적인 대화에 필요한 "애쉬의 조건 Asch Condition"을 다음과 같이 도출했다(Weisbord et al, 1992, pp. 21-23).

▶ 구체적인 예를 들어가면서 말하고자 하는 바를 일반화하여 모든 참가자가 "동일한 세상에 대해 말하게" 한다

▶ "웃고, 사랑하고, 활동하고, 꿈꾸고, 생각하고, 인식하는" 것처럼 모든 참가자들이 심리적으로 유사성을 경험할 수 있도록 한다

▶ "한 사람의 세계에 있는 사실이 다른 사람의 세계의 일부가 될 수 있다"는 것이 실제 일어날 수 있도록 모든 관점을 다 말할 수 있게 한다

▶ 모든 사람이 같은 딜레마를 공유하고 있다는 것을 충분히 인지한 후 계획을 세운다

성공적인 합병을 위해 회의를 진행할 때 에머리와 트리스트는 임원들이 글로벌 맥락과 산업 전반에 대한 맥락을 가지고 전략을 생각해 보게 함으로써 모두가 동일한 세계에 대해 대화할 수 있게 해주었다. 양측이 공유할 수 있는 니즈를 발견하고 각자 알고 있는 사실을 인정해 주기 위해 피스톤과 제트엔진 둘 다에 대해 그들이 알고 있는 것을 모두 모아보게 했다.

집단역학의 선구자인 윌프레드 비온 Wilfred Bion의 동료로서 트리스트와 에머리는 사람들이 서로 싸우고 해야 할 일을 하지 않으려고 회피하거나 해결책을 찾기 위해 전문가인 자신들에게 의존할 것으로 예상했다. 이런 예상은 모호한 것을 다뤄야 하는 회의에서는 얼마든지 일어날 수 있는 현상이다. 그러나 놀랍게도 그런 일은 일어나지 않았다. 그들이 서로 공유할 수 있는 "외부"세계에 대해 함께 탐구하는 과정을 통해 임원들은 개인 차원에서 가지고 있던 아젠다를 완전히 뛰어넘었다. 몇 년이 지난 후 에머리가 이 책의 공저자인 마빈 웨이시보드에게 쓴 것처럼, 이들은 BA-146에 장착된 새로운 소형 제트엔진과 같은 창의적인 아이디어들을 함께 대화하는 과정을 통해 만들어냈다.

퓨처서치 컨퍼런스에서 참가자들이 서로가 공유하는 역사에 대해 이야기를 나누고 그들 모두에게 영향을 미치고 있는 트렌드가 무엇인지 함께 탐색할 때마다 에머리/트리스트/애쉬가 발견했던 현상들이 되풀이해서 일어난다. 과거에 대한 이야기를 함께 나누고, 현재 그들이 무엇을 하고 무엇을 느끼는지에 대한 정보를 주고 받으면 불과 몇 시간 만에 그룹은 깊은 몰입상태로 함께 들어간다.

원칙4: 참가자들이 그들의 그룹을 자율적으로 관리하고 실행에 대한 책임을 지게 한다

2차세계대전 초반, 영국군 소속이었던 사회과학자 에릭 트리스트 Eric

Trist와 윌프레드 비온Wilfred Bion은 현장에서 일어나고 있던 문제를 해결하기 위해 리더가 없는 소그룹에 후보자들을 집어넣고 그들이 어떻게 하는지 지켜본 후에 장교를 선발하였다. 최고 수준의 후보자들이 보여준 행동을 통해 목표가 명확하면 집단의 이익과 개인의 이익 사이에서 줄타기를 할 수 있다는 사실이 증명되었다. 전쟁이 끝난 후 트리스트는 광산에 대한 연구 프로젝트를 진행했는데, 다양한 스킬을 보유하고 있는 광부들이 모여 자율적으로 일을 하는 팀이 한 가지에 특화된 스킬을 가진 광부들이 통제 속에서 만들어내는 성과에 비해 모든 면에서 훨씬 더 생산적이라는 사실을 찾아냈다.

에머리는 사람들이 자신의 일을 자율적으로 조정하고 통제하는 시스템을 가리켜 '제2 디자인 원칙Second design principle'이라는 용어로 불렀다. 과학적 관리의 창시자인 테일러의 이름을 따서 테일러리즘Taylorism이라고 불리는 '제1 디자인 원칙'은 작업그룹 밖에 있는 관리자에 의해 조정되고 통제된다(이 이야기는 웨이스보드의 〈생산성이 높은 조직 재고, 2004〉에서 읽어볼 수 있다).

지금까지 소개한 이런 이론들에 근거하여 우리는 퓨처서치에서 참가자들이 자율적으로 운영할 수 있도록 하고 있다. 논의과정을 리드하고, 그룹에 참가한 사람들이 말한 내용을 빠짐없이 기록하고, 그룹에서 논의한 결과를 전체에 발표하고, 주어진 시간 내에 과제를 끝낼 수 있도록 시간을 관리하는 역할을 서로 나눠가질 수 있도록 안내하는 것 자체가 자율운영에 대한 한 가지 예가 될 수 있다. 또 다른 예는 60명이 넘는 참가자들이 공통의 관심사를 파악하기 위해 함께 협력하게 될 때 사용한다. 먼저 소그룹 논의를 거친 후 전체와 논의하게 하는 것이다.

퓨처서치의 역학(Future Search Dynamics)

퓨처서치에는 회의를 디자인할 당시에는 보이지 않는 역동적인 측면이 있다. 여러분이 경험할 수 있는 것을 잘 이해할 수 있도록 도와주기 위해 몇 가지 관점을 다음에 소개하고자 한다.

4가지 변화의 방

퓨처서치에서 일어날 수 있는 일에 대해 설명할 때 우리는 스웨덴 출신 사회심리학자인 클레이즈 얀센Claes Janssen, 1982이 소개한 "4가지 변화의 방"[4]을 활용하곤 한다. 어떤 일이든지 일어날 수 있다는 것을 참가자들에게 환기시켜주기 위해 우리는 "4가지 변화의 방"을 회의 초반에 소개한다.

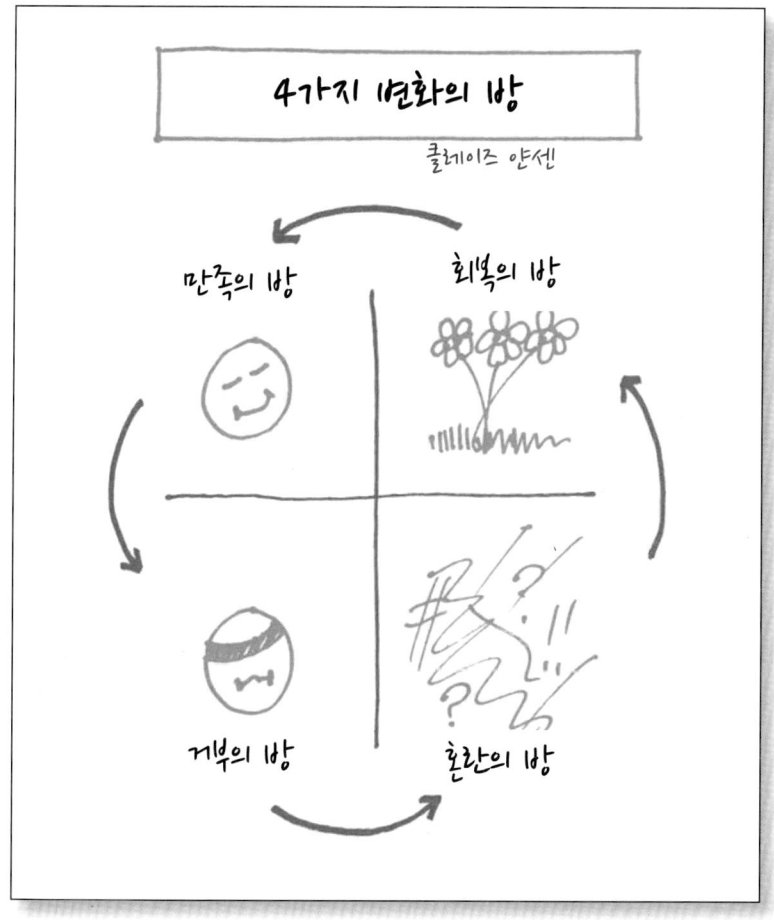

사회심리학자인 클레이즈 얀센이 고안해낸 "4개의 변화의 방"은 전환기에 있는 사람들과 조직에서 일어날 수 있는 일을 설명하기 위한 비유로 활용할 수 있다

---

4 "4가지 변화의 방"을 이용하는데 필요한 정보는 www.andolin.com 에 있다.

"만족"이라는 방에 있을 때는 그 상황에서 최선을 추구하면서 모든 것을 있는 그대로 받아들인다. 그러나 그런 현상유지를 방해하는 낯선 경험에 직면하면 겉으로는 마치 모든 것이 괜찮은 듯 행동하지만 참가자들은 "거부"라는 방으로 옮겨간다.

"거부"의 방에서 좌절이나 화, 또는 고도로 흥분한 감정을 경험하고 그 감정을 인정하게 되면 "혼란"의 문으로 들어간다. 이 방은 높은 불안감으로 장식되어 있다. 복잡한 세상을 마주하면서 참가자들은 감정의 롤러코스터를 타고 위로 심하게 치고 올라갔다가 아래로 뚝 떨어지는 것을 경험하게 된다. 이 상황에서 벗어날 목적으로 출구를 찾기 위해 노력하다 보면 처음에는 잘 보이지 않던 패턴이 보이기 시작한다. 꿈꾸는 미래에 대한 시나리오를 만들면서 "회복"의 문을 향해 움직인다. 모든 참가자들이 공통의 관심사를 찾아내고 그 위에서 취할 수 있는 행동에 대한 계획을 세우기 시작할 때 "회복"은 실제적인 프로그램과 프로젝트로 전환된다.

변화의 방을 따라가기

불안감을 잔뜩 품고 살아가는 것은 참 재미없는 일이다. 대부분의 사람들은 "만족"의 방과 "회복"의 방 사이를 왔다갔다 하면서 살아간다. 퓨처서치에 참가한 사람들은 인식이 바뀌는 데 걸리는 몇 시간동안은 걱정되는 것이 있어도 표현하지 않고 속에 꾹꾹 담아놓는다. 그런데 "회복"의 방으로 가려면 "거부"의 방과 "혼란"의 방을 반드시 거쳐야 한다. "회복"의 방에 도달하는 유일한 방법은 롤러코스터를 타는 것이다. 퓨처서치에서 우리는 어떤 일이 "일어나게" 하기 위해 특별히 노력하지 않는다. 무슨 일이 일어나든 우리는 그것이 적절한 것이고 유용한 것이라고 생각하며 받아들인다. 일어나고 있는 감정을 얼버무려서 그냥 넘기기 보다는 그것을 인정해주도록 참가자들을 격려해준다. 이 과정을 보다 쉽게 해주는 방법이 있다. 걱정을 더 부추기는 문제와 갈등에 집중하기 보다는, 활기를 북돋아주는 공통의 관심사를 참가자들이 함께 발견하고 미래의 새로운 행동을 만드는 데 집중하게 하면 된다. 실제로 사람들은 리피트의 또 다른 발명품인 "자랑스러운 점과 아쉬운 점Prouds and sorries"을 다른 참가자들과 함께 나누다 보면 훨씬 가볍고 자유로운 마음으로 다음 방으로 건너갈 수 있게 된다.

당면한 현실과 혼돈

우리에게 핵심적인 원천을 제공해준 또 다른 사람은 로버트 프리츠 (Robert Fritz, 1989)이다. 그는 과거와 현재에 대해 인식하고 있는 모든 것을 "당면한 현실"로 간주하는 방법을 알려준 사람이다. 꿈꾸는 미래에 대해 구체적으로 상상하면서도 마음 속에 이런 현실인식을 확고히 유지하는 것이야말로 원하는 것을 얻을 수 있게 해주는 가장 확실한 방법이라는 것을 그를 통해 배웠다. 지금 가지고 있는 것과 바라는 것 사이에서 느끼는 긴장감이 그 둘 사이의 간격을 좁힐 수 있도록 여러분을 끌어당겨줄 것이다. 프리츠는 이것을 두고 "최소저항의 경로The path of least resistance"라고 불렀다.

다른 일을 하고 있을 때조차 당신의 무의식은 당신이 바라는 것을 향해 작용한다(이 점은 간격을 좁히기 위해 열심히 노력하는 전통적인 조직개발과는 아주 다른 부분이다). 현실을 먼저 그려보고 나서 진정으로 자신들이 원하는 미래에 대해 표현해보면, 이 둘 사이에서 생기는 긴장감을 생생하게 경험할 수 있다. 짧은 퓨처서치 활동을 통해 그토록 많은 실행안들을 만들어낼 수 있었던 것이 바로 그 때문이라고 우리는 믿고 있다. 생생한 긴장상황에 두 발로 서보면 무엇을 해야 할지가 아주 분명해진다.

이론적인 물리학에 기반한 마가렛 휘틀리의Magaret Wheatley, 2006 "카오스 이론Chaos theory"을 조직에 응용하는 것도 가치 있다고 생각한다. 휘틀리가 보여준 통찰은 복잡함과 뒤엉킴, 혼동과 모순되는 정보를 더 깊이 탐구해보게 한다. "혼란"의 방에 원했던 것보다 오래 머무를 수 있을 때 새로운 돌파구로 나아갈 수 있다는 것을 수년 간 관찰할 수 있었다. 하지만 휘틀리의 책을 접하기 전까지 우리는 사실상 명백한 무질서가 어떻게 기능을 하는지 잘 이해하지 못했다. 복잡성과 불확실성을 "스스로 조직화"하려는 동력은 우리 정신이 가지고 있는 본질적인 부분이다. 우리가 살고 있는 세상에서 질서를 만들고 의미를 부여하기 위해 우리 모두는 노력해야만 하며, 기회가 주어진다면 우리는 그렇게 할 것이다. 그러나 우리가 알고 있는 많은 회의기법과 계획수립 방법들은 복잡한 것을 간소화하고 결과물을 통제하고 데이터를 수렴하고 확실성을 부여하기 위해 지금 말한 것과는 반대 방향으로 이끌어왔다. 퓨처서치에서는 질서를 강요하지 않고 사람들이 무질서 속에서 일종의 패턴을 분별할 수 있을 때까지 모르는 채 진행함으로써 새로운 질서가 스스로 나타날 수 있게 한다.

▰ *퓨처서치에서 경험하는 정신과 육체의 통합*

퓨처서치는 모든 참가자들에게 자신의 세계와 자신이 하는 일(머리와 마음, 정신과 육체, 감정과 꿈)에 온전하게 몰입할 수도록 기회를 마련해준다. 퓨쳐서치 과제와 절차를 따라가는 동안 참가자들은 그동안 자신도 알지 못했던 역량이 자신에게 있다는 것을 발견하게 된다. 지금은 이 세상을 떠나고 없지만 많은 사람들의 삶에 깊은 영향을 미친 심리학자 존 웨이어*John Weir*와 무용치료사 조이스 웨이어*Joyce Weir*를 통해 정신과 육체가 서로 연결되어 있다는 것을 우리는 직접 경험할 수 있었다. 마브는 운 좋게도 여러 해에 걸쳐 존 웨이어와 함께 워크숍(1971)을 이끌었다. 우리 두 사람은 "자기분화(*Self-differentiation, Merrill, 1991*: 자기분화라는 말은 M. 보웬에 의해 처음으로 소개되었는데, 자기분화에는 2가지 관점이 있다. 하나는 정신 내적 분화인 생각과 감정을 분리하는 것을 의미한다. 다른 하나는 대인관계에서의 자기분화인 자신의 경험과 자신과 연결된 타인의 경험을 분리해내는 것을 말한다. 옮긴이)"에 대한 웨이어의 개인적인 성장실험을 담은 비디오 제작을 도운 바 있다.

우리가 웨이어 부부로부터 배운 것은 어떤 상황에서도 자기이해 *Self-knowledge*를 강요할 수 없다는 것이었다. 계속 자각하면서 방을 돌아다니다 보면 숨겨두었던 바램이나 희망, 두려움과 과거에 경험했던 것들을 접촉할 수 있다. 사람들을 "혼란"의 방에 너무 서둘러서 몰아넣으면 문제를 오히려 키울 수 있다는 것을 이렇게 해서 알게 되었다. 누구나 자기가 가지고 있는 것으로 자신이 할 수 있는 최선을 다한다는 점 또한 배웠다. 그래서 우리는 우리가 발견한 것에 근거하여 여러 사람들과 함께 일을 한다. 우리가 싫어하는 충격으로부터 자신을 떼어내어 우리 문제에 대해 다른 사람을 비난하는 것이 얼마나 쉬운지도 배웠다.

우리는 우리 안에 선함과 악함, 우스꽝스러움과 숭고함, 영리함과 멍청함, 교만함과 겸손함, 편협함과 넓은 도량, 상냥함과 심술궂음, 냉소주의와 이상주의가 함께 있다는 것을 알았다. 무엇보다도 우리 자신을 바꾸는 가장 빠른 방법은 우리의 생각과 행동, 감정, 욕구를 온전하게 있는 그대로 경험하고 받아들이고 책임지는 것이라는 것을 알게 되었다. 우리는 퓨처서치를 하는 매 순간마다 이런 사실을 의식하려고 한다.

심리학자인 이본 아가자리안(Yvonne Agazarian, 1997)으로부터는 새로운 것을 온전히 경험하느냐, 아니면 "거부"의 방으로 물러서느냐 사이에 있는 중대한 갈림길에서 어떻게 해야 하는 가에 대해 배울 수 있었다. 퓨처서치를 하다 보면, 복잡한 마인드맵을 마주하거나 의견충돌이 있다는 것을 인정해야 할 때와 같이 "거부'의 방'으로 물러서고 싶을 때가 많이 있다. 웨이어와 마찬가지로 아가자리안은 이럴 때 멈춰서 무언가 설명하려고 하지 말고 경험한 것을 그대로 기술해보라고 조언하고 있다(웨이어와 아가자리안으로부터 나온 실습은 10장과 11장 참고).

우리는 지금까지 이해한 것을 바탕에 두고 퓨처서치를 진행하려고 노력한다. 사람들이 원하는 것을 말할 수 있게 해주고, 누구에 대해서도 함부로 교정하거나 비난하지 않고도 그들이 하는 것을 지속할 수 있도록 인내심을 키우고 있다. 우리는 참가자들이 논의하고 싶어하는 것만을 다룰 수 있을 뿐이다. 결과적으로 무슨 일이 일어나든 일어날만 한 일이 일어난 것뿐이라는 것을(우리 동료인 해리슨 오웬Harrison Owen 에게서 배웠다) 발견하게 된다. 우리는 정신과 육체가 서로 연결되어 있다는 것을 밝히고 있는 다른 많은 자료들도 관심깊게 살펴보았다. 알프레드 코르지브스키Alfred Korxybski의 '과학과 분별Science and Sanity 1948', 칼 융Carl Jung이 쓴 원형과 집단 무의식에 대한 유명한 에세이(1966), 모리스 버먼Morris Berman의 '우리의 인식Coming to Our Senses, 1990', 루퍼트 셸드레이크Rupert Sheldrake의 '과거의 존재The Presence of the Past, 1988', 켄 윌버Ken Wilber의 '무경계No Boundary, 1985' 등이다.

마지막으로 퓨처서치의 기초가 되는 것은 사람들이 어떻게 학습하는 가에 대한 가정이다. 다음 페이지에 정리한 "학습에 대한 가정Learning Assumptions"은 몇년 전에 만들었던 워크숍 핸드아웃에서 가져온 것인데 바꾸지 않고 그대로 사용하고 있다. 퓨처서치에서 우리가 경험했던 것들은 학습에 대해 우리가 세웠던 가정을 충분히 입증해주고 있다. 우리는 퓨처서치를 할 때마다 사람들에게 그들이 가지고 있는 모습 그대로 이미 충분하다는 것을 말해주기 위해 워크숍 초반에 이에 대해 간략하게 소개해준다.

학습에 대한 가정

- 학습하는 속도는 사람에 따라 다르다. 누군가는 초기단계에서 혼란에 빠지거나 길을 잃을 수도 있다. 그래서 어떤 것에 대해 듣자마자 바로 "이해하지" 않아도 된다. 자신과 다른 사람들에 대해 인내심을 갖도록 노력한다.

- 사람들은 각자 자신만의 독특한 학습 스타일을 가지고 있다. 어떤 사람은 읽으면서 학습하지만 다른 어떤 사람은 직접 해보면서 학습하기도 한다. 다른 누군가는 토론이나 어떤 사람에게는 하는 말을 경청하는 것이 최선의 학습 방법이 될 수도 있다. 우리가 비록 다양한 방법을 제공하긴 하지만 모든 사람에게 적합한 한 가지 학습방법은 없다.

- 우리 모두는 동일한 경험에서도 다른 것을 학습한다. 그래서 우리는 각자 인식한 것을 서로 교환하고 자신과 다른 감정과 관점을 수용하도록 장려한다.

- 우리는 자신이 직접 경험한 것을 통해 가장 잘 배울 수 있다. 그래서 우리는 자신의 상황에 반대되는 아이디어를 시험해보게 하고, "유일한 최선책"을 찾아내기 위한 건전한 의심을 지지한다.

- 세상이 우리에게 적용해보도록 허용해줄 수 있는 것보다 더 많은 것을 단 한번의 퓨처서치 컨퍼런스를 통해 배운다. 그렇기 때문에 우리가 이해한 전체적인 맥락을 토대로 부분적인 행동에 집중할 수 있다.

- 누구에게나 다른 사람을 도와주고 가르칠 능력이 있다. 그래서 우리는 참여하도록 격려하고, 우리 자신의 전문성뿐만 뿐만 아니라 서로의 전문성을 활용하기를 장려한다.

- 성공할 기회와 지원을 받아내기만 하면 누구나 실험, 실수, 피드백으로부터 배울 수 있다. 그래서 우리는 위험부담이 낮은 상황에서 이렇게 해볼 기회를 최대한 제공해준다.

자료: 마빈 웨이스보드, 1975.

5장

완벽한 회의를 위하여

여전히 학습은 지속된다

우리는 여기서 두 가지 중요한 점에 대해 먼저 짚고 넘어가려 한다. 앞에서 설명한 원칙들이 관찰될 수 있을 때는 어떤 식으로 퓨처서치를 변형해서 사용하든 늘 효과는 있었다. 많은 사람들은 〈생산성이 높은 조직, *Weisbord, 1987*〉에서 소개하고 있는 내용을 활용하여 퓨처서치를 성공적으로 만들어냈다(우리가 말하는 성공은 퓨처서치를 끝난 후 이전까지 할 수 없었던 중요한 일을 할 수 있게 된 상태를 말한다). 그러나 변화를 주었던 것들이 의도대로 일어나지 않은 경우도 있었다. 이런 경우는 좀 더 자세히 살펴볼 필요가 있다. 미온적인 리더십, 잘못 선정된 그룹, 모호한 주제, 시간부족, 퍼실리테이터가 지나치게 통제하는 상황에서는 퓨처서치를 시도하지 말아야 한다. 퓨처서치가 그저 타임라인 챠트나 마인드맵을 만들어내기 위해 하는 것은 아니기 때문이다!

　우리가 지금 하는 말이 퓨처서치가 "모든 상황에 잘 맞는" 방법이라고 주장하는 것처럼 들릴지도 모르겠다. 어떤 면에서는 그 말이 맞을 수도 있다. 어떤 문화에 속한 사람이든 그 문화 속에서 자신이 경험한 것에 대해서는 그 사람이 전문가이다. 우리가 디자인한 것이 유일한 처방약은 아니기 때문에 다뤄야 할 주제가 무엇이든 그 누구와도 우리가 디자인한 것을 여러분은 되풀이해볼 수 있다. 우리가 디자인이라고 말할 때는 퍼실리테이터가 경험한 대로 참가자들이 무작정 따라가게 하는 게 아니라, 그들 자신이 경험한 것을 토대로 회의에 기여할 수 있게 해주는 것을 말한다. 과거 - 현재 - 미래 - 공통 관심사 - 실행을 위한 행동으로 이어지는 퓨처서치 진행 순서는 어떤 문화에 적용해도 문제가 되지 않는다. 우리가 이 책에서 제시하고 있는 각 단계별 시간배정은 여러분이 처한 상황과 필요에 따라 얼마든지 수정해서 사용할 수 있다.

원칙을 방법으로 바꾸기

퓨처서치 원칙 각각은 퓨처서치의 성공에 결정적인 역할을 한다. 한 가지가 빠지면 다른 나머지도 빠질 수 있다. 우리가 사용하는 모든 기법은 아래의 4가지 핵심원칙에서 나온다.

- ▶ 기획단계에서부터 "회의실안에 시스템 전체"가 들어올 수 있도록 결정한다. 일단 회의가 시작되면 그때는 이미 너무 늦다.
- ▶ 세션 1과 2를 진행하는 동안 전체적인 맥락에서 과거와 현재의 "코끼리 전체"를 탐색한다. 한 사람이 어떤 것을 빠뜨리면 나머지 모든 사람들은 전체를 이해하지 못하게 된다.
- ▶ 세션 3과 4에서는 미래와 공통의 관심사를 찾아내는데 초점을 맞춘다. 퓨처서치 결과가 얼마나 의미 있는지는 지금까지 탐색한 것들에 달려 있다.
- ▶ 매 단계마다 참가자들이 스스로 결정하도록 허용해준다. 그러면 참가자들은 자율적으로 그룹활동을 관리하고 자신들이 결정한 행동에 대해 책임을 진다.

퓨처서치 디자인의 진화

1980년대 후반부터 수백 명의 동료들이 우리와 함께 퓨처서치의 모든 측면을 테스트해왔다. 여러분 손에 있는 이 책은 적은 노력으로 더 나은 결과를 내는 방법에 대해 지금까지 우리가 학습한 것을 정리한 보고서이다. 아래에 소개하는 것들은 1982년부터 각 부문에서 우리가 경험해온 것들을 기록한 것이다. 이 책의 두번째 판이 출간된 후 우리는 원활한 진행 흐름뿐만 아니라 쉽게 진행할 수 있도록 하기 위해 지속적으로 디자인을 수정해왔다. 단계별 퍼실리테이션 가이드는 이 책에 있는 부록 A를 참고하기 바란다.

회의실 구성

퓨처서치 컨퍼런스는 벽면공간을 많이 필요로 한다. 벽면공간이 충분하지 않을 경우 우리는 '1.3m × 2.6m' 크기의 가벼운 판을 6장에서 20장까지 가져와서 즉석에서 벽을 만들어 사용한다. 2000년대 초반부터는 재활용이 가능한 골판지나 친환경 소재를 사용하기 시작했다. 남아 있는 폼보드*Foamboard*[5]를 재사용하기도 했다. 이것은 화학적으로 분해가 되지 않기 때문에 재사용하게 되면 쓰레기장으로 가는 시간을 늦출 수 있다. 우리는 창문이 있는 회의실을 요구할 뿐 아니라, 소음을 줄이고 생산성을 높이기 위해 바닥에 카페트가 깔려 있는지, 천장은 소리를 잘 흡수할 수 있는지 꼼꼼하게 살펴본다. 사람들이 도착하면 벽에는 아무 것도 쓰여있지 않은 타임라인 차트와 회의가 어떻게 진행될지에 대해 보여주는 플립차트 대여섯 장이 걸려 있다. 의자 8개로 원형을 만들어둔다. 물과 노트북을 둘 수 있는 테이블만 넣고 방 안에 있는 모든 가구는 회의실 밖으로 빼낸다.(9장 참고)

1일차: 세션 오프닝과 스폰서의 환영인사

우리가 진행했던 퓨처서치 행사는 오후 1시에 시작해서 5시에 끝나는

---

5 역주: 반사판으로 사용되는 딱딱한 스티로폼

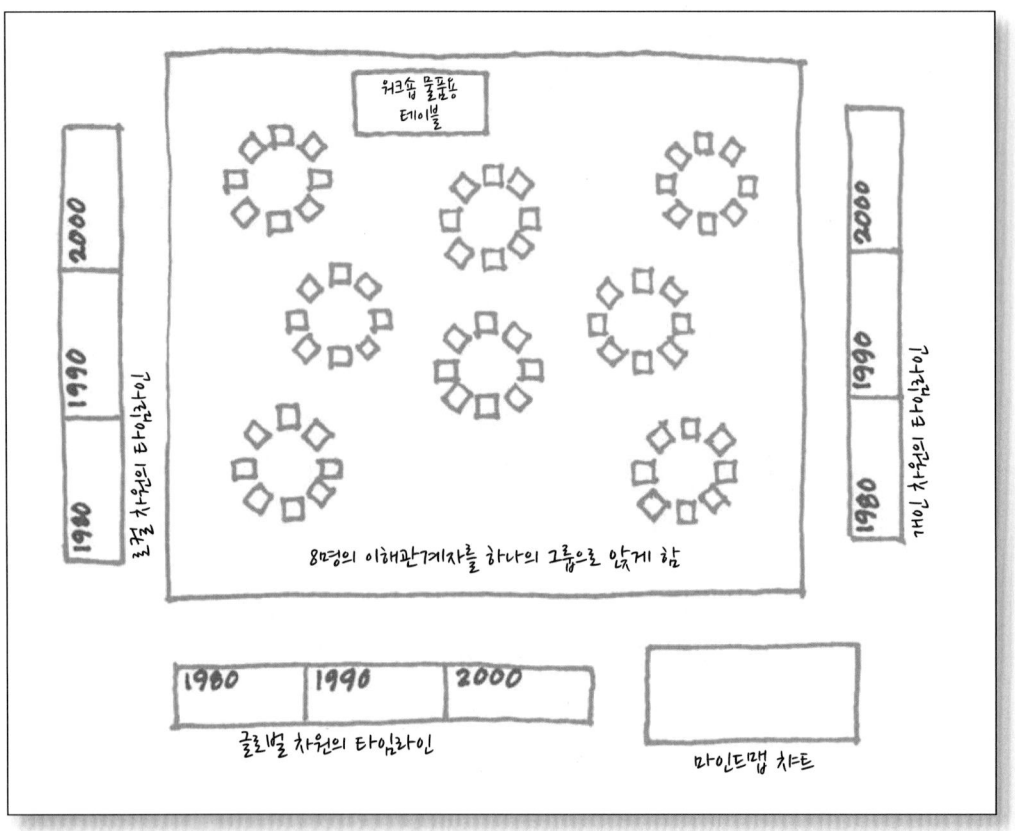

4시간짜리 세션으로 시작한다. 참가자들은 여러 이해당사자 그룹에서 온 8명이 한 팀이 되어 탁자 없이 동그랗게 앉게 한다. 팀을 어떻게 구성할지 고민하다가 한 번은 동일한 이해관계자들끼리 그룹으로 앉지 않고 다른 이해관계자들과 최대한 섞어서 그룹을 만들어준 후 진행을 해봤는데, 이때 참가자들은 고정된 입장을 고집하지 않고 오히려 협력적인 태도를 취했으며, 과제도 성공적으로 해냈었다.

스폰서는 참가자들을 환영하고 회의의 목적과 개인적인 입장, 기대하는 산출물이 무엇인지 명확하게 강조해준다. 그리고 나서 참가자들에게 아젠다(부록 A 참고)와 퓨처서치에 참여하는 방식, 그들에게 기대하는 것이 무엇인지 오리엔테이션 해준다. 다른 그룹의 멤버들을 만날 수

참가자들은 환영인사를 듣고 퓨처서치 진행과정에 대해 소개를 받는다. 자기소개와 함께 3일간 자신이 기대하는 것에 대해 이야기를 나눔으로써 대화를 시작한다.

있는 시간을 준다. 가끔은 퓨처서치 주제를 나타내는 상징물을 하나씩 가지고 오도록 사전에 요청한다. 서로 만나서 인사를 나누는 그 시간에 각자 가지고 온 상징물을 사용해서 재미있게 자신을 소개하게 한다. 이렇게 하면 회의의 목적과 초점을 명확히 하는데 크게 도움이 된다.

세션1: 과거에 초점 맞추기

첫 세션은 대체로 2시간30분 정도 진행된다. 이번 세션의 목표는 참가자들이 서로의 눈에 비쳐진 세상에 대해 함께 이야기함으로써 빠른 시간 안에 커뮤니티를 형성하게 하는 데 있다. 부록D에 있는 워크시트를 사용하여 글로벌 차원에서, 자신의 삶에서, "X"가(퓨처서치 주제) 지나온 오리엔테이션에는 퓨처서치의 목적과 기대하는 결과에 대한 소개가 포함되어야 한다.

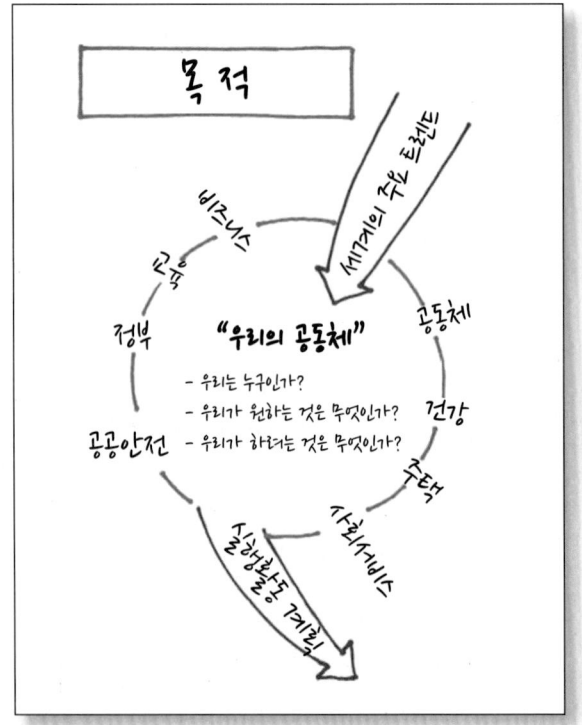

시간들에서 일어났던 핵심적인 이벤트들을 기억해보게 한다. 그리고나서 기억나는 이벤트나 사건을 벽에 붙어 있는 타임라인 챠트에 적게 한다. 45분 동안 돌아다니면서 이 활동을 계속하다 보면 참가자들은 모든 관점이 다 가치 있다는 것을 금방 알아차리게 된다. 다소 혼란스럽다고 느낄 수도 있지만, 이 상황은 얼마든지 참아낼 수 있다.

벽 공간 배열

약 8미터 길이의 타임라인 챠트 1개에 퓨처서치 주제를 중간 위치에 적어넣은 후 한 쪽 벽면에 붙여둔다. 이 정도 길이의 벽면을 확보할 수 없으면 이동식 보드를 이용하여 타임라인 챠트를 붙여도 된다. 다른 타임라인 챠트들은 어떤 벽이든지 자유롭게 붙인다. 중간에 끊김없이 8미터가 되는 벽을 3개씩이나 확보하는 건 쉽지 않다. 그러나 타임라인

세션1에서는 참가자들로 하여금 개인적인 삶의 차원, 글로벌 차원, 퓨처서치 주제 차원에서 되돌아보게 하는 주요 사건들에 주목하게 한다.

과거에 초점을 맞추면 참가자들이 서로의 눈을 통해 세상을 경험할 수 있기 때문에 아주 빠른 시간 안에 공동체를 만들 수 있다.

챠트를 2.6미터씩 (예를 들어 가늘고 긴 한 조각을 10년 단위로 나눠줌) 끊어서 공간에 맞출 수 있기 때문에 걱정할 필요는 없다. 한 쪽 벽면에 타임라인 챠트 두 개를 붙이고 세 번째 타임라인 챠트는 회의실 안에 있는 다른 공간에 붙일 수도 있다. 우리 동료인 랄프 코플먼Ralph Copleman은 복도에 내다 놓기도 했는데 아무 문제도 없었다고 한다.

각 그룹에게 개인의 타임라인, 글로벌 차원의 타임라인, 로컬 차원의 타임라인 중에서 하나를 선택하게 하고는 퓨처서치에 어떤 의미를 주는지에 대해 이야기를 들려주게 하면 된다. 또한 한 그룹에게 3개의 타임라인 챠트를 모두 살펴보고 그것들 사이의 연관성을 찾아보도록 요청할 수도 있다. 효과적인 대화를 위해 '애쉬의 2가지 조건'인, 모든 참가자들이 '동일한 세계'에 대해 이야기'하게 하고, '비슷한 심리적 경험'을 하게 한다. 모두를 한꺼번에 충족시킬 수 있는 이보다 더 빠른 방법은 우리로선 상상이 안된다.

워크시트는 최대한 간편하게

워크시트에 질문을 추가하고 싶은 유혹에 넘어가지 않도록 한다. 하부 내용이 많아질수록 그룹이 져야 할 부담은 그만큼 커진다. 한때 우리는 "과거에 초점 맞추기" 워크시트에 개인적인 경험, 중요한 단계, 미래에 대한 포부 등 10개나 되는 복잡한 질문을 넣은 적이 있다. 그러나 지금은 각 타임라인에서 탐색한 것에 대해 간단명료한 지침 2개만 주고 있다.(예를 들면, "이 방안에 있는 사람들에 대한 이야기를 들려주기 위해 개인 차원의 타임라인 챠트에 적은 내용들을 활용해주세요. 당신이 들려주는 이야기가 우리가 지금까지 해온 일들에게 어떤 의미를 주고 있을까요?") 이 방법은 세계 어느 곳에서나 잘 통했다.

다음으로, 여러 이해당사자들이 섞여 있는 그룹은 지금까지 어디에 있었는지, 어떻게 지금에 이르게 되었는지에 대한 그림을 그려보고 결과를 발표하게 한다. 이 프로세스는 모든 과제마다 반복된다. 모든 보고를 들은 후 참가자들은 코멘트를 할 수 있다. 그 후 소그룹 내에서 전체그룹으로부터 들은 내용에 대해 5분간 다시 이야기를 나누게 한다. 마지막으로 우리는 전체를 대상으로 그룹대화를 시도한다. 전체를 대상으로 하는 그룹대화는 대화당사자들이 실행에 헌신할 수 있게 해준다고 우리는 믿고 있다.

■ 세션2: 현재에 초점 맞추기

세션2의 목적은 모든 인식을 다 포함하고 있는 세상에 대해 모든 참가자들이 말하게 하는 데 있다. 초기에는 참가자들에게 주요 트렌드에 대한 뉴스기사를 가져오도록 했지만, 1990년대 초반부터는 더 이상 그렇게 하지 않았다. 그런 요청을 하지 않게 된 이유는 사람들이 서로의 경험에 대해 듣지 않으려 했기 때문이다. 우리가

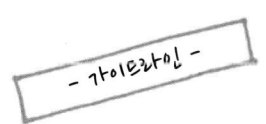

마인드맵은 큰 전지 중앙에 있는 원 안에 적어둔 퓨처서치 주제에서부터 시작한다. 그룹 전체는 퓨처서치 주제에 영향을 미치는 트렌드에 대해 말하게 한다. 이때 퍼실리테이터는 원에서 사방으로 뻗어나가는 선을 그려가면서 참가자들이 말하는 트렌드를 기록한다

토니 부잔Tony Buzan(1976)이 만들어낸 창의적인 마인드맵Mind-map을 사용하기 시작한 때는 1980년대초로 거슬러 올라간다. 항목을 추가하게 하는 토니 부잔의 실용적인 그라운드룰 덕분에 대규모 그룹에게는 부담이 될 수 있는 활동도 잘 해낼 수 있게 되었다.

"X"에 영향을 미친 외부환경의 주요 트렌드 맵핑하기

이 활동을 시작할 때는 모든 참가자들이 마인드맵 챠트를 붙여놓은 벽 가까이 오게 해야 한다. 서 있을 수도 있고 의자를 가져오거나 바닥에 앉을 수도 있다. 2m×4m짜리 흰색 전지 중앙에 퓨처서치 주제를 적은 후 마인드맵핑을 할 때 지켜야 할 가이드라인에 대해 자세히 설명해준다: 모든 트렌드는 유효하다. 누구든지간에 외부 트렌드에 대해 말한 사람이 그 트렌드를 어디에 붙여야 하는지 말해주도록 한다. 다른 사람이 말한 트렌드와 반대되는 트렌드가 있으면 그것도 말하게 한다. 구체적인 예를 들어주게 하라. 그렇게 하면 말하는 사람의 의도를 더 정확하게 전달할 수 있다. 많은 쪽에서 적은 쪽으로 이동하든, 높은 쪽에서

낮은 쪽으로 이동하든, 아니면 A에서 B로 이동하든, 모든 트렌드는 움직임의 방향을 의미한다는 것을 강조해주도록 한다.

우리는 마인드매핑을 할 때, 참가자 중에서 두 명이 나와서 적게 하는데, 한 명에게는 모든 사람이 자신이 생각하는 외부 트렌드에 대해 말할 기회를 주는 책임을 지게 한다. 손을 드는 사람이 많을 경우에는 "번호"를 매겨서 순서대로 말할 수 있게 해준다. 마이크가 있는 경우에는 방 양쪽에 마이크를 하나씩 두고 줄 선 순서대로 마이크를 건네주면서 트렌드를 추가할 수 있게 한다

다른 참가자의 생각을 들을 수 있도록 그룹 전체를 대상으로 이 활동을 진행한다. 이때 참가자들은 서로를 자극하고 촉진하게 된다. 예를 들면, "환경에 대한 인식 확대"라고 누군가 트렌드를 말하면, 중앙에 있는 동그라미에서 시작되는 선을 하나 그린 후에 방금 말한 그 트렌드를 선 위에 쓴다. 그런 다음 모두가 그 생각을 이해할 수 있도록 그 트렌드를 말한 사람에게 예를 들어보게 한다. "재활용이 늘고 있어요"라고 예를 들어주면 다른 트렌드로 넘어가면 된다. 다른 한 사람이 "건강관리에 대한 비용 증가"라고 소리친다. "지금 말씀하신 것은 새로운 트렌드를 말하는건가요? 아니면 앞에서 말한 트렌드에서 파생된 것을 말하는 건가요?"라고 질문한다. 만약 새로운 트렌드를 말한 것이라고 대답하면 다른 색깔로 새로운 선을 하나 더 그리고 그 선 위에 방금 말한 트렌드를 적는다.

참가자들이 새로운 트렌드를 추가하면 같은 그룹에 속하는 트렌드는 한 가지 색으로 적어준다. 만약 상반되는 트렌드가 나오면, 양쪽을 다 적고 예를 들어보게 한다. 동일한 코끼리를 다른 부분에서 보고 있기 때문이다. 참가자들이 2가지 트렌드를 연결시키고 싶어하면 그 둘 사이를 연결하는 화살표를 그려주면 된다. 우리는 카테고리를 미리 정해두지 않는다. 사람들이 말하는 것은 무엇이든지 받아 적을 뿐이다.

모든 사람이 보는 현실 확인하기

어떤 참가자는 트렌드를 분명하게 말하는데 어려움을 느끼거나 마인드맵의 어디에 두는 것이 좋은지 확신하지 못할 때가 있다. 이럴 때도 우리는 참가자들이 결정할 때까지 기다려준다. 색다른 트렌드나 잘 알려지지 않은 트렌드가 나와도 모두 관련 있는 것으로 간주한다. 명확하게 자신의 견해를 표현하는 것을 힘들어하는 사람도 잠시 생각할 시간만 주면 모두를 밝게 비춰주는 보석같은 생각을 해낸다.

마인드맵을 사용할 때 고려해야 할 사항

마인드맵을 진행하다 보면 거기에 통계적인 타당성을 부여하고 싶어하는 참가자가 있는가 하면, 우선순위를 주고 싶어서 강제적으로 순위를 매기고 싶어하는 사람도 있다. 이 두가지 모두 협력과 지속적인 행동에는 아무 도움이 되지 않는다. 마인드 매핑을 하는 목적은 모든 사람이 같은 세계에 대해 충분히 하고 싶은 말을 하게 하는데 있다.

또 어떤 사람들은 카테고리를 미리 정해두고 싶어한다. 예를 들면, "경제학 분야", "교육분야" 같은 식이다. 하지만 우리는 사람들의 머릿속에 떠오른 것은 무엇이든지 활용하려 한다. 불확실성을 안고 살아가는 삶을 우리는 거부하지 않는다. 공통점을 만들어내기 위해 본질적으로 내재되어 있는 모호성을 함부로 조작하지 않는다. 이것은 협력을 위한 활동이지 전문가의 시스템 사고가 아니다. 다시 말해 퍼실리테이터에 의해 주어지는 것보다는 즉흥적으로 패턴을 창조해가면서 참가자들이 어떻게 스스로 조직해 나가는지를 발견하는 것에 더 큰 의미를 두고 있다. 패턴은 바로 그 자리에서 발견된다.

사람들은 트렌드에 주목하기 보다 문제나 해결책을 나열하는 것을 더 편하게 여긴다. "~ 해야 한다"라는 말을 들으면, "그렇게 해야 할 필요성 뒤에는 무엇이 있나요?" 라고 우리는 되물어준다. 누군가 문제에 대해 말을 하면, 그 문제에는 어떤 트렌드가 들어 있는지 물어본다. 우리가 이렇게 집요하게 트렌드를 찾아내려 애를 써도 모든 맵은 트렌

5장: 완벽한 회의를 위하여

드, 문제, 해결책, 염려가 온통 뒤죽박죽이다. 참가자들이 어떻게 해야 한다고 생각하는 퍼실리테이터의 관점에서 보면 다소 벗어난 것이기는 하지만 그렇다고 해서 그런 뒤죽박죽 상태가 결과물에 그다지 유의미한 영향을 미치지는 않는다. 우리가 어떤 것을 요구해도 사람들은 자신의 머릿속에 떠오르는 것을 말한다는 점을 우리 스스로 주지할 뿐이다.

특정 기관이 퓨처서치를 후원하는 경우, 어떤 사람들은 외부 트렌드 보다 기관 내부의 규범이나 관행에 더 많이 신경 쓴다. 그런 염려는 어쩔 수 없이 마인드맵에 고스란히 나타난다. 우리는 우리가 들은 말을 받아들이고 사람들이 원하는 것을 받아 적는다. 사람들이 말한 것을 긍정적인 트렌드나 부정적인 트렌드로 구분하도록 몰아가지 않는다. 마인드맵은 언제나 그 회의실 안에 모인 사람들을 반영해준다. 마인드맵 이야말로 칼 융이 말한 집단 무의식의 시각화가 아주 잘 나타난 것이라고 믿는다.

우리가 마인드맵에 사용하는 시간은 30분에서 45분으로 그 이상을 넘는 경우는 거의 없다. 이 활동을 할 때 시간제한을 두는 것이 도움이 된다는 것을 알아냈다. 시간제한을 두긴 해도 모든 참가자들이 끝내

이해관계자들은 마인드맵에 여러 가지 색깔의 동그라미 스티커를 붙임으로써 자신이 가장 관심을 두고 있는 트렌드를 보여주게 된다.

는데 동의할 때만 끝낸다. 1일차 일정을 끝내기 전에 사람들에게 마인드맵을 통해 어떤 경험을 했는지 물어본다. "굉장했습니다"라고 말하는 사람도 있고, "우울했어요"라고 소리치는 사람도 있다. 또 다른 사람은 "복잡"하긴 했지만 "많은 기회"를 볼 수 있었다고 말한다. 그들이 이렇게 인식하고 있는 것을 합의나 회피를 통해 조정하려고 하지 않는다. 현재 우리가 처한 상황을 뛰어넘으려면 그것이 밝은 부분이든 어두운 부분이든 먼저 그것을 우리가 받아들여야 한다.

다음 단계는 참가자들을 이해관계자 그룹별로 모이게 한 후 그룹별로 다른 색깔의 동그라미 스티커 7개를 모든 그룹원에게 나눠준다. 그들은 하나의 트렌드에 7개 스티커를 다 붙일 수도 있고, 아니면 자신이 원하는 다른 방식으로 마인드맵 위에 스티커를 붙이게 한다. 이렇게 하는 목적은 어떤 트렌드가 어떤 이해관계자 그룹에게 가장 큰 관심을 끌고 있는지 보기 위해서이다. 그 자리에 모인 참가자들은 어떤 그룹의 관심사가 같고 어떤 그룹이 다른 관심사를 가지고 있는지 현장에서 바로 볼 수 있다. 투표를 할 목적으로 스티커를 나눠준 것은 아니다. 집중을 목적으로 사용한 도구일 뿐이다. 참가자들은 자신이 그린 모든 트렌드에 대한 정보를 주고 있는 것이다. 그들이 공유하고 있는 세계에 대한 역동적인 초상화를 보여주고 있는 것이다.

이 간단한 활동에서 얻을 수 있는 것이 정말 많이 있다. 첫째, 각 개인이 모든 트렌드를 다 볼 수 있다. 둘째, 사람들은 정돈하려는 성향에서 벗어나 "엉망"인 상태로 옮겨갈 수 있다. 셋째, 자신에게 의미있는 트렌드를 결정하면서 동그라미 스티커를 붙일 때 맵을 건드리게 된다. 첫째 날 저녁식사 전에 모든 참가자들은 지금까지 경험해보지 못한, 여러 사람들이 공감할 수 있는 현실(집단적 현실: *Collective reality*)을 만들어냈다. 그들이 선정한 이슈가 무엇이든 그들은 동일한 정보 바구니에서 그 이슈를 선택하게 된다. 첫날은 저녁식사 후에 혼자서 흠뻑 몰입할 수 있는 시간을 주기 위해 여기서 마감한다.

> **자이가닉 효과** *The Zeigarnick Effect*
>
> 과제를 진행하던 도중에 하루가 끝나면 그 과제를 완성하려는 욕구가 우리에게 남게 된다. 이 사실은 1920년대 베를린 대학의 커트 르윈 교수의 제자였던 불마 자이가닉Bulma Zeigarnick에 의해 밝혀졌다. 르윈은 일상적인 사건으로부터 이론을 만들어내는 데 있어 가히 천재에 가까운 인물이었다. 르윈은 자기가 좋아하는 커피하우스의 웨이터가 손님의 수가 아무리 많아도 합계를 기억한다는 점에 주목했다. 그러나 일단 고객이 비용을 지불하고 나면 그 웨이터는 주문을 잊어버렸다. 왜 이런 일이 일어날까? 일련의 실험을 통해서, 자이가닉은 과제를 완성했을때만 방출되는 에너지 저장고를 우리 모두가 갖고 있기 때문이라는 것을 보여주었다(Weisbord, 2004, ch.4). 퓨처서치가 진행되는 동안 두 번의 저녁시간을 갖는데, 이때 세션 도중에 흐름을 끊어줌으로써 그룹안에서 생동감을 유지할 수 있고 다음날 아침 세션을 쉽게 시작할 수 있다.

2일차: 현재, 미래, 공통의 관심사에 초점 맞추기

세션2: 현재에 초점 맞추기 (앞에서 계속)

우리는 항상 제 시간에 시작해서 누가 있든지 간에 마인드맵 작업을 한다. 수많은 스티커가 붙어 있는 트렌드를 한 그룹으로 묶기 위해 원을 그리고 스티커의 개수를 센 다음에 원 안에 개수를 적는다. 그런 다음에는 가장 스티커가 많은 원을 6-8개 골라낸다. 각 원에 들어 있는 단어를 그대로 이용해서 플립차트 위에 적는다. 이슈를 더하거나 빼지 않고 언어를 바꾸지도 않는다. 트렌드에 대한 묶음(클러스터)은 그룹에 의해 만들어진 연관성을 반영해준다. 여러 클러스터들을 둘러싸고 크게 그린 원은 가장 가까운 정보들끼리 분류한 것이다. 누군가를 특정한 것에 묶어두기 위해 그렇게 한 것은 아니다. 그룹 마인드맵은 그룹을 대신해서 우리가 수행하는 유일한 활동이다. 우리가 그룹을 위해 이런 활동에 직접 개입하는 이유는 참가자 모두가 주의를 집중히여 서로가 하는 말을 잘 듣고, 동일한 세계에 대해 말을 하는 것이 중요하기 때문이다.

그 다음부터는 같은 이해관계자 그룹끼리 앉게 한 후, 그들이 중

퓨처서치   Part 1: 이해하기

2일차를 시작하면서 마인드맵을 분석하고 해석한다. 스티커가 많이 붙은 트렌드에 원을 그리고, 스티커 개수를 적어 넣고, 해당 트렌드의 이름을 플립차트에 적는다.

요하게 생각하는 트렌드를 다시 한번 더 들여다보게 한다. 핵심포인트는 모든 트렌드가 서로 연관성을 가지고 있다는 것이다. 트렌드 간의 상관관계를 관찰하다 보면 각 트렌드에 대한 문제를 독립적으로 해결하는 것보다 더 좋은 계획을 세울 수 있다. 우리는 이해관계자 그룹들에게 그들이 선택한 몇 가지 트렌드들이 가지고 있는 상관관계를 보여줄 수 있는 그들만의 마인드맵을 만들어보게 한다. 그 다음에는 그들이 그런 트렌드에 대해 현재 무엇을 하고 있으며, 미래에는 무엇을 하고 싶은지 말해보게 한다. 이렇게 함으로써 '시스템 사고'를 이론으로 이해하는 것이 아니라 직접 경험해볼 수 있다.

마인드맵 해석은 누가 해야 할까?
다양한 이해관계자들을 섞어서 그룹을 구성하지 않고 이해관계자별로 마인드맵을 해석하게 하면 그 결과는 어떨까? 초기에는 우리도 두 가지 방법을 모두 시도해봤다. 사람들은 이해관계자로서 일하는 경우 섞여 있는 그룹에서는 배울 수 없는 정보를 만들어낸다는 것을 발견했다: 동료들이 무엇을 생각하고 있는지, 다른 이해관계자 그룹은 무엇을 하고 있고, 또 무엇을 하고 싶어하는 지 등에 관한 정보를 뽑아낼 수 있다.

다른 이해관계자들이 복잡성을 어떤 시선으로 바라보는지에 대해 듣게 되면 효과적인 대화에 필요한 '애쉬의 3번째 조건',[6] 즉 서로의 세계에 들어있는 객관적 사실을 발견할 수 있게 된다. 그렇게 함으로써 참가자들은 전체에서 자신들이 할 수 있는 몫을 만들어낼 수 있다. 마인드맵 워크시트 역시 처음 시작했을때에 비해 많이 간소화 되었다. 한때는 로날드 리피트가 말했던대로 "이벤트, 트렌드, 개발"에 대해 모두 탐색해보게 했지만, 지금은 트렌드만 요청한다. 그렇다고 해서 복잡성과 풍부함의 정도나 이해도가 떨어지는 것은 아니다.

각 그룹이 전체를 대상으로 보고를 하는 동안 모든 참가자들은 다른 사람이 자신의 관심사를 어느 정도까지 공유하는지 들을 수 있게 된다. 다시 한번 소그룹으로 모여 자신이 들은 내용에 대해 말하고, 다시 전체로 모여 새로 알게 된 내용에 대해 서로 토의하게 한다. 사람들은 각 그룹이 가지고 있는 관심사에 놀라기도 한다. 대체로 관심사가 비슷하다는 점과 자신들이 알고 있는 것보다 긍정적인 행동이 진행되고 있다는 것을 깨닫게 된다.

---

6 역주: 원칙2인 "코끼리 온몸 탐구하기"에 대한 설명과 실험 결과 참고

이해관계자 그룹은 핵심 트렌드가 어떻게 연결되어 있고, 그 트렌드와 관련하여 사람들이 지금 무엇을 하고 있으며, 미래에 무엇을 하고 싶어 하는지에 대해 논의한다. 자신들이 선택한 트렌드가 서로 어떻게 연결되어 있는지를 보여주는 자신들만의 마인드맵을 만들어서 전체 앞에서 발표한다.

현재 시점에서 느끼는 감정: 자랑스러운 점과 미안한 점

다음으로 우리는 이해관계자 그룹별로 그들이 하고 있는 일에 대해 어떻게 느끼는지, 즉 "X"라는 주제와 관련하여 자랑스럽게 느끼는 것과 미안함을 느끼는 부분을 적어보게 한다. 자랑스러운 점과 미안한 점은 에바 쉰들러-레인맨과 로날드 리피트(1980)에게서 배운 기법이다. 20여 년 전에 고객들이 스스로 인정할 수 있는 기회를 갖고 싶다고 강하게 요청했을 때부터 이 방법을 사용하기 시작했다. 감정에 대한 것을 피하고 싶어하는 퍼실리테이터들은 내면의 감정을 가려주기 위해 "시작할 것, 그만둘 것, 지속할 것Start, Stop, Continue" 과 같은 목록을 사용하기도 한다. "화나게 한 것, 기쁘게 한 것, 슬프게 한 것Mad, Glad, Sad"도 일종의 변형된 방법이긴 하지만 그동안 퓨처서치가 참가자들에게 줘왔던 '자기인정'이 갖는 파워가 이 방법에는 빠져 있다. 미안한 감정 없이도 화나거나 슬플 수 있기 때문이다. 우리가 던지는 슬로건은 "투덜거리지 말고 인정하라Own it, don't mean it"이다. "그들이 우리에게 돈을 더 많이 주지 않아서 미안해요"라고 말하는 것은 사과가 아니다. "우리가 더 훌륭한 모금가가 되지 못해서 미안해요"라고 말해야 한다. 중요한 것은 책임을 지는 것이다. 애쉬의 용어를 빌려 말하면, 스스로 인정함으로써 사람들은 그들이 가지고 있는 인간성과 취약성, 열망에 대해 인지할 수 있게 된다. 회의실 안을 감싸고 있던 불안이 순식간에 누구나 감지할 수 있을 정도의 흥분으로 바뀌기 때문에 이 활동은 모두에게 중요한 전환점이 되어준다.

현재에 대한 경험이 갖는 두 가지 측면

마인드맵은 지금 사람들이 무엇을 하고 있고, 무엇을 하고 싶어하는 지를 말해주는 설명적인Descriptive 차원의 활동이다. 반면에 "자랑스러운 점과 아쉬운 점Prouds and sorries"은 은 사람들이 하고 있는 일에 대한 느낌을 알 수 있게 해주는 정서적인Affective 차원의 활동이다. 지적이고 정서적인 차원의 활동인 이 두 가지는 로버트 프리츠Robert Fritz, 1989가 "당면한 현실"이라고 부르는 것을 정확하게 포착해낼 수 있게 해준다. 이 두 활동 모두 퓨처서치를 통해 얻을 수 있는 중요한 혜택인 참가자들이 스스로 책임질 수 있게 해준다. 클레이스 얀센Claes Janssen이 말한

이해관계자 그룹들이 스스로 느끼는 "자랑스러운 점과 아쉬운 점prouds and sorries"을 그들이 하고 있는 일에 대한 감정을 인정할 수 있게 된다.

"4가지 변화 방"(4장 참고)을 통해 이 단계를 해석해볼 수도 있다. "자랑스러운 점과 아쉬운 점Prouds and sorries"에 대해 공개적으로 말을 하게 되면 누구의 강요도 받지 않고 참가자들 스스로 '거부의 방'에서 빠져나올 수 있다.

세션3: 미래에 초점 맞추기

2일차 점심식사 시간전에 1일차에 했던 것처럼 여러 사람을 섞어서 그룹을 만든다. 점심시간 포함해서 2시간 30분을 주고 그들이 희망하는 미래에 대한 시나리오를 준비하게 한다. 이쯤 되면 각 참가자는 해당 이슈에 대한 다른 사람들의 이해관계에 대해 훨씬 깊게 공감할 수 있다. 점심식사를 함께 하면서 이들은 서로에게 다시 연결할 수 있는 시간을 갖게 되고 앞으로 무엇을 할지에 대해 상상할 기회를 가질 수 있다.

초창기에는 이상적인 미래Ideal futures와 가능한 미래Probable futures 미래를 그려보게 했다. 에머리가 만든 서치 컨퍼런스Search Conference 디자인에도 있는 이 활동을 하면 이미 있는 것과 희망하는 것 사이의 충돌을 경험할 수 있기 때문에 오히려 동기는 높아질 수 있다. 참가자들의 동기를 높이기 위해 우리는 이 방법을 사용하게 되었다. 그룹의 절반에 해당하는 사람들에게는 그들이 희망하는 미래를 그리게 했고, 나머지 절반은 "아무것도 하지 않을" 경우 어떤 일이 일어날 지에 대해 검토하게 했다. 이 활동에 참여했던 사람들은 두 가지 어려움을 지적해줬다. 첫번째 어려움은, 그들이 할 수 있는 일을 발견하기 위해 퓨처서치에 참석하고 있기 때문에 "아무것도 하지 않기"에 대한 활동을 하는 것이 어렵다는 것이었다. 두번째 어려움은 아무도 미래를 예상할 수 없는데 왜 할 수 있는 것처럼 해야 하는가였다. 로버트 프리츠(1989)의 글을 읽으면서 우리는 내면에 들어있는 현재의 이미지를 희망하는 미래의 유사한 이미지와 나란히 두게 되면 무의식적으로 그 둘 사이의 갭을 줄일 수 있게 된다고 결론을 내렸다. 현재와 미래를 이어주는 다리는 로날드 리피트가 발견한 것이다. 그는 자신을 미래 시점에 두고, 그 지점에서 되돌아보면서 이미 성취한 것을 극적으로 표현하게 하면 자기동기를 강화할 수 있다고 했다.

이런 간단한 통찰도 비즈니스에 변화를 만들어내는데 본질적인 영향을 미친다. 조직개발(OD)은 현재와 목표 사이의 격차를 진단하는 것을 기본으로 하고, 그 격차를 좁히는 "조정"을 이어서 진행한다. 그러나 퓨처서치는 참가자들이 회의에서 제기한 것만을 요구한다. 그것이 긍정적이든 부정적이든 그들이 가지고 있는 분명한 그림에 바탕을 두고 그들이 원하는 것을 연출해보게 하는 것이 퓨처서치이다. 이 활동을 할 때 사람들은 상당한 에너지를 만들어낸다. 게다가 그들은 서로가 서로에게 중요한 자원이 된다는 사실을 발견한다. 이 방식이 모든 문화에서 효과를 보인다는 것이야말로 정말 놀라운 일이다. 여러분이 진단하고 답해야 할 유일한 질문은 이것뿐이다. "그들이 회의장에 나타날 것인가?"

퓨처서치에서 미래로 들어가기

퓨처서치에서 미래로 들어갈 수 있게 하는 방법을 지금부터 설명해보고자 한다. 다양한 참가자들을 섞어서 만든 그룹에게 5년, 10년 혹은 20년 후의 자신들에 대해 상상하게 하는 것이다. 그들은 정말로 자신들이 원하는 방식으로 함께 살고 있고 또 일을 하고 있다. 그들이 해야 할 것은 플립차트에 다음 질문에 대한 목록을 쓰는 것뿐이다. (1) 지금 무엇을 하고 있는지에 대한 구체적인 사례 (2) 시작하기 위해 극복해야 했던 장애물 (3) 그것을 수행했던 방법. 참가자들은 오후 중간무렵에 그들이 만든 시나리오를 전체를 대상으로 보여준다. 우리는 드라마, 촌극, 연극, TV 뉴스 쇼와 같은 창의적인 방식을 지지하기는 하지만 모든 사람들이 그렇게 해야 한다고 요구하지는 않는다. 8개 그룹이 발표하려면 최소 1시간이 필요하기 때문에 대략 한 그룹 당 7분의 시간이 주어진다.

창의성으로 얻을 수 있는 혜택

참가자들은 자신들이 바라는 것이 무엇이든 모두 다 보여준다. 대개는 그룹의 구성원 모두가 참여한다. 노래, 시, 의식 같은 것을 사용한 몇몇

퓨처서치   Part 1: 이해하기

시나리오는 머리카락이 쭈뼛 서는 것처럼 열광적일 수 있다. 가끔은 한 사람이 나와서 플립차트에 적은 것을 읽어내려가기도 한다. 이 때는 회의실 안에 흐르는 에너지를 주의깊게 살펴야 한다. 시나리오가 전개되면 그룹은 종종 이상주의의 최고치로 올라가게 되는데, 하루 전과는 완전히 다른 극단에 있다고 생각하면 된다. 이것은 결코 사소한 일이 아니다. 자신들이 꿈꾸는 미래를 연출해보는 자체만으로도 꿈이 실현되

그룹은 희망하는 미래에 대한 창의적인 시나리오를 2시간 30분 동안 준비한다. 그런 다음 전체 그룹 앞에서 그들이 준비한 비전을 발표한다.

었을 때 어떻게 느낄 수 있을지 직접 경험해볼 수 있기 때문이다. 그 감정을 재현하고 싶어하는 기대가 지속적인 행동을 하게 하는 자극제가 될 수 있다고 우리는 믿고 있다. 이러한 현상에 대한 보고서는 이미 수십가지나 된다. 이것은 우리의 정신과 육체가 하나로 연결되어 있다는 것을 실질적으로 증명해주는 것이다.(이 주제에 대한 추가정보는 에필로그 참고)

몇 년 전에 감정표현이 지나치게 심한 (참기 힘들 정도로) 시나리오를 들은 적이 있다. 그러나 지금은 어떤 배경을 가진 사람이든 상관없이 수천 명의 사람들이 이런 방식에 열광적으로 참여하고 있다. 물론 기초 작업이 필요하다. 당면한 현실에 대한 진지한 검토 없이 창의적인 "비전 그리기"만 하면 사람들은 냉소적으로 반응한다. 미래를 그려보는 것은 그 자체만으로 꿈을 이끌어낼 수 있지만, 꿈을 실현할 수 있는 헌신을 끌어내지는 못할 것이다. 이 활동이 단순한 촌극이 아니기 때문이다. 이 활동은 사람들이 최고로 여기는 가치를 반영할 수 있는 정책과 프로젝트, 프로그램을 각색하는 활동이다.

■ 세션4: 공통 관심사 발견하기

공통 관심사*Common ground* 라는 용어를 참가자들의 100% 지지를 담고 있는 제안이라고 우리는 정의하고 있다. 이것은 소수그룹이 발언한 후에 다수그룹이 설득하여 동의하게 되는 합의와는 다른 것이다. 퓨처서치는 수렴해야 한다고 강요하지 않는다. 한 사람이라도 반대할 때는 "동의하지 않음" 목록에 올린다.

공통 관심사를 발견할 수 있는 방법
공통 관심사 발견은 전체 퓨처서치 가운데 우리가 가장 많은 실험을 한 부분이다. 수십 년 전, 2일짜리 퓨처서치를 진행할 때였다. 2일차 오후에 공통 관심사를 찾기로 되어 있었다. 당시 참가자들은 자신들이 함께 꿈꾸었던 미래에 대한 기대감 때문에 의구심을 가지고 찬찬히 살펴보거나 불확성이 있는 부분에 대해 논의해볼 생각은 거의 하지 못했다.

게다가 그들은 많은 활동 때문에 지쳐있었기 때문에 서둘러 동의한 후 바로 행동계획 수립에 들어갔다. 그러나 퓨처서치를 위해 2박3일을 안전하게 확보할 수 있으면 공통 관심사를 3번 살펴본 후, 잠시 휴식을 취하고 관련된 사항들을 모두 해결한 후 최종 합의에 도달할 수 있다. 초창기에 퓨처서치를 진행할 때는 큰 규모의 그룹이 몇 시간 안에 공통 관심사에 도달하게 할 방법을 알지 못했다. 그룹의 대표들을 모아서 공통 관심사에 해당하는 목록을 만들려고 했다. 우리가 사용했던 또 다른 방법은, 관찰자들이 코멘트를 할 수 있도록 모든 미래 시나리오 그룹에서 한사람씩 나오게 한 후 원형으로 준비된 *Fishbowl* 빈 의자에 앉게 했다. 그러나 두 방법 모두 상당한 반대에 부딪혔다.

잠시 후에 우리는 "아하"하고 크게 깨달을 수 있었다. 그때까지 모든 사람이 모든 일에 참여해왔는데, 갑자기 핵심이슈를 결정할 수 있는 위원회를 우리가 요청하고 있었던 것이다. 지금까지 스스로 모든 것을 해온 참가자들은 아무리 동료라 할지라도 다른 사람들이 그들의 현실을 압축하려는 것에 분개했던 것이다. 모두가 함께 공통 관심사를 찾을 수 있게 해줄 방법이 필요했다. 퓨처서치는(서치 컨퍼런스가 우리에게 영향을 준 것처럼) 대리 민주주의가 아니라 참여적 민주주의를 경험할 수 있게 해줘야 한다.

연대를 추정하는 최고의 방법

지금까지 우리는 많은 실험을 해왔다. 한번은 참가자들에게 2개의 목록을 만들게 했는데, 하나는 "공통 관심사(모든 사람이 원하는 것)"대한 목록이었고 다른 하나는 "가능성이 있는 프로젝트(원하는 것을 얻을 수 있는 방법)"에 대한 목록이었다. 이때 우리가 알게 된 것은 많은 사람들이 "무엇$What$"과 "방법How"을 제대로 구분하지 못하고 뒤섞어서 사용하고 있다는 것이었다. 목적과 목표가 어떻게 다른지 주장해본 경험이 있다면 이 말이 무슨 뜻인지 쉽게 이해할 것이다. 그래서 우리는 공통 관심사에 대한 목록만 요청하기로 결정했다. "참석하고 있는 모든 사람이 지지할 것이라고 믿는 그런 제안"을 담은 목록만 만들면 되었다.

5장: 완벽한 회의를 위하여

미래 시나리오를 작성했던 각 그룹은 회의실 안에 있는 모든 사람들이 퓨처서치 주제에 대해 원한다고 믿는 제안을 최대 8개까지 작성한다. 작성한 제안목록은 전체 그룹에서 나온 제안을 보면서 카테고리로 분류한다.

이제 2005년부터 우리가 사용해온 방법을 소개하려고 한다. 만약 여러분이 다른 방법에 만족하고 있으면, 여러분은 축복을 받은 사람들이다. 차이점이 있을 때 그것을 얼버무리고 넘어가지 않으면서도 "현실적인 대화Reality dialogue"에 대해 그동안 느껴왔던 실망감을 떨쳐내고 싶으면 계속 읽어가면 된다.

우리는 미래에 대한 시나리오를 만든 후에는 휴식을 취할 수 있는 시간을 주었다. 대략 오후 3시반에서 4시쯤이다. 그리고 나서 우리는 미래 시나리오를 만들었던 각 그룹에게 30분에서 45분의 시간을 주고 회의실에 있는 모든 사람이 'X'(퓨처서치 주제)에 대해 원한다고 믿는 8가지 제안 목록을 작성하게 한다. 우리는 그룹에게 자신들이 적은 제안 목록을 떼어낸 빈 이젤을 회의실 앞으로 가져와서 일렬로 세우게 한다. 이때 그들이 작성한 제안목록은 하나씩 가로로 잘라서 가지고 있게 한다. 첫 번째 그룹이 나와서 준비한 제안을 하나씩 큰 소리로 읽은 다음에 빈 이젤 위에 하나씩 붙이게 한다(무독성 풀이나 테이프 이용). 각 그룹이 돌아가면서 이젤 위에 자신들이 준비한 제안 목록을 붙이는 데, 이때 유사한 제안은 동일한 이젤에 붙이면 된다.

준비한 제안 항목 전체를 비슷한 것끼리 카테고리로 분류될 때까지 진행한다. 만약 어떤 항목이 기존에 만들어진 카테고리에 포함되는 것이 아닌 경우에는 다른 이젤이나 벽을 사용해서 새로운 카테고리를 시작한다. 모든 그룹은 각 항목이 카테고리에 붙는 것을 지켜보고 있다가 본인이 원하면 제안을 할 수도 있다. 참가자들은 목록을 모으고 추가하고 편집할 수 있다. 우리는 모든 제안 항목이 다 붙고 난 후 2일차 일정을 마감한다. 만약 시간이 부족하면 재협상을 해서 시간을 더 얻어내거나 다음날 아침에 이 활동을 이어서 진행한다. 만약 어떤 항목이 논쟁에 휩싸이면 "동의하지 않음" 목록에 올린다.

시나리오 그룹이 여덟 개가 넘으면 20분씩 목록을 만들도록 시간을 준 다음에 25분을 추가로 배분하여 두번째 그룹과 만나 두 그룹의 목록을 하나로 합치게 한다. 이렇게 하면 소그룹 활동에 들어가는 시간은 더 늘어나겠지만 전체 리스트에 항목을 올리는 그룹의 수는 줄일 수 있다.

3일차: 공통 관심사 확정하기

다음날 아침 우리는 "공통 관심사" 리스트가 있는 플립챠트 앞에서 만난다. 참가자 가운데 첫 번째 목록을 읽게 해줄 사람이 있는지 물은 후 자원자가 나오면 그 사람이 큰 소리로 읽게 한다. 참가자들은 한 묶음에 들어와 있는 항목들이 서로 관련성이 있다고 확정하기도 하고, 관련성이 부족한 것에 대해서는 모두가 만족할 때까지 관련성이 더 큰 곳으로 이동시킨다. 이렇게 하는데 대략 30분에서 60분이 소요된다. 어떤 사람들은 특정 항목에 대해서 다시 생각해보고 싶어할 수도 있다. 어떤 항목의 문구가 마음에 들지 않으면 새로운 단어를 제안하도록 한다. 5에서 10분 내에 확정할 수 없는 항목은 "동의하지 않음" 목록으로 옮겨놓는다.

　　우리는 갈등을 묻어둬야 한다고 생각하지 않는다. 차이점이 나타날 경우 그것에 대해 계속해서 대화해야 할 필요가 있다는 것 또한 부인하지 않는다. 한, 두 사람의 반대때문에 어떤 항목이 "동의하지 않음"

누구라도 공통 관심사에 들어갈 제안사항에 반대를 하면 "동의하지 않음" 챠트로 옮긴다.

챠트로 옮겨 가면, 우리는 참가자들이 그렇게 결정한 것이라고 보고서에 밝혀준다. 이렇게 하는 것은 절대로 사소한 것이 아니다. 왜냐하면 이렇게 해줌으로써 사람들이 가장 가치있다고 여기는 것과 전체적인 관심을 두는 것이 무엇인지 제대로 볼 수 있게 해주기 때문이다. "동의하지 않음" 챠트에 올라와 있는 갈등은 절대로 해결되지 않을지도 모른다. 공통의 관심사(전체 제안항목의 80-95%를 차지하는)는 행동을 취할 가능성이 가장 높은 곳이 어디인지를 참가자들에게 말해준다.

▪ 다음 단계: 공통의 관심사에 대한 문안 작성

이제는 각 묶음에 대해 챔피언 역할을 할 사람을 자원받아서 모든 묶음을 공통 관심사를 표현할수 있는 문안으로 만들어야 할 단계가 되었다. 누구든 자신이 희망하는 묶음에 합류해서 문안 만드는 작업에 참여하도록 한다. 그들이 해야 할 일은 그 자리에 없는 사람들이 이해할 수 있도록 문장을 만드는 일이다. 이렇게 함으로써 사람들이 이해하기 힘든 글씨로 날려 쓴 목록을 만들어내는 대그룹 회의가 보여주는 딜레마에서 벗어날 수 있다. "우리는...이다", "우리는...를(을) 가지고 있다", "우리는...를(을) 믿는다", "X는 이러 저러한 것을 하기로 약속한다"는 식의 현재형으로 문장을 쓰도록 안내해준다.

문장을 작성하는 데는 대략 15분에서 30분 정도 소요된다. 여기에 15분을 추가해서 휴식시간을 포함해서 활동을 하게 할 수도 있다. 휴식시간이 끝나면 각 그룹은 작성한 문장을 전체를 대상으로 읽어준다. 이쯤 되면 참가자들은 공통 관심사에 대해 적어도 세 번은 생각하게 된다. 첫 번째는 목록을 만들 때 생각하게 되고, 두 번째는 자신들이 만든 제안사항을 붙일 때이고, 마지막 세 번째는 완성된 문장을 쓰고 읽을 때이다. 대부분의 경우 각 그룹이 작성한 문장에 대해 추가로 논의할 필요는 없다. 몇 주 또는 몇 달에 걸쳐 나온 목표 진술문과 *Goal statements* 크게는 다르지 않을 정도이다. 차이가 있다면 이것은 모든 이해관계자들의 동의를 얻은 것이고, 지금부터 행동으로 들어갈 준비가 된 것들이라는 점이다. 그러나 이렇게 완성된 문안이라고 해도 질문이 나올 수 있고, 아주 드물게는 반대 의견도 나올 수 있다. 이때는 조금 수정해서 모두가 만족할 수 있게 해주거나, 동의하지 않기로 최종 합의할 때까지 대화할 수 있게 해주면 된다. 우리는 이렇게 완성한 문장을 이 시점에서 폐기하는 것을 본 적도 있다.

다음은 커뮤니티에서 전과자들을 위한 통합서비스를 찾고 있던 필라델피아시에서 "재진입 2020; 자원 재집중, 삶의 회복"이란 주제로 진행했던 퓨처서치의 실제 사례이다.

공통 관심사 #1	문장
■ 예방 ■ 예방 교육 ■ 투옥에 대비한 실행 가능한 대안 ■ 예방/관심 분산	우리는 커뮤니티 전체에 예방과 조기개입 하는 활동을 조정하고 통합하기 위한 서비스를 개발하고 조정하는데 헌신한다.
공통 관심사 #2	문장
■ 업무/고용주 ■ 고용 ■ 고용주의 수용/장애물 제거	우리는 유연한 고용과 노동정책을 허용해주는 법률개정을 지지하고, 전과자를 채용함으로써 고용주들에게 혜택이 돌아가게 해주는 인센티브 제도를 도입할 것이다. 이를 통해 고용주들을 전과자들의 사회 재진입을 도와주는 파트너로 참여하게 한다.
공통 관심사 #3	문장
■ 교육과 훈련 (재취업) ■ 교육개선(GED/고등학교 졸업후 교육/직업/기술훈련) - 노동시장과 연계 ■ 교육 (읽기/쓰기 능력, 고등학교 졸업후 교육)	우리는 사회에 재진입하는 개인들은 고용시장 트렌드에 맞추어 읽고 쓰기부터 시작해서 고등학교이후 과정까지 모든 수준의 교육과 훈련기회를 제공하는 종합시스템을 활용할 수 있게 한다.

▨ 세션5: 행동계획 수립

우리는 3일차 오후 3시까지 회의를 마치기 위해 두 차례 진행할 행동계획 수립 회의를 위해 3~4시간을 남겨놓는다. 사람들이 서로 계속해서 만나다 보면 그들이 필요로 하는 시간은 그만큼 줄어들기 마련이다. 우리는 구체적인 실행계획이나 프로그램, 프로젝트로 가져가고 싶어하는 공통 관심사를 설명하는 문안을 그들 스스로 선택하게 한다. 목표, 예상 완료날짜, 필요한 자원을 기입할 수 있는 워크시트를 제공해주고 항목들을 채워넣을 수 있도록 가이드해준다. 워크시트라고는 하지만 내용을 보면 아주 간단하다.

공통 관심사를 실행으로 연결

우리는 실행계획을 수립하기 위해 가능한 모든 형태의 그룹을 사용해봤다. 동료들을 한 그룹으로 만들어준 적도 있었고, 다양한 사람들을 섞어서 만든 그룹도 있었으며, 자원자들로 그룹을 만들어 주기도 했다. 또 기능부서별로 그룹을 만드는 것도 해봤고, 기존에 있던 특별전담팀을 활용한 적도 있다. 목적에 잘 부합되고, 스스로 일을 조정하고 통제할 수만 있으면 어떤 그룹이든 성공할 수 있다. 다른 방법을 써본 적도 있었다. 이해관계자들을 그룹으로 만든 후 2회에 걸쳐 계획을 세우게 하는 것이다. 먼저, 각 그룹은 실행해보고 싶은 문장 하나를 뽑는다. 직접 실행해보고 싶은 사람은 함께 일할 수 있는 다른 사람들을 모아야 한다. 그리고 나서 자신이 원하는 방식으로 그룹을 재구성할 수 있다. 개인적으로 사용하기 위해 '개인 계획수립' 워크시트도 있다는 것을 소개해준다. 이 워크시트는 개인이 해야 할 일을 스스로 정리할 수 있게 해준다.

컨퍼런스 폐회

스폰서는 지금까지 진행한 것에 대해 작성해둔 문서, 이후 진행하게 될 후속 조치, 검토회의 일정, 웹사이트 접근 등과 같은 사항을 확인하기 위해 모든 것을 인계받는다. 우리는 공식적으로 폐회를 하기 전에 30분을 할애하여 모든 참가자들이 자신이 앞으로 취할 행동계획이나 지금 생각하거나 느끼는 것을 한 두 단어를 써서 돌아가면서 말을 할 수 있게 한다. 마지막 참가자까지 말을 하고 나면 스폰서가 마무리 발언을 하고 폐회한다.

PART II
계획하기

6장   퓨처서치, 당신에게도 통할까?
             스폰서, 준비위원회, 참여자, 퍼실리테이터를 위한 조언

7장   퓨처서치를 통한 기금 확보
             퓨처서치 이후 일어나는 기금의 흐름에 대한 짧은 글

8장   성공적인 퓨처서치를 위한 준비
             주제를 선택하고 이해관계자를 모으는 법

9장   세부사항 준비
             성공적인 퓨처서치를 위한 세팅

6장

퓨처서치, 당신에게도 통할까?

몇년 전에 특허권 보호기간 만료를 앞둔 회사로부터 "지적 재산권" 전략을 개발해달라는 요청을 받았다. 드디어 퓨처서치를 "할 준비가 되었다"는 말을 덧붙이면서 연락해온 것이다. 주요 부서인 엔지니어링, 제품개발, 마케팅부서 담당자와 특허담당 변호사 2명으로 이미 준비위원회를 구성해둔 상황이었기 때문에 우리는 준비위원회를 처음 만나는 것으로 활동을 시작하게 되었다. 회사 브랜드가 얼마나 심각한 위험상황에 처해 있는지, 퓨처서치를 통해 무엇을 얻고 싶은지 그들은 아주 자세히 설명해주었다. 그들 중 몇 사람은 상당히 들떠있었다. 점심 무렵에는 고려해야 할 이해관계자 명단까지 뽑아냈다.

점심식사를 끝내고 나자 마자 특허변호사 1명이 아침 내내 참고 있던 것을 털어놓기 시작했다. 업무상황이 도저히 이 자리에 앉아 있을 수 없는데 참석하라고 한 임원에게 예의를 갖추기 위해 어쩔 수 없이 앉아 있다는 것이었다. 그들에게서 힘든 이야기를 다 듣고 나서 우리는 퓨처서치를 하지 않는 것이 좋겠다는 말을 해줬다. 그들은 (우리도 마찬가지지만) 억지로 퓨처서치를 하지 않아도 된다는 것에 안심하는 것 같았다. 퓨처서치는 확실히 그들에게 적합하지 않았다.

퓨처서치를 하는 것이 좋을지 고민하는 사람들은 이 장을 읽으면 도움이 될 것이다. 자신이 현재 맡고 있는 역할이 앞으로 스폰서가 되어야 하는지, 아니면 이해관계자나 자금을 제공해야 하는 사람인지, 그도 아니면 퍼실리테이터 역할을 해야 하는지에 따라 생각해봐야 할 부분은 아주 달라진다.

스폰서 - 투자한 것보다 이점이 커야 한다

가려운 곳을 긁어주는 스폰서 없이는 퓨처서치에 다른 어떤 역할도 존재할 수 없다. 1장과 2장에서 언급했던 퓨처서치 스폰서들에게는 관련 이해관계자들 사이에 조정이 필요할 정도로 심각한 걱정거리들이 있다 (예컨대, 북아일랜드의 경제불황, 글로벌 비지니스의 지속가능성, 교회 성도들이 함께 공유할 수 있는 교회의 미래의 방향, 전쟁으로 엉망이 된 수단 어린이들의 운명 등). 스폰서는 이런 상황에서 어떤 것을 예상할 수 있을까? 앞에서도 언급했지만, 아마도 그들은 퓨처서치를 하기 전보다 더 많은 지원이 필요할 거라는 점 때문에 걱정하고 있을 것이다. 그러나 너무 걱정하지 않아도 된다. 어쩌면 건설적인 아이디어, 구체적인 행동 계획, 의지, 헌신적으로 뛰어들 실행가들이 홍수처럼 밀려들 수도 있다. 그동안 받아 온 지지보다 훨씬 더 많은 지지를 받아낼 수도 있다. 퓨처서치 활동을 통해 미래의 전략 방향이 더욱 명확해질 수 있다.

    퓨처서치 스폰서는 어떤 경우에는 회의를 품고 있는 상사나 동료, 고객을 대면해야 할 때도 있다. 이런 회의론자들을 퓨처서치로 끌어들일 방법은 없을까? 우리는 7장에서 퓨처서치가 예산과 보조금, 정부기금을 책정하고 개인투자와 같은 재정적인 자원을 어떻게 만들어내는지에 대해 자세히 보여줄 것이다. 그 부분을 즐겁게 읽을 수는 있겠지만 우리가 소개한 것들이 회의론자들의 마음을 바꿀 수 있도록 절대적인 영향을 주지는 못한다. 의심하고 있는 사람들을 다루는 최신의 방법은 직접 그 현장을 보게 하는 것이다.

    도저히 통제할 수 없는 수많은 이슈들로 가득 찬 판도라 상자를 여는 바람에 다른 사람들의 말을 전혀 듣지 않는 독불장군이 튀어나오거나 논의가 완전히 잘못된 길로 빠지는 최악의 사태가 벌어지면 어쩌지? 온갖 염려가 스폰서의 머리로 올라올 수 있다. 하지만 스폰서가 되어본 사람들의 말을 들어보면 퓨처서치가 어떤 점에서 그들에게 도움이 되었는지 잘 알 수 있다. 많은 사람들이 지지할 수 있는 안건을 만들어냈기 때문에 퓨처서치를 통해 오히려 더 많은 것들을 통제할 수 있었다고 그들은 우리에게 말해주었다.

퓨처서치를 하는데 3일이 필요하다는 말을 들으면 일단 머뭇거릴 수 있다. 대부분의 사람들은 매일 매일 불을 꺼야 하는 긴박한 상황에 있기 때문에 그들이 보여주는 첫번째 반응은 하루 이상은 도저히 뺄 수 없다는 것이다. 어쩌면 회의 후에 더러워질대로 더러워진 린넨을 말려야 할 일이 두려울 수도 있다. 발표자도 없고 파워포인트도 없는 회의가 상상이 되지 않을 수도 있다. 수십 년간 퓨처서치를 해오면서 우리는 부정적으로 상상하는 것이 잡초처럼 얼마나 흔한지 알 수 있었다. 호주에 있는 프랭크스톤_Frankston_의 CEO인 조지 모드리치는 "나도 퓨처서치 초반에는 무척 회의적이었습니다"라고 말했다. "너무 위험한 것처럼 느껴졌어요. 사람들이 둘째날에 나타나지 않으면 어떻게 할지에 대해서도 걱정했고, 회의가 끝나는 시점에 기대한 것을 과연 얻을 수 있을지에 대해서도 고민했으니까요." 하지만 우려와 달리 거의 모든 사람들이 전 일정동안 회의장을 떠나지 않았고, 커뮤니티의 자문위원회는 3년이 지나서도 꿋꿋하게 활동을 계속하고 있다.

만약 충분한 시간을 확보하고 사람들을 회의장으로 오게 할 수만 있다면 그들로부터 엄청난 창의성과 헌신을 발견해낼 수 있을 것이다. 무엇이 제대로 통하는지 주목해서 보고, 통하지 않는 것은 버리기만 하면 된다.

▰▰ 잘못된 시간, 잘못된 그룹

때때로 사람들은 퓨처서치를 이미 결정된 다른 회의 안으로 밀어 넣고 싶어한다. "12월에 전 세계에서 관리자 100명이 모여요. 이렇게 모이기 어려우니 그 때 퓨처서치를 합시다!" 이런 상황에서는 반드시 참여해야 할 이해관계자 그룹이 참여하게 할 수 없다. 다른 문제나 결정해야 할 사항이나 새로운 제안, 강연 등 다른 안건들이 끼어들게 되면 퓨처서치는 제대로 할 수 없게 된다.

■ 특별한 조건 없이 "마치" 퓨처서치 회의를 하기로 한 것처럼 기획하기

가끔은 퓨처서치 개최 여부에 대한 결정권을 가지고 있는 준비위원회를 대상으로 퓨처서치를 소개해달라는 요청을 받을 때가 있다. 그런 요청을 받으면 우리는 말로 설명하기보다 현장에서 바로 대안을 제공한다. "마치" 퓨처서치를 진행할 것처럼 하루짜리 기획회의를 직접 해보이는 것이다. 하루가 끝날 무렵이 되면 참가자 모두는 스폰서가 목표하고 있는 것을 퓨처서치를 통해 얻어낼 수 있을지 알게 된다. 일반적으로 대부분의 사람들은 앞으로 전진하고 싶어하는 열정을 가지고 있다. 우리가 경험한 바로는 이런 하루짜리 기획회의를 직접 보고도 참여하지 않기로 결정한 적은 20년 동안 딱 4번 밖에 없었다.

퓨처서치를 하기에 적합한 상황	퓨처서치 도입을 신중하게 고려해야 할 상항
■ 조직 내에 공유된 비전이 필요할 때 ■ 구체적인 행동 계획이 필요할 때 ■ 다른 모든 노력들이 지지부진할 때 ■ 리더십이 교체되었을 때 ■ 중요한 변화가 일어나고 있을 때 　(예, 시장이나 기술, 고객의 변화) ■ 반대하는 측과 대화를 해야 하는데 그럴만한 　포럼이 없을 때 ■ 시간이 부족할 때	■ 핵심 역할을 해야 할 사람이 주저할 때 ■ 최소한의 조건을 얻을 수 없을 때 ■ 당신 외에 누구도 퓨처서치를 원하지 않을 때 ■ 미리 계획된 회의에 억지로 맞춰야 할 때 ■ 회의내용이 사전에 어느 정도 결정되어 있을 때 ■ 당신을 제외한 모든 사람들이 퓨처서치를 원할 때 　(이때는 당신 자신이 결정해야 한다!)

■ 어떤 조직과 어느 수준의 참석자들이 필요할까?

당신이 회의에 대한 권한을 가지고 있으면 조직의 수직적 구조에서 어떤 자리에 있든지 퓨처서치를 시작할 수 있다. 필요하다면 도움을 요청하기 위해 다른 직급에 있는 사람들이나 다른 부서 사람들을 초대할 수도 있다. 그렇지만 손님으로 초대된 동료나 상사는 책임을 질 필요가 없다. 예를 들면 어떤 은행에서는 정보기술IT 그룹이 제기한 이슈 때문에 4개의 관련부서가 만나 서로에게 도움이 될 공통의 미래를 만들기 위한 회의를 했다. 상사 없이 4명의 동료가 퓨처서치를 후원한 것이다. 이럴 경우에는 이 4명의 스폰서들보다 상위직급에 있거나 동등한 직급에 있는 사람들은 "외부 이해관계자"로 참석하면 된다. 그들은 회의에 참석해서 이 스폰서들이 공통의 미래를 만들어내는 작업에 도움을 주기만 하면 되는데 정작 그 미래는 그들의 것이 되기도 한다.

조건

퓨처서치를 고려하고 있다면 생각해봐야 할 것이 있다. 준비위원회 회의를 위해 2일 이상 시간을 확보해야 하고, 참가자 초대, 회의 장소, 식사, 워크북, 회의실 세팅과 같은 세부사항을 관리할 담당자가 1명 있어야 한다. 밤에 집으로 돌아가야 할 사람들이 있다고 해도 64명이 넘는 사람들을 위한 식사와 휴식에 필요한 모든 사항들을 꼼꼼하게 준비해야 한다. 외부 컨퍼런스 장소와 이틀동안 이들이 숙박할 준비도 해야 한다.

기업이나 충분한 예산을 가지고 있는 비영리기관은 대체로 필요한 모든 비용을 지불할 수 있다. 그러나 커뮤니티나 예산을 충분히 확보하지 못한 비영리기관은 참가자들에게 비용의 일부를 분담하도록 요청할 수 있다. 이들도 가끔은 공공기관, 재단, 혹은 기업으로부터 예산을 지원받기도 한다. 상황에 따라 퓨처서치 네트워크는 컨퍼런스 센터, 교회, 학교 등으로부터 회의공간을 무료로 지원받을 때도 있다. 점심식사 제공이 어려운 경우에는 참가자들에게 도시락을 준비해오라고 사전에 안내하기도 한다. 해당 지역의 기업가들로부터 식음료를 기부받기 위해 사전에 이들을 방문해서 도움을 요청하는 것도 생각해볼 필요가 있다.

소요시간

회의를 제대로 준비하려면 적어도 3개월에서 6개월의 시간이 필요하다. 참석해야 할 이해관계자들 대부분이 바쁜 일정을 소화해야 하기 때문에 그들의 일정을 확보하려면 충분히 여유를 두고 공지해야 한다. 창문이 있는 큰 회의실을 확보하는데도 충분히 시간을 두고 준비해야 한다. 연휴가 가까우면 호텔 예약은 물론 이해관계자와 약속을 잡기조차 힘들다. 겨울철에는 회의실 내부 온도를 따뜻하게 유지해줌으로써 참가자들의 마음을 잡을 수 있다. 최근 몇 년에는 10주만에 퓨처서치를 기획해서 진행한 적도 있다. 속도가 점점 더 중요해지는 지금은 3개월이나 6개월동안 준비하는 것은 비현실적으로 보여 질 수 있다. 새로운 환경에 잘 대응하려면 빠른 시간 내에 이 모든 것을 준비해야 한다.

계약

우리는 특별한 경우가 아니면 2일에서 10일동안 퍼실리테이터 2명이 진행한다고 생각하면서 계약을 준비한다. 2~3일은 퓨처서치를 기획하는 데 사용하고, 1일은 회의를 구상하는데, 4일은 회의실 준비를 포함한 퓨처서치를 진행하는 데 사용하고, 하루나 이틀은 진행했던 퓨처서치를 검토하기 위해 사용한다. 이 모든 활동은 퓨처서치를 성공적으로 잘 준비하기 위한 활동들이다. 커뮤니티 회의인 경우에는 시간이 두, 세 배 늘어날 수 있다.

비용은 상황과 퍼실리테이터에 따라 다양하다. 언어, 문화, 지역에 상관없이 비영리기관과 일하는 퓨처서치 네트워크 회원들은 낮은 수수료를 받는다. 그들을 동기부여하는 것은 돈이 아니라 퓨처서치를 통해 배우고 봉사하는 것이다. 그렇지만 기업과 일할 때는 날짜나 프로젝트에 따라 비용은 다르게 책정된다. 퓨처서치는 전형적인 전략기획 활동의 일부이다. 기업의 경우에는 3일간 진행하는 퓨처서치보다 장기적으로 그다지 좋은 결과를 내지 못하는 수개월에서 수년이 걸리는 전략기획에 백만달러를 지불하기도 한다. 퓨처서치 도입을 여러 이유 때문에 결정하지 못하는 경우가 있지만 결코 예산이 문제가 되어서 도입할 수 없다는 말은 하기 어려울 것이다.

퓨처서치를 할 때 우리는 항상 팀으로 일한다. 한 사람이 감당하기에는 너무 많은 일이 일어난다. 우리는 성별, 인종, 문화적 다양성을 고려하여 파트너십으로 진행하는 것을 선호한다. 성패가 달린 아주 중요한 이슈가 아니라면 이렇게 파트너를 결정하는 것이 우리에게도 좋고 참가자들에게도 좋다. 우리가 제공하는 서비스에는 워크시트와 인쇄물(PDF 또는 워드 파일)이 있고 참가자 워크북, 초대장, 이전에 진행했던 후속조치 보고서 샘플들도 있다. 필요한 경우에는 퓨처서치 네트워크 회원들을 컨퍼런스 기록원으로 참여하게 할 수도 있다.

장소 선정

우리는 퓨처서치 장소를 결정할 때 직접 방문해보고 나서 결정한다. 그렇게 함으로써 장소로 인해 일어날 수 있는 것을 예상해볼 수 있고, 또 어떻게 회의실 공간을 배치하는 것이 좋을지 알 수 있기 때문이다. (이렇게 하면 의뢰인이 이미 예약해놓은 절망적인 L자 공간 회의실을 억지로 사용하지 않아도 된다. 유리창이 있는 회의실이 일반적인 회의에는 그다지 중요하지 않지만, 퓨처서치에서는 중요하다.) 받아들일 수 밖에 없는 곤란한 상황에 처하기 전에 퓨처서치 장소를 먼저 방문해서 세밀하게 확인해볼 것을 권한다. 굳이 직접 방문하지 않고 인터넷을 통해 회의실을 볼 수 있게 해주는 곳들도 늘어나고 있어서 이런 환경을 잘 활용하면 된다.

준비위원회 - 깜짝 놀라는 것을 좋아한다

준비위원회의 규모는 얼마나 커야 할까? 우리는 최소 2명에서 많은 경우 20명과 함께 퓨처서치를 기획해본 적이 있다. 후자의 경우 여러분이 필요로 하는 것보다 인원이 많아서 시간이 훨씬 많이 걸릴 것이다. 전자의 경우는 당시 아주 결정적인 상황에 처해 있었기 때문에 CEO와 부회장을 이틀 동안 만났다. 이미 스탭들로부터 승인을 받았다고 해도, 우리는 더 많은 인원으로 구성된 준비위원회에서 하는 것과 똑같이 모든 이슈를 2일동안 검토할 필요가 있다.

준비위원회의 적정 규모는 8-10명이다. 핵심적인 이해관계자 8~10명만 있으면 퓨처서치를 기획하는 회의를 아주 효과적으로 진행할 수 있다. (이 정도 인원이 확보되면 본 회의를 진행할 때 각 이해관계자 그룹에 적어도 한 사람씩 들어갈 수 있다). 준비위원회에 다양한 이해관계자들이 참석하면 첫 회의를 일종의 미니 퓨처서치처럼 진행할 수 있다. 사람들은 자신이 가지고 있는 목표와 가치, 기대사항과 우려사항을 공유하면서 서로에게서 배울 수 있다. 커뮤니티 이슈를 다루는 퓨처서치일 경우에는 준비회의에 다양한 사람들이 참여하여 퓨처서치를 함께 준비하는 것이 더 중요하다. 이렇게 하면 모두가 동료이고 어떤 한 그룹이 미래를 선점하는 것이 아니기 때문에 우리는 의사결정 과정에 가능한 한 많은 분야를 대변할 사람들을 참여시키려 한다. 기업의 입장을 고려해봐야 할 경우에는 상공회의소 직원이 어떤 사람을 초대해야 할지 잘 알고 있을 것이다. 환경기관이나 사회기관 혹은 특정 인종그룹을 대표해줄 누군가 참가해야 할 필요가 있으면 그 분야에서 활동하는 사람을 데려올 수 있는 이해관계자가 준비위원회에 참석해야 한다.

어떤 기관이 미래의 방향을 설정하기 위해 퓨처서치를 후원하기로 한 경우는 그다지 문제가 되지 않는다. "외부 이해관계자"는 초대된 손님이지 공동 스폰서는 아니기 때문이다. 준비위원회는 의사결정 권한을 가지고 있어야 할 뿐아니라 누가 적합한 이해관계자인지에 대해 충분한 정보 또한 가지고 있어야 한다. 퓨처서치에서 고객의 관점을 얻기 위해 준비단계에서부터 고객이 참여할 필요는 없지만 한두 명의 고객을 포함하면 그들로부터 큰 도움을 받을 수 있다.

예를 들어보자. 한 건강보험회사는 두 명의 고객과 보험중개인 한 명을 준비위원회에 참여하게 한 적이 있다. 초대받은 고객들은 매우 놀라워했지만 아주 기뻐했으며, 고객으로서 자신들이 생각하는 부분을 충분히 소개하여 큰 도움을 준 적이 있다. 회사 측에 있는 참여자들은 팔만 뻗으면 닿을 수 있는 거리에서 유지하고 있던 사람들과 핵심사항을 함께 결정하는 것이 어떤 것인지 직접 경험할 수 있었다. 이것은 퓨처서치에게 아주 좋은 서막이 되어주었다.

이해관계자 - 적극적으로 참여할 준비를 하라

처음으로 퓨처서치 이해관계자로 초대를 받는다면 그들은 무엇을 기대할까? 다음 8가지에 그들이 얻을 수 있는 것이 잘 요약되어 있다.

- ▶ 그들은 모든 회의 장면에 참여하게 될 것이다. 다른 누군가 하는 말을 듣거나, 브리핑을 받거나 파워포인트 화면을 보는 대신에 자신이 경험한 것을 들려주고, 다른 참가자들이 경험한 것을 경청하면서 그 모든 것들이 무엇을 의미하는지 이해하게 될 것이다. 일반적으로 퓨처서치에 참가하면, 시작 시점에 어떤 한 사람이 알고 있던 것보다 회의실 시스템에 대해 더 많은 것을 배우게 된다.

- ▶ 그들이 느끼고 생각하고 상상하는 모든 것을 회의 장면에서 풀어낼 수 있다. 창의성을 발휘할 수 있고 자신에게 가장 적합한 방식으로 배우고, 또 기여할 기회를 가질 것이다.

- ▶ 리더십을 다른 참가자들과 나눠가질 수 있다. 차례로 돌아가면서 토론 진행자, 대화내용을 기록할 기록자, 전체에게 발표할 발표자, 주어진 시간을 효과적으로 관리하는데 도움을 줄 시간 관리자가 될 수 있다. 많은 사람들이 책임을 나누어 가지는 이런 방식이 퓨처서치를 성공으로 이끄는데 큰 영향을 준다.

- ▶ 그들의 관심사항과 헌신을 나눠줄 수 있는 사람들을 많이 만나고, 새로운 방식으로 협력할 수 있는 기회 또한 가질 수 있다.

- ▶ 퍼실리테이터는 무엇이 중요한 이슈인지 말해주지 않고, 참가자

들이 말한 것에 대해 "피드백"을 주지도 않을 것이다. 모든 것은 전적으로 참가자들에게 달려 있다.

▶ 그들은 스스로 계획을 세우거나 다른 참가자들과 협력해가면서 계획을 세우게 된다. 얼굴도 모르는 사람이 수행하게 될 제안서를 만들지는 않는다.

▶ 투표로 뽑는 'Top 3'가 아니라 다른 사람들과 함께 행동하기로 선택한 것이 우선순위가 된다.

▶ 때로는 퓨처서치 회의가 혼란스럽게 보일 수도 있다. 그러나 혼란상황을 버텨내고 너무 걱정하지 않으면, 행동계획을 세우는 그 혼란스러운 시간에 얼마나 많은 것들이 명확하게 드러나는지 깜짝 놀라게 될 것이다.

기금 제공자 - 퓨처서치가 최고의 보험이다

무엇을 하려면 누구에게나 돈이 필요하다. 또 다른 회의에 예산을 쏟아부어야 할 이유는 무엇인가? 자금을 제공하는 사람은 예산을 투입해서 만들어내는 것이 얼마나 효과있는 것인지 평가를 하게 된다. 가끔은 투입한 예산이 제 역할을 다하지 못할 때도 있다. 예컨대, 포드 재단, 켈로그 재단, 로버트우드 존슨 재단, 데이비드 앤 루실패커드 재단은 환경문제와 지역사회의 건강문제, 주택문제, 약물과 알코올 남용 문제, 에이즈 감염 어린이, 인구계획과 같은 영역에서 퓨처서치를 지원했었다. 이 모든 것들이 좋은 사례임에도 불구하고 퓨처서치의 효과가 후원을 하고 있는 재단들에게는 잘 알려지지 않았다.

여러 기관들이 대규모의 지원금을 받아내기 전에 퓨처서치를 하면 아래와 같은 결과를 이끌어낼 수 있다.

▶ 모든 이해관계자들은 지원금의 목적, 기대사항, 요구사항, 향후 얻게 될 효과와 같은 전체적인 맥락을 이해할 수 있다.

▶ 지원금과 관련된 모든 이해관계자들이 지원금을 집행하는데 참여할 수 있다.
▶ 지원금을 받는 사람들이 다양한 이해관계자들로부터 즉각적인 지원을 얻어서 향후 수년간 도움을 받을 수 있는 관계를 구축할 수 있게 해준다.
▶ 시작 시점에서는 상상해보지 못했던 창의적인 프로젝트로 이끌어준다.
▶ 몇 달에 걸쳐를 회의를 했지만 좌절만 하게 되는 회의가 아니라, 3일만으로도 좋은 실행계획을 만들게 해준다.
▶ 관련된 개인과 기관 사이에 책임사항과 의무사항을 분명히 하게 해준다.

지원금을 확보하기 위한 전략을 수립하기 위해 퓨처서치를 사용할 수도 있다.

퍼실리테이터와 컨설턴트 –
퓨처서치를 살 수는 있지만 팔 수는 없다

퍼실리테이터가 퓨처서치를 수행한다면 무엇을 염두에 두어야 할까? 이 질문에 대한 우리의 대답은 4가지이다.

▶ 스스로 의뢰인을 찾아야 한다. 어떤 경우 퓨처서치는 퍼실리테이터 수십 명이 참여해야 하는 프로젝트를 만들기도 한다. 이런 프로젝트에 참여하려면 스스로 공부하고 실제 참여해 본 경험이 필요하다. 직접 의뢰인을 찾을 수 없으면 그 일을 잘하는 누군가와 팀을 이루면 된다.
▶ 의뢰인 발굴은 마케팅에 대한 문제가 아니다. 퓨처서치는 대부분 원하는 것이 무엇인지 알고 있는 사람들에게서 비롯된다. 그러므

로 핵심은 사람들을 만나서 질문을 많이 하고 좋은 후보가 될 것 같은 사람의 말을 잘 경청하는데 있다. 퓨처서치는 다른 어떤 방법보다도 의뢰인에게 헌신을 쏟아야 한다. 헌신한 만큼 보상이 따라온다.

▶ 불확실성, 인간의 취약성, 예측불가능성, 두 세 시간동안 지속되는 염려와 혼란을 잘 참아낼 수 있다면 이 일은 당신에게 잘 맞다. 초기에 염려했던 것이 에너지로 바뀌고 사람들이 더 이상 당신을 필요로 하지 않을 때까지 버틸 수 있다면 당신은 좋은 퍼실리테이터가 될 수 있다.

▶ 사람들 앞이나 중앙에 나서서 사람들을 즐겁게 하고 쇼를 벌이기 좋아한다면 퓨처서치는 당신에게 적합하지 않다. 사람들이 서로를 발견하고 성장하고 창조하고 성취하는 동안 옆에서 지켜보는 것을 심리적 보상으로 여길 수 있다면 당신은 퓨처서치를 이끌면서 많은 이득을 얻게 될 것이다.

7장

퓨처서치를 통한 기금 확보

메사추세츠 주에 있는 홉킨턴 마을은 1977년에서 1992년 사이에 두 배 이상이나 커졌다. 그러나 1992년에 실시했던 세금부과 제한에 대한 주민투표이후 3년 연속 증가 추세에 있던 교사채용이 사라지고 말았다. 1992년에 실시했던 퓨처서치에 참석한 주민들은 교육이 마을의 미래를 결정짓는다고 보았다. 그래서 퓨처서치 이후에 학교 예산을 12% 증가했고 감축하던 교사채용과 교직원을 대상으로 한 프로그램을 다시 원상복귀시켰다. 한 사업체는 컴퓨터와 테크놀로지를 가르칠 수 있는 교사들의 기술교육에 사용하라고 35만 달러를 기부했다. 이후 추가로 30만 달러를 더 기부하겠다고 약속했다. 퓨처서치 네트워크의 퍼실리테이터인 제니스 윌리엄으로부터 이 이야기를 들으면서 우리는 사전에 기금을 마련하기 위해 특별히 계획을 세우지도 않았지만 예상치 않았던 기금이 들어오는 이런 현상에 관심을 갖게 되었다. 그 후 퓨처서치를 통해 자금이 확보된 사례를 수집하기 시작했다.

사례를 수집하면서 보조금을 받게 된 경우나 뜻밖의 횡재로 수백만 달러의 기금을 확보하게 되었다는 소식을 수년간 계속해서 들을 수 있었다. (1992년부터 1998년까지 홉킨턴에 있는 학교의 예산은 두 자릿수로 증가했고, 이 지역에서 활동하던 기업들은 도서관과 테크놀로지, 교사 양성에 사용해달라고 15만 달러를 기부했다.) 만약 당신이 최종결산을 중요하게 생각한다면, 퓨처서치를 계획할 때 다음 사례를 신중하게 고려해보는 것이 좋다.

성공스토리

■ 산림, 개발, 환경문제와 관련된 이해관계자들 사이의 협력

"모든 주민들의 뒷마당, 투올럼니 카운티 2020"이라는 주제로 진행되었던 퓨처서치는 1997년에 심각한 갈등상황에 있던 캘리포니아주의 산림기관과 경제개발부처, 환경단체들 사이의 이해관계를 하나로 묶어주는 결과를 만들어냈다. 미국 산림청과 협력하고 있던 '천연자원 그룹'의 실행팀은 카운티(미국의 지방 자치단체를 말함)의 지속적인 협력을 이끌어내기 위해 5천달러의 보조금을 확보하였다. (수잔 두프레, 리사 보이틀러, 레슬리 드폴, 퓨처서치 네트워크 퍼실리테이터)

■ 인디언 보호구역의 어린이 구하기

콜로라도 남서부의 인디언인 유트부족은 인디언 보호구역 내에서 생활하고 있던 어린이를 위해 퓨처서치를 하기로 했다. 그들은 어린이들에 대한 부모들의 참여를 높이는 활동을 하고, 청소년과 성인센터를 세우고, 청소년에 대한 사법제도와 판결을 개혁하고, 아이들을 위한 교육이 제대로 이루어질 수 있는 시스템을 만들기 위해 노력하였다. 그 결과 미국 노동부는 유트부족에게 5년에 걸쳐 천만달러라는 엄청난 보조금을 후원해주기로 결정했다. (리타 슈바이츠, 퓨처서치 네트워크 퍼실리테이터, 티나 게이런 청소년 프로그램 국장)

■ 예술기금 조성

펜실베니아에 있는 먼로 카운티 예술협의회는 퓨처서치를 통해 두 가지 회비 인상안을 제시했다. 두 안건 모두 200명 이상의 지지를 받고 통과되었다. 회원 중 한 사람은 "그들 스스로가 계획한 것이라는 점을 강조하고 싶어요. 지난 11년동안 한 번도 회비 인상안이 통과된 적이 없었거든요!"라고 말했다. (조안 코이퍼, 퓨처서치 네트워크 퍼실리테이터)

■ 중소기업에 대한 지원

1992년 12월에 있었던 "제조업과 메사추세츠"라는 퓨처서치를 한 지 8주가 지난 후 참가자들이 주도해온 활동을 통해 주의회는 중소 제조업체를 지원하기 위하여 백만 달러를 지원하기로 했다. 1994년에는 이 프로그램을 위해 추가로 천만 달러를 더 지원해주었다. "버크셔 플라스틱 네트워크에서 7년에 걸쳐 해낸 일을 우리는 여기서 불과 16시간만에 해냈습니다!" 라면서 한 참가자는 흥분을 가라앉히지 못했다. (산드라 제노프, 퓨처서치 네트워크 퍼실리테이터)

■ 청소년을 위한 프로그램

"미주리주, 켄자스시티의 활동 정비"라는 퓨처서치에는 2,000명이 넘는 사람들이 참가하여 캔사스시티를 "청소년에게 기회를 주는 최고의 도시"로 만들기로 약속했다. 그 비전은 어떻게 실행되었을까? 이후 몇 번의 퓨처서치를 추가로 더 진행하면서 그 비전을 실현하기 위한 다양한 행동계획들을 만들어냈다. 청소년연맹은 커뮤니티가 '청소년 임파워먼트 프로젝트'를 추진할 수 있도록 90명의 자원봉사자와 20만달러의 보조금을 제공해주었다. 1998년에 로버트우드존슨 재단은 '국립 도시보건계획*National Urban Health Initiative*' 이 만들어낸 실질적인 체제 변화와 지속가능성의 성공적인 사례로 캔사스시티를 선정했다.(버벌리 아르스트, 낸시 도론손, 아론손, 캐롤 콘, 존 반 도이센, 태미 블루섬, 퓨처서치 네트워크 퍼실리테이터)

■ 산타 크루즈 카운티의 주택문제 해결을 위한 모임

이 퓨처서치는 우리 두 사람이 1994년에 캘리포니아에서 함께 퍼실리테이터로 참여했던 것인데 이것을 통해 농장노동자를 지원하는데 필요한 1만달러의 기금과 10만달러의 주택대출기금을 확보할 수 있었다. 이때 진행했던 회의장면은 퓨처서치네트워크 웹사이트에서 비디오로 볼 수 있다.

■ 북아일랜드의 축구전략 개발

2001년에 문화예술레저부는 관전율이 저조한 경기, 잘못된 경기장 운영, 파벌주의, 축구장에서의 폭력, 대중들의 부정적인 인식문제를 다루기 위해 관련 당사자들을 한 자리에 모아 퓨처서치를 진행하도록 후원했는데, 이 자리에서 150개가 넘은 권고사항이 나왔다. 이후 이 부처는 새로운 관리조직을 만든 후 담당자를 배치하고 축구경기와 관련한 구조와 업무를 개혁하는 등의 권고사항을 집행하기 위해 8백만 파운드를 배정했다. 2009년까지 정부는 퓨처서치에서 만들어낸 전략을 실행하고 있었다. (마이클 도넬리, 타라 호겐, 퓨처서치 네트워크 퍼실리테이터)

■ 기본적인 사회서비스를 위한 기금 확보

2000년에 회의론자들은 사회서비스를 위한 안정적인 기금 확보를 "그림의 떡"이라고 말을 했었다. 그럼에도 불구하고 '시애틀 휴먼 서비스 Seatle Human Service'와 200개의 로컬 서비스기관을 가지고 있는 '소수자 이사회 연합'은 "2020 비전: 워싱턴 킹카운티의 인간의 기본욕구 충족"이라는 이름으로 진행된 퓨처서치를 통해 그들이 세웠던 행동계획을 집행하기 위해 시애틀시로부터 2만5천달러의 지원금을 얻어냈다. 2002년까지 '복지서비스를 위한 킹카운티 연합'을 만들어 서비스 확장을 위해 주 정부로부터 매년 5백만달러의 지원금을 확보했다. 2006년에는 '재향군인과 휴먼 서비스' 추가 지원금과 2007년에는 '정신질환과 약물의존'에 대한 추가 지원금을 통해 연간 2천7백만달러의 지원금을 확보했다. 이후 연합체를 만들어서 긴급하게 필요한 서비스에 사용할 목적으로 2009년까지 1억7천2백만달러의 기금을 모았다. (보니 올슨, 산드라 제노프, 퓨처서치 네트워크 퍼실리테이터)

■ 커뮤니티 연합체 결성

"켈리포니아 산타아나, 델리 주민들의 미래"라는 이름으로 진행되었던 퓨처서치에서는 그때까지 적대적인 관계에 있어 온 멕시코계 미국인들로 구성된 풀뿌리 기관들을 하나로 통합할 수 있는 연합단체가 탄생되었다. 1999년에서 2001년 사이에 고물 집하장이나 다름없던 도시를 8에이커 규모의 공원으로 바꾸고 산타아나 최대의 커뮤니티센터를 세우기 위한 기금으로 천2백만 달러의 기금을 확보했다. 퓨처서치에서 나온 전략을 통해 주민들의 건강과 교육, 경제개발, 예술과 레크리에이션 프로젝트를 위해 2009년까지 천만달러 이상의 기금 또한 확보했다. 그들은 100년후에 대한 그림을 그리기 위해 또 다른 퓨처서치를 진행하였다. (리고베르토 로드리게즈, 퓨처서치 네트워크 퍼실리테이터)

커뮤니티 강화

클라우드크로프트에 있는 뉴멕시코의 공중보건부는 1997년에 다양한 인종들의 상황을 대변해줄 수 있는 이해관계자들과 함께 "변화관리: 모든 사람의 건강을 위한 공동 프로젝트"라는 퓨처서치를 개최하였다. 그들은 학교와 커뮤니티의 파트너십, 건강과 사회서비스를 위한 원스톱 쇼핑, 부모교육, 청소년들을 활성화하기 위한 활동을 전개하였다. 1998년에 뉴멕시코의 라스크루케스*Las Cruces*에서 두 번째로 진행했던 퓨처서치에서는 육아문제를 위한 특별전담팀을 발족했는데 이들은 미국의 자선단체인 '유나이티드 웨이 아메리카*United Way of America*와 '아메리카은행'으로부터 1년간 16만달러를 확보하여 도나아나 카운티에 육아지원센터를 설립하였다. 이들은 여기에 그치지 않고 라스크루케스에 있는 연방정부의 '여성/유아/아동*Women, Infants, Children*(WIC)' 클리닉에서 저소득층 부모들을 대상으로 2년동안 '가족강화' 프로그램을 추진하기 위해 '물질남용방지센터*Center for Substance Abuse Prevention*'로부터 20만달러의 지원금을 확보했다. 초기에 기획그룹에 참여했던 뉴멕시코 주립대 교수인 에스터 디벌*Esther Devall* 이 만들어낸 성과는 다음과 같다.

▶ 도나아나 카운티에 있는 WIC 클리닉을 통해 육아에 대한 교육을 진행하고, 뉴멕시코주 전체에서 육아와 아동개발을 위해 활동하게 될 WIC 직원들을 교육시키기 위해 2003년에 미국 농무부로부터 3년동안 50만달러 보조금 확보

▶ 17개 이상 카운티에서 고위험군 가정의 학부모교육을 위해 2003년에 뉴멕시코 복지서비스부로부터 4년동안 320만달러의 보조금 확보

▶ 외곽지역에 거주하는 주민들과 인디언 가정의 학보모 교육을 위해 2006년에는 '뉴멕시코 가치에 대한 새로운 대안'으로부터 1년간 24만달러 보조금 확보

(리차드 아론슨, 신시아 브라이언트-핏츠, 퓨처서치 네트워크 퍼실리테이터)

> **깜짝 팁 :**
>
> 가능한 한 모든 상황에 잠재적인 기부자를 참여시켜라!

성공적인 퓨처서치를 위한 준비

다른 모든 변화 전략과 마찬가지로 퓨처서치 또한 경제학자 프랭크 나이트의 말처럼 "인간행동의 결과는 예상할 수 없다는 외면할 수 없는 사실"(Paumgarten, 2009)에 지배를 받고 있다. 당신이 진행하게 될 퓨처서치가 무엇을 성취할지는 예상할 수 없지만 계획을 잘 세우면 더 나은 결과를 가져올 가능성은 그만큼 높아진다. 이번 8장과 9장에서는 퓨처서치가 성공적인 결과를 만들어내는데 필요한 것에 대해 말할 것이다.

준비위원회 회의

보통 우리는 다양한 이해관계를 가지고 있는 6명에서 10명 정도로 구성된 준비위원회와 함께 이틀 이상 시간을 투자하면서 퓨처서치에 필요한 계획을 세운다. 이 준비위원회가 하게 되는 중요한 역할은 퓨처서치의 목적을 명확히 하고, 논의에 반드시 참여해야 할 사람이 누구인지 결정하고, 실제로 그들이 참여하게 하는 일이다. 그들은 또한 관련 문서들을 검토하고 지속가능한 행동이 싹트게 할 씨앗을 뿌리게 된다. 우리는 조직이 후원하는 퓨처서치보다 커뮤니티 퓨처서치에 대한 계획을 세울 때 더 많은 시간을 들여서 준비한다. 최고경영자가 퓨처서치를 하기로 결정한 조직에서는 며칠만에 필요한 모든 것을 다 끝낼 수도 있다. 그러나 다양한 스폰서들과 정치적인 이슈들이 관련되어 있는 커뮤니티 준비위원회의 경우, 몇 달에 걸쳐 매주 만나야 할 수도 있다.

퓨처서치를 주도하고 있는 사람을 만나게 되는 첫 번째 준비회의에서 퓨처서치를 통해 무엇을 성취하고 싶어하는지 우리는 그 사람이 하는 말을 주의를 기울여 듣는다. 그리고나서 지금까지 우리가 경험한 것을 간단하게 설명해준다. 만약 그들이 퓨처서치를 진행하고 싶어 하면 준비위원회에 대한 설명으로 옮겨간다. 퓨처서치를 기획하고 성공적으로 실행하고 필요한 후속조치를 끝낼 때까지 준비위원회는 모든 과정에 참여해야 한다는 것을 강조하고 그렇게 하도록 후원해주겠다는 약속을 받아낸다. 이후 우리가 준비해간 자료를 나눠주면서 퓨처서치를 준비하기 위한 안건으로 넘어간다. 굳이 자료를 준비하지 않고 플립차트에 직접 써가면서 안건 하나하나를 다룰 때도 있다. (퓨처서치를 준비하는데 필요한 안건의 절반은 이번 장에서 다루고, 나머지 절반은 9장에서 다루기로 한다.)

■ 준비위원회 회의 안건

▶ 퓨처서치의 핵심원칙

▶ 각 참가자들이 가지고 있는 이해관계: 왜 지금 퓨처서치를 해야 하는가?

▶ 기본적인 퓨처서치 디자인 검토

▶ 목적: 퓨처서치에 대한 프레임 결정

▶ 퓨처서치 이름 결정

▶ 이해관계자 선정

▶ 참가자에게 보낼 초대장 : 누구 이름으로 어떻게 초대할 것인가?

▶ 과거와 미래 탐색을 위한 타임라인 결정

- ▶ 세부 디자인 검토
- ▶ 미래 시나리오를 상상하도록 촉진해줄 방법 : 반드시 포함해야 할 것은 무엇인가?
- ▶ 퓨처서치 문서작업
- ▶ 장소 선정
- ▶ 테크놀로지 활용
- ▶ 워크숍 장소 세팅과 참가자 워크북
- ▶ 퓨처서치 결과물에 대한 커뮤니케이션
- ▶ 실행 행동을 위한 계획 수립
- ▶ 후속조치

퓨처서치의 핵심원칙

퓨처서치를 시작할 때 우리가 사용하는 핵심원칙은 다음과 같다.

- ▶ 회의실 안에 전체 시스템 참여
- ▶ 부분적 실행을 위한 전체적인 맥락
- ▶ 미래와 모든 이해관계자의 공통 관심사에 초점
- ▶ 자율적 운영
- ▶ 실행에 대한 책임

이에 대해서는 3장에서 설명한 세부사항을 참고하면 된다. 이러한 원칙과 기법, 회의를 위한 세팅, 타임프레임 등이 실행에 어떤 작용을 하게 되는지에 대해 강조하면서 성공적인 퓨처서치에 필요한 조건들에 대해 위원들과 함께 논의한다.

준비위원회에 참가하는 각 참가자들의 이해관계 : 왜 지금 퓨처서치를 해야 하는가?

우리는 각 준비위원들이 자신의 이해관계에 대해 허심탄회하게 말해보도록 한다. 각 위원이 퓨처서치에 어느 정도 헌신하고 있는지 알 수 있을 때까지는 절대로 안심할 수 없다. 진실을 입 밖으로 드러내는 사람은 적고 침묵을 지키는 회의론자가 많을 경우에는 퓨처서치를 제대로 진행할 수 없기 때문에 퓨처서치를 추진할만한 가치가 있다는 것을 알 수 있을 때까지 시간을 주고 그들이 충분히 대화할 수 있게 해준다. 핵심 리더가 퓨처서치를 추진할 준비를 충분히 갖추고 있는 것처럼 보일 때 조차도 우리는 각 위원들이 이 활동을 통해 얻고 싶어하는 것이 무엇이고 이 리더가 참가자들로부터 얼마나 지지를 받고 있는지 그들이 주고받는 대화를 통해 파악하려 최대한 노력한다.

기본 디자인 검토

과거, 현재, 미래, 공통 관심사, 실행행동 등을 포함하는 기본적인 디자인에 대해서도 준비위원들과 논의한다. 조각 조각들을 모아 비전을 만들거나 이미 만들어진 비전을 실행으로 옮길 때, 계획을 수립하는 모든 단계에서 우리는 이 프레임워크를 사용한다. 회의의 목적, 타임프레임, 언어, 그리고 실행행동 계획에 대한 기본 디자인을 상황에 맞게 수정해서 진행한다.

목적 : 퓨처서치 목적 정의하기

이해관계자는 퓨처서치 목적에 따라 달라진다. 조직의 경우에는 특정 부서나 지역, 아니면 전사 차원에 초점을 두고 퓨처서치를 진행할 수 있다. 상위조직의 비전에 자신의 전략이 잘 부합되도록 특정 지역에 있는 이해관계자들에게 힘을 실어주면서 특정 산업의 미래에 대해 퓨처서치를 할 수도 있다. 기업이 속한 지역사회와 연결하여 기업의 미래를 탐색해볼 수도 있다.

사례 : 중증질환을 앓고 있는 아이들을 위한 캠프가 지난 15년간 눈에 띌 정도로 성장하였

다. 새로 온 책임자는 자신들의 고객이 캠프시설을 이용하게 해주었던 다수의 독립 에이전시들을 끌어들일 수 있는 전략방향을 찾고 있었다. 그는 퓨처서치를 고려하기 위한 회의에 여러 명을 초대했다. 처음으로 함께 한 그 자리에서 그는 파트너십의 가능성을 발견하였다. 캠프에 초점을 맞춘 퓨처서치를 열기로 결정했었지만 실제로 진행했던 퓨처서치는 그 지역 전체의 건강 프로그램을 만드는데 큰 영향을 미쳤다.

커뮤니티에서는 이웃이나 특정 지역, 도시 전체, 또는 인접도시나 지방자치단체까지 포함한 광범위한 지역의 미래를 대상으로 퓨처서치를 할 수 있다. 주민들의 건강문제나 주택문제, 교육이나 공공치안과 같은 단일 이슈를 다룰 수도 있고, 현재 겪고 있는 이슈를 모두 포함할 수 있는 삶의 질을 주제로 퓨처서치를 할 수도 있다. 퓨처서치 범위를 바꿀 때마다 참가해야 할 이해관계자들 또한 또한 다르게 구성해야 한다.

사례 : 북아일랜드에 있는 한 도시는 비지니스와 정부, 교통, 교육, 건강, 관광, 예술분야 종사자들과 함께 그 도시의 미래를 탐색하기로 했다. 준비위원회 위원들이 대화를 하면 할수록 이런 이슈가 인접한 자치단체에도 만연하다는 사실을 깨닫고 인접 지자체 모두를 포함한 지역 전체 차원에서 퓨처서치를 진행하기로 결정했다. 이 결정에 따라 이해관계자들의 명단이 만들어졌고, 지속가능성을 만들어줄 수 있는 행동들이 이들을 통해 도출되었다.

퓨처서치 이름 결정

준비위원들과 퓨처서치 목적을 정하기 위해 대화를 할 때 우리는 그들이 말하는 주요 문구들을 하나도 놓치지 않고 계속해서 플립챠트에 기록한다. 이 문구들을 활용하면 여러 이해관계자를 끌어들일 수 있는 의미있는 타이틀을 만들 수 있다. 우리는 대체로 준비위원들이 좋아하는 아이디어들을 잘 엮어서 제목으로 만든다. 전과자들이 사회에 재진입할 수 있도록 도움을 주기 위한 퓨처서치 준비위원회에서는 아래와 같은 개념들이 나왔다;

- ▶ 파트너십
- ▶ 문화 변화
- ▶ 두려움과 비난 극복
- ▶ 사회 재진입을 넘어
- ▶ 고용자들의 수용
- ▶ 비용절감
- ▶ 네트워크 향상
- ▶ 삶의 회복
- ▶ 신선한 출발
- ▶ 희망 만들기
- ▶ 공공치안 문제 개선

긴 논의 끝에 마침내 "2020년으로의 재진입 ; 자원의 재집중과 삶의 회복"이라는 퓨처서치 제목에 합의를 하게 되었다.

퓨처서치 제목 예

- "몰디브 : 마약 없는 미래를 향하여"
- "2020 비전 : 다양한 목소리, 진정한 해결안"
- "안전한 공동체를 위한 파트너들: 책임공유"
- "21세기의 시민권리"
- "IKEA 2020 : 지속가능한 세상으로 이끌기"
- "탈선학생을 위한 특별교육 재구성"
- "녹색 메디슨 상상하기 : 새로운 파트너십"
- "여성전문병원의 미래 디자인"

이해관계자 선정

선정된 과제에 어떤 형태로라도 이해관계가 있는 그룹이나 핵심인사들을 모두 참석대상으로 생각하도록 우리는 운영위원들에게 요청한다. 기업의 경우, 공급업체와 고객, 산업 전문가뿐만 아니라 조직 내 여러 부서와 직급에서 참가할 수 있는 사람들을 생각해보게 한다. 비영리 기관들에게는 기부자와 의뢰인들이 참석하는 것에 대해 생각해보게 한다. 커뮤니티의 경우, 최대한 여러 분야에 있는 사람들, 다양한 삶을 살아온 사람들이 참여할 수 있도록 권하고 있다. 연령이나 교육수준, 성별, 인종, 민족등 해당지역의 인구통계적 실태를 충분히 고려해서 참석자를 선정하도록 안내해왔다. 누구를 초대하든 선정기준은 엄격해야 한다. 그 자리에 참석하지 않은 사람의 허락 없이도 퓨처서치에서 결정한 행동을 함께 실행으로 옮길 수 있는 사람들이 참석하게 하는 것이 가장 중요한 선정기준이다.

다음으로 각 그룹이나 개인들이 어떤 이해관계를 가지고 있는지에 대해 논의하면서 "반드시 참석해야 할 사람Essential", "참석하면 좋은 사람Desirable", 그리고 "상황에 따라 참석 여부를 결정해도 될 사람Optional"이 누구인지 찾아본다. 이해관계자를 선정하는 핵심 기준은 어떤 것이어야 할까? 우리는 데일 잰드Dale Zand, 1974가 제시했던 "부차적 조직Collateral organization(데일 잰드가 새로운 변화전략으로 제시한 조직 형태로 운영을 위해 사용해온 수직적, 공식적, 일상적인 조직형태와 달리 조직전체 차원의 문제, 장기적인 문제, 시스템과 관련된 문제를 다루기 위해 특별히 디자인된 조직형태. 데일 잰드는 이 조직에 속한 구성원들은 한 주에 2시간에서 10시간까지 이런 문제들을 다루는데 시간을 사용하고, 나머지 시간은 기존 조직 내에서 해야 할 일에 집중할 것을 제안하였음. 이 조직형태는 개방적이고 유연하고 느슨하게 운영되며, 구성원 개개인을 존중하고 그들이 최대한 참여할 수 있는 형태로 운영됨 - 옮긴이)에서 제시하는 공식에 따라 이해관계자들을 선정하도록 제안을 해왔다. 데일 젠드는 효과적인 전담팀에는 공식적인 권한을 가지고 있는 사람, 스킬과 지식을 가지고 있는 사람, 프로젝트 결과물로 인해 가장 많은 영향을 받을 수 있는 사람들이 참여해야 한다고 주장했다. 우리는 이 주장에 기반하여 "코끼리 전체를 회의실 안에 들여오기Whole elephant in the room"가 가능하도록 "ARE IN" 공식으로 만들었다. 다음 사항을 가지고 있는 사람들이 이해관계자 그룹에 들어오도록 구성하면 시스템 전체가 안고 있는 이해관계를 충분히 다룰 수 있다.

- ▶ Authority (행동을 취할 권한을 가지고 있는 사람)
- ▶ Resources (시간, 예산, 접근권한, 영향력 등의 자원을 가지고 있는 사람)
- ▶ Expertise (다루게 될 주제와 관련하여 사회적, 경제적, 기술적 전문성을 지닌 사람)
- ▶ Information (다른 사람들이 필요로 하는 정보를 가지고 있는 사람)
- ▶ Need (결과물에 의해 영향을 받을 수 있는 고객이나 가족, 기타 다른 사람들)

이해관계자 그룹의 수: 중요한 관점들을 얻으려면 충분한 이해관계자들이 참석해야 한다. 우리가 진행했던 이해관계자 그룹 중 가장 작은 그룹 수는 6개였다. 참가자 수가 80명 이상인 경우, 10개에서 12개의 이해관계자 그룹과 함께 일한 적도 있다. 그러나 그 많은 수를 대상으로 진행할 방법을 알기는 하지만 굳이 그렇게 하고 싶지는 않다. 우리 경험에 의하면 1개의 그룹당 8명이 참석하게 하여 8개 그룹을 만들어 전체 참가자 수가 64명일 경우에 가장 편안하게 진행할 수 있다. 각 이해관계자 그룹에서 1명씩 나오게 하여 8개 그룹을 섞으면 전체 그룹에 대한 홀로그램이 되기 때문이다. 우리가 중국에서 퓨처서치를 진행했을 때 한 그룹에 8명씩 참여하게 해서 8개 그룹으로 만들게 했더니 모든 참가자들이 아주 즐겁게 퓨처서치를 즐기면서 참석한 적이 있다. 중국인들은 숫자 8을 행운의 숫자로 여기기 때문에 8 × 8은 믿을 수 없을 정도로 운이 좋다는 의미가 들어 있어서 그런지 모르지만 그들은 최고의 참여수준을 보여주었다. 지금은 세상을 떠났지만 경영의 그루였던 러셀 액코프*Russell Ackoff*는 팀이 자발적으로 운영할 수 있는 가장 이상적인 참가자 수는 8명이라고 생각했다. 중국인의 점술인지, 아니면 경영의 과학인지 잘 모르겠지만 선택은 이 책을 읽는 당신의 몫이다.

퓨처서치의 핵심 성공요인은 참가자들의 상호의존성에 있다는 점을 잊지 말아야 한다. 성공적으로 퓨처서치를 하려면 모든 참가자들이 서로에게 필요한 존재여야 한다. 함께 일할 만한 실질적인 이유가 없는데도 해당 주제에 관심을 갖는 "이해관계자"가 있다면 그런 사람은 조심해야 한다. 어떤 학자들은 논쟁을 가장 높은 단계의 행동으로 간주한다. 가치 있는 결과를 만들어내기 위해 협력할 필요를 느끼지 못하는 사람들에게는 퓨처서치가 도움이 되지 않는다. 우리는 아주 프로페셔널한 사람들이 참여했지만 결론 도달에는 실패한 퓨처서치를 경험한 적이 있다. 학계 연구자들이 모인 그룹에서는 공통 관심사를 만드는 것이 쉽지 않다. 컨설턴트들은 자기 방법을 보여주는 데만 열중한다. 그런 경우에도 좋은 대화를 나눌 수는 있지만 대체로 행동도출은 어려운 일이다. 그렇지만 퓨처서치보다 간단한 회의 형식으로도 그 정도 결과는 얼마든지 만들어낼 수 있다.

통합을 위한 차별화: 적절한 시점이 되면 우리는 이해관계자 그룹을 나타내는 8개의 동그라미를 플립차트 위에 그려놓는다. 이 동그라미 8개를 채우는 것이 준비위원회가 해야 할 일 중에서 가장 중요한 일이다. 각 그룹의 이해관계를 전략계획으로 통합하기 전에 각 이해관계를 구분해내야 한다는 이론에 따라 이해관계자 그룹을 만드는 것이다. 계획수립에 참여한 준비위원들은 그룹을 정의했던 방식에 따라 그룹을 만들지만 어떤 경우에는 그룹과 그룹을 서로 묶기도 하고, 또 어떤 경우에는 다른 그룹들을 떨어뜨리는 방식을 통해 이해관계자 그룹을 만들게 된다. 누구를 초대할 것인지는 개인적인 판단에 따라 결정하면 된다. 학교 지구에서 진행했던 퓨처서치를 예로 들어보면 준비위원들은 아마도 아래의 이해관계자 그룹들을 만들 것이다;

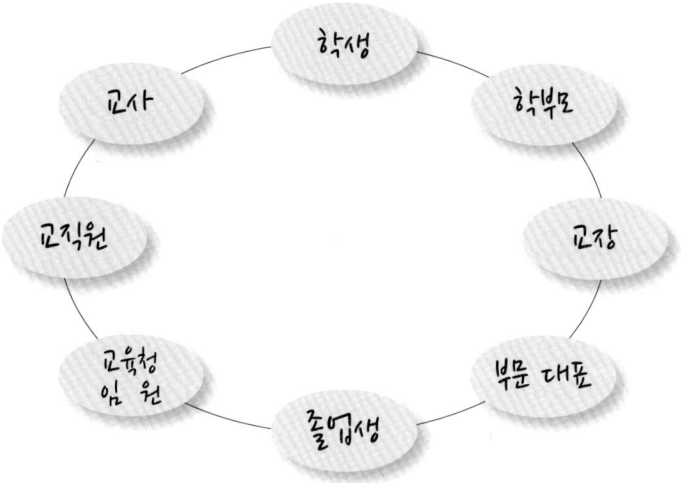

어떤 사람들은 혼자서 다양한 역할을 맡고 있기 때문에 자신이 배정받은 이해관계자 카테고리가 적절한지 각 참가자들이 충분히 생각해 볼 수 있게 해줘야 한다는 점을 강조하고 있다.

인구통계적 관점: 연령, 성별, 인종, 민족에 따라 이해관계자를 결정할 수 있다. 그룹을 정의하기 위해 인구통계 자료를 활용하자는 것이 아니라 퓨처서치에 충분한 다양성을 확보하기 위해 개인적인 특성들을 활용하자는 것이다. 연령, 성별, 인종, 민족에만 초점을 맞춘 퓨처서치를 상상할 수 있을까? "절대로 안된다"는 말을 할 수는 없지만 공통의 미래에 사람들을 통합하는 것이 목적일 때는 그런 기준으로 시스템을 나누면 안된다.

예외인 경우도 있다. 그 중 하나는 세대간의 차이에 대해 말해주는 젊은 사람들인데, 퓨처서치를 준비하는 대부분의 준비위원들은 그것이 필수적이라고 생각한다. 마이론 로저스는 퓨처서치 네트워크에 올라온 질문에 대해 "아이들이 참여할 때마다 대화의 질은 올라간다."고 재미있는 답변을 올려놓았다.

슈 맥코믹은 "내 경험을 통들어 볼 때, 아이들이 보여준 통찰력은 심오하고 그들의 관찰력은 아주 분명하며 참신하고 정확하다. 아이들이 기여해주는 것은 중요할 뿐만 아니라 상당히 유용하다"고 덧붙였다.

이해관계자 선정시 고려해야 할 3가지 관점

1. 기능적 차이
- 예술
- 비즈니스
- 신도들
- 교육
- 고용
- 환경
- 기부자
- 정부
- 건강
- 사회서비스
- 교통

2. 인구통계
- 연령
- 성별
- 지리적 위치
- 수입
- 인종
- 민족

3. "ARE IN" 공식
- Authority(권한을 가진 사람)
- Resources(자원을 가지고 있는 사람)
- Expertise(전문성을 가지고 있는 사람)
- Information(정보를 공유해줄 사람)
- Needs(결과에 영향을 받게 될 사람)

사람들은 "다양성"을 해결해야 할 문제가 아니라 주어진 현실로 받아들이는 경향이 있다. 캘리포니아 산타크루즈에 모였던 준비위원들은 한 쪽에는 이해관계자 그룹 리스트를 세로로 적어놓은 다음 상단에는 인구통계학적 분류를 적은 매트릭스를 만들어서 사용하였다. 그리고 "ARE IN" 공식도 염두에 두면서 각 셀을 이름으로 채워나갔다. (www.futuresearch.net에 가면 이렇게 진행한 비디오를 볼 수 있다.)

커뮤니티에서 진행하는 퓨처서치의 경우 그 리스트는 보통 여러 개의 분야나 부서, 에이전시, 전문영역을 고루 채워가는 것이 좋다. 예를 들면, 수감자들을 위한 서비스를 통합할 목적으로 진행했던 "2020 재진입" 퓨처서치에 초대된 명단은 아래와 같다.

▶ 법률 집행관

▶ 사회복지 담당관

▶ 교육담당자

8장: 성공적인 퓨처서치를 위한 준비

▶ 고용주들

▶ 서비스 지원자들

▶ 전과자들과 그들의 가족

▶ 멘토링 기관들

▶ 정책입안자들과 여론형성자들

　　한 기업의 경우 이해관계자 그룹 가운데 25~40%를 "외부 참가자"인 고객과 공급업체, 공무원, 본부 직원, 지역 주민들이 참여하게 한 적이 있다. 각 이해관계자 그룹에 2-3명의 "외부 참가자"가 들어가자 각 그룹이 만들어내는 역동성은 완전히 달라졌다. 조직안에서 늘 보던 사람들과 회의를 하면 어떤 안건이 올라오든 대체로 늘 해오던 방식대로 하기 마련이다. 하지만 서로의 이해관계가 얽혀있는 과제를 해결하기 위해 한 자리에 모인 새로운 그룹은 새로운 행동을 가능하게 해줄 새로운 규범을 만들어낸다. 사무용 가구 회사인 하워스에서 전략계획을 수립하기 위한 퓨처서치를 하기로 했을 때가 아주 생생하게 떠오른다. 이때 준비위원들은 새로운 방식으로 새로운 행동을 도출해내기 위해 임원들과 각 부서뿐만 아니라 제품을 판매하는 딜러와 고객, 공급업체, 본사 조직의 리더들까지 한 자리에 초대했었다(하워스 회장의 코멘트는 14장 참고). 이렇게 했을 때 대화의 내용과 질이 얼마나 달라질 수 있을까? 여러분의 상상에 맡긴다.

이해관계자 선정을 위한 또 다른 방법

교통문제 해결을 위한 퓨처서치를 준비하기 위해 모인 위원들은 처음에는 교육, 헬스케어, 비지니스, 지역주민, 정부를 이해관계자 그룹으로 리스트에 올렸다. 그러나 좀 더 깊게 이야기를 이어갈수록 학교와 병원, 기업에서 일을 하는 사람들도 비슷한 교통문제를 겪고 있다는 사실을 알게 되었다. 그래서 이 위원들은 이해관계자를 정책입안자, 정책

집행자, 고용주/고용기관, 시민 이용자(자전거, 보행, 차량, 수송), 고객을 확보해야 하는 기업, 모바일 사업자, 배달 서비스업체, 수송업자, 선출되지는 않았지만 활발하게 정치활동을 하는 시민 등으로 재구성하였다. 이렇게 함으로써 퓨처서치 회의를 하는 내내 그들은 활기 넘치는 대화를 할 수 있었고, 마지막 날 새로운 합의에 도달할 수 있었다.

"그들은 오지 않을 거야"
가끔 스폰서들은 특정한 이해관계자가 너무 바쁘거나 중요한 일을 하고 있어서 퓨처서치에 참석하기 어려울거라고 생각한다. 아니면 그가 고립되어 있기 때문에 회의참석이 어려울거라고 가정한다. 의사나 기부자, 고객, 농부, 은행 근무자, 청소년, 정치인, 변호사, 유통업자, 공장노동자, 그 밖에도 이름만 대면 알 수 있는 "오지 않을" 사람들 명단에 길게 올라온 리스트를 수도 없이 봐왔다. 하지만 가정이 언제나 현실로 일어나지는 않는다. 우리가 실제로 진행했던 퓨처서치를 되돌아보면, 그렇게 가정하고 열거했던 모든 사람들이 3일내내 회의에 참석해서 자신의 생각을 열정적으로 나누는 모습을 수도 없이 목격해왔다. 긍정적인 변화를 진정으로 원한다면 지금 가지고 있는 그 가정부터 바꿔야 한다. 그 지점이 바로 변화의 시작점이다.

장애인 초대
장애를 가진 사람도 대부분의 퓨처서치에 얼마든지 참여할 수 있다. 이해관계자 한 사람 한 사람이 모두 중요하고, 그들은 언제나 전체에게 새로운 관점을 가져다준다. 영국 샐포드에서 퓨처서치를 진행했을 때의 일이다. 장애인들이 사회시스템이나 시설에 얼마나 힘들게 접근하는지에 대해 신경쓰는 사람이 있기나 한지 궁금하다는 말을 휠체어를 탄 사람들이 쏟아내자마자 그 자리에 있던 사람들은 놀라움을 금치 못했다. 그동안 자신이 편향되어왔다는 것을 깨닫게 된 엔지니어부터 책임자는 시민들의 삶을 체험하고 그들의 눈을 통해 세상을 보기 위해 하루를 보내겠다는 결정을 했다. 완전한 참여를 이끌어내는 데 필요한 것이 무엇이든 우리는 여러분에게 그 모든 것을 해볼 것을 권한다.

접근성: 휠체어를 탄 이해관계자들도 컨퍼런스에 참여할 수 있도록 컨퍼런스 장소를 정할 때 경사로가 있는지, 엘리베이터 시설이 있는지, 휠체어를 탄 채 화장실을 이용할 수 있는지 등을 반드시 확인해야 한다.

청각 장애자들의 문화: 보니 존탁과 헤더 하커(2002)는 청각 장애인과 비청각 정애인이 함께 참여하는 퓨처서치를 진행하고 난 후, "청각 장애를 가진 참가자들은 그들만이 공유할 수 있는 가치와 신념, 언어, 세계관을 가진 문화그룹을 대변해주었다"고 적은 적이 있다. 영어로 말을 하는 존탁과 영어와 미국식 수화에 모두 능통한 하커는 퓨처서치 참가자들에게 적합한 수화를 선택하기 위해 미국식 수화 전문가들과 함께 작업을 했다. 그들은 각 소그룹에 2명, 대그룹에 4명의 미국식 수화전문가들이 지원할 수 있도록 그룹을 구성해주었다. 또한 의도적으로 시각적인 은유(맹인과 코끼리 등)를 사용했을 뿐만 아니라, 반사광을 줄이기 위해 블라인드를 내리기도 했다. 참가자들이 만나고 헤어질 때는 청각 장애인들이 주로 사용하는 방식에 따라 인사를 나눌 수 있도록 했다. 이런 소소한 방식들이 참석자들을 어떻게 서로 연결해주었는지는 참석하지 않은 여러분도 쉽게 짐작할 수 있을 것이다.

시각장애를 가진 이해관계자: 퓨처서치 네트워크 회원이면서 베테랑 컨설턴트이자 작가인 빌리 알반은 "나도 한때 법적으로는 시각장애자였습니다."라고 썼다. "볼 수 없는 사람들을 위해 누군가 크게 소리 내어 읽어주는 것은 썩 좋은 생각이예요. 타임라인 챠트에 시기별로 일어났던 이벤트를 적는 활동을 할 때는 시각장애자들이 그들이 기억하는 사건들을 적절한 시기에 붙일 수 있도록 함께 작업해줄 수 있는 사람을 배치해줘야 합니다. 나처럼 심각하게 시각이 손상된 사람들을 위해서는 어두운 색상의 매직 마커를 사용해줬으면 해요. 검정색과 파란색, 녹색은 괜찮지만 빨간색은 잘 보이지 않아요. 시각적으로 장애가 있는 사람 중에는 14포인트 크기의 굵은 글씨라야 읽을 수 있는 사람이 많습니다. 다른 참가자들이 동의만 해주면 글로 작성된 모든 자료는 모두 이런 방식으로 준비하는 것이 좋습니다. 컬러로 출력하거나 색지를 사용하는 것보다는 흰 색 종이에 검은 색으로 글씨를 쓰는 것이 더 좋아요. 시각장애인으로서 어떤 어려움도 자각하지 않고 편안하게 느낄 수 있는 환경을 구축해줄수록 그들은 더 활발하게 참여할 수 있으니까요."

실제로 그렇게 한 경우가 있었다. 솔트레이크에 있는 유타 교통국은 장애가 있는 승객들을 위한 서비스를 개선할 목적으로 2008년에 퓨처서치를 진행했을 때 몇몇 참가자를 위해 큰 글씨로 출력하고 점자로 쓰인 워크북을 만들었다.

복합적인 퓨처서치

한 번에 수백명의 참가자들과 함께 퓨처서치를 진행하는 경우도 있다. 어떤 면에서는 이런 규모로 진행하는 퓨처서치가 장점이 될 수 있지만 퓨처서치에서 가장 중요한 부분이라고 할 수 있는 그룹전체가 대화에 참여하게 하기에는 상당한 어려움이 따른다. 퓨처서치에 참석한 사람들은 서로를 쉽게 볼 수 있어야 하고 서로가 하는 말을 쉽게 들을 수 있어야 한다. 참가자 수가 100명에 가까워지면 이런 형태로 대화하는 것이 힘들어진다. 소그룹 과제를 끝낸 후에 이루어지는 전체 그룹대화는 시스템의 역량에 변화를 만들어 내도록 해주기 때문에 이들이 대화를 잘 할 수 있는 구조를 만들어주는 것은 매우 중요하다.

부서간에 대화할 수 있는 자리에 많은 사람들이 참여할 수 있게 하려면 퓨처서치를 순차적으로 혹은 병렬로 진행할 수 있다. 병렬식으로 진행하는 방식을 먼저 살펴보자. 퓨처서치에 300명이 참가하기로 했을때, 우리는 전체 참가자 수를 한 번에 50명~60명으로 나눠서 진행하기로 결정하고 300명을 6개 그룹을 만들어서 진행했었다. 시작할 때는 모두가 있는 자리에서 시작했지만, 공통 관심사를 발견하는 단계에서는 6개로 분리된 회의실에서 작업을 한 다음 메인룸에서 만나 퓨처서치 전체를 아우를 수 있는 공통 관심사를 찾아내는 것으로 디자인해서 진행했었다. 이후 행동계획은 오픈 스페이스*(Owen, 2008)*를 통해 300명이나 되는 사람들이 참여하게 될 프로젝트를 선정했다. 조금 전까지만 해도 서로 분리된 방에서 활동을 했지만, 비슷한 필요를 가진 사람들과는 언제 어디서든 얼마든지 협력할 수 있다. 그러나 이런 방식을 사용하려면 더 많은 시간을 확보해야 한다. 또한 적합한 회의실을 찾아내야 하고, 내부를 세팅해야 하며, 여러 상황을 안정적으로 진행할 수 있는 경험이 풍부한 퍼실리테이터를 찾아야 한다.

또 다른 전략은 순차적으로 진행하는 퓨처서치다. 전략계획에 헌신하게 할 목적으로 오스틴 커뮤니티 컬리지의 토빈 크로우는 5개 캠퍼스에서 퓨처서치를 한 번씩 개최한 후에 각 캠퍼스에서 온 참가자들과 고위직급자, 커뮤니티의 교육자들이 함께 모여 전체 그룹대화를 가졌다. 야심찬 전략을 취하기 전에 개별적인 퓨처서치를 잘 진행할 수 있는 방법을 먼저 배워야 한다.

9장

세부사항 준비

이해관계자 리스트 확정

지금까지는 이해관계자 그룹을 결정했지만, 지금부터 준비위원회는 논의를 통해 준비한 기준을 충족할 수 있는 사람들을 어떻게 확보할지 결정해야 한다. 이 사람들을 성공적으로 확보하지 못할 경우를 위해 대안 또한 마련해두어야 한다. 이해관계자 그룹은 자원자를 보내달라는 요청을 받을 때가 종종 발생한다.

사례: 한 산업공장에서 진행하기로 한 퓨처서치에 참석할 사람을 모으기 위해 매니저는 팀원과 팀 리더들에게 참석을 원하는 사람은 누구든지 참여할 수 있다고 말을 했다. 그렇지만 그는 1명의 팀 리더와 3개 그룹이 참석할 수 있는 공간만 준비해둔 상태였다. 그러나 퓨처서치 당일에 회의실 공간은 헌신과 열정이 충만한 자원자들로 넘쳐났다. (필요 이상으로 자원자가 많으면 추첨을 통해 참가자를 결정할 수 있다.)

Q: 이해관계자는 그들이 속한 조직을 대표하게 되나요?
대답: 퓨처서치 참가자들이 자기 자신외에 다른 어떤 사람이나 어떤 것을 "대표"한다고 생각하지는 않는다. 그들은 이해관계자로서 중요한 정보와 관점, 경험을 가져다 줄 뿐이다. 그 자리에 참석하지 않은 사람들을 대변하기 위해 말하거나 그들을 대신할 수 있다고 가정하는 것은 현실적이지 않다고 생각한다.

퓨처서치의 이름과 초대해야 할 이해관계자에 대해 동의하고 나면 준비위원회는 다른 준비사항에 대한 안건으로 넘어간다.

준비회의 안건

▶ 초대장: 누구 이름으로 어떻게 초대할 것인가?

▶ 과거와 미래 탐색을 위한 타임라인 결정

▶ 세부 디자인 검토

▶ 미래 시나리오를 상상하도록 촉진해줄 방법 : 반드시 포함해야 할 것은 무엇인가?

▶ 퓨처서치 문서작업

▶ 장소 선정

▶ 테크놀로지 활용

▶ 워크숍 장소 세팅과 참가자 워크북

▶ 퓨처서치 결과물에 대한 커뮤니케이션

▶ 실행행동을 위한 계획 수립

▶ 후속조치

초대장 : 누구 이름으로 어떻게 초대할 것인가?
퓨처서치를 진행할 날짜와 장소, 이해관계자를 결정하고 나면, 준비위원회는 신속하게 초대장을 보내야 한다. 초대장은 한 번만 보낼 수도 있고 여러 번에 걸쳐 보낼 수도 있다. 전화를 통해 초대할 수도 있다. 어떤 그룹은 한 달 동안 매주 참가자들에게 전화를 한 다음 회의 1주일 전부터는 매일 전화를 했다고 한다. 이해관계자를 창의적인 방식으로 초대하는 것을 우리는 여러 번 보아왔다. 예컨대, 어느 경영대학원에서는 5주 동안 한 주에 직소퍼즐을 한 조각씩 보냈다. 여섯 번째와 마지막 퍼즐조각을 얻으려면 회의장에 나타나야 했다. 퍼즐의 마지막 조각은 "바로 당신입니다!"가 그들이 주고 싶은 핵심 메시지였던 것이다.

어느 커뮤니티에서 퓨처서치를 진행하기로 했을 때였다. 정책을 입안하는 공무원들과 기업의 대표들이 그 자리에 반드시 참석해야 한다고 준비위원들은 생각했다. 고심끝에 그들은 미국 상원의원에게 퓨처서치 결과물에 대한 후속조치를 어떻게 취할 것인지에 대한 연설을 부탁했다. 후속조치를 반드시 취한다는 것을 상원의원이 공개적으로 약속하면 핵심 공무원과 기업 대표들이 반드시 참석할 것이라는데 착안을 한 기막힌 초대방식이었다. 물론 기대했던 모든 일들은 일어났다.

어떤 경우에는 준비위원회 위원들이 반드시 참석해야 할 사람들을 직접 찾아가서 개인적으로 초대하기도 한다. 필요에 따라 준비위원이 개인적으로 아는 사람에게 참석을 간청하기도 한다. 어느 준비위원회에서는 대화의 핵심포인트로 사용하기 위해 이해관계자들이 얻을 수 있는 이점에 대해 브레인스토밍 하기도 한다. 예를 들면 이런 것들이다.

이해관계자들이 얻을 수 있는 이점

- ▶ 이웃주민, 리더, 이해를 나눌 수 있는 사람들과 만날 수 있는 기회를 가짐
- ▶ 퓨처서치에 기여하면서 동시에 새로운 것을 학습할 수 있는 기회를 가짐
- ▶ 최첨단 프로세스에 직접 참여
- ▶ (기업인 경우) 다른 직원들과 업체, 고객을 만나 성과를 높이는데 도움이 될만한 아이디어를 얻을 수 있음
- ▶ 도전적인 과제와 그에 대응할 수 있는 방법을 학습함
- ▶ 전략에 영향을 미칠 수 있는 기회를 발견할 수 있음
- ▶ 정보를 활용하고 그 정보를 경쟁우위 확보를 위해 사용할 방법을 찾아냄
- ▶ 공통점은 무엇이고, 어떤 점이 다른지 파악할 수 있음
- ▶ 커뮤니티 전체가 추진하게 될 방향에 영향을 미칠 수 있음

이해관계자들이 퓨처서치 참여를 통해 얻을 수 있는 이런 이점들을 강조하면서 혹시라도 참여를 가로막고 있는 장애물을 제거하기 위해 도와줄 점은 없는지 질문해보도록 준비위원들에게 조언해주었다. 퓨처서치 참여가 얼마나 안전하고, 즐겁고, 가치 있는 경험이 될 것인지를 그들에게 알려주는 것이 중요하다.

준비위원들의 활동

산타크루즈의 준비위원들은 이해관계자들에게 전화하기 전에 그들이 물어보기로 한 아래 질문에 어떤 대답을 줄 것인지 생각하면서 준비를 했다고 한다. 좋은 참고가 될 수 있는 질문들이다.

나를 초대한 이유는 무엇이죠?	어떤 사람들이 참석하기로 되어 있습니까?
주택문제가 나와 도대체 무슨 상관이죠?	퓨처서치를 통해 어떤 결과물을 만들어냅니까?
왜 이틀이 넘는 긴 시간동안 참석해야 하죠?	저는 참석이 어렵습니다. 대신 다른 사람을 보내도 될까요?
내가 참석하면 도대체 거기서 뭘 해야 합니까?	아무나 초대한 것이 아닌가요?

과거와 미래 탐색을 위한 타임라인 결정

과거 어느 시점으로 돌아가서 봐야 하는가? 얼마나 먼 미래를 두고 탐색해야 할 것인가? 과거에 발생했던 일들을 검토하기 위해 우리는 과거를 "개인, 글로벌, X"로 구분한 워크시트를 만든 후 그것을 3-4개의 시기로 나눈다. 시기는 (1) "X"의 나이, (2) "X"의 삶에서 일어났던 주요 이벤트나 사건, (3) 참가자 중 최고연장자의 나이와 관련하여 결정할 수 있다. 우리가 기본적으로 사용하는 시기는 30년이다. 과거 30년을 10년 단위로 구분해서 사용한다. 예를 들어 지금 시점에서 지난 30년을 검토한다고 가정하면, 1990년대, 2000년대, 2010년대 이후로 구분해서 과거를 검토하면 된다. 시기를 구분할만한 특별한 이유가 없으면 우리는 이 기본적인 시기를 그대로 사용한다. 기획회의에 참석한 준비위원들이 기본적인 시기 이전의 시기에서 발생한 과거의 이벤트를 탐색하고 싶어하면, "~이전(Pre~)"이라는 워크시트를 추가해서 전체 과거를 4개의 시기로 구분해서 이해관계자들과 함께 살펴본다.

"X"의 미래를 예상하려면 얼마나 먼 미래를 두고 내다봐야 할까? 지금부터 수십년 동안 무슨 일이 일어날지는 누구도 알 수 없다는 것을 염두에 두면서 10년에서 20년 후의 미래를 탐색해볼 것을 우리는 권장한다. 이 바쁜 세상에 왜 이렇게 먼 미래를 탐색해야 할까? 이렇게 장기적인 관점을 가져야 할 이유는 얼마든지 있다. 지금은 세상을 떠나고 없지만 인류 최초로 달에 간다는 꿈을 꾸었던 미래학자이자 최초로 달에 착륙한 아폴로호 캡슐 만드는 일을 기획했던 NASA의 에드 린더만으로부터 장기적인 관점을 가져야 할 필요성에 대해 우리는 배울 수 있다. 린더만은 우주비행사들이 달을 향해 가는 도중에 아주 미미한 선에서 경로수정을 했다는 사실에 주목했다. 왜냐하면 달은 25만마일이나 떨어져 있고 계속해서 움직이는 목표물이기 때문에 순조롭게 달에 도달하려면 아주 미미한 선에서 경로를 수정해야만 했다.

준비위원들이 수용할 수 있을 정도의 미래 시간대를 두고 퓨처서치를 하면 2가지 이점을 얻을 수 있다. 첫번째 이점은 현재 당면하고 있는 여러 제약상황에서 벗어나 더 큰 꿈을 꿀 수 있다는 점이고, 두번째로 얻을 수 있는 이점은 바로 다음 주부터 보다 작은 단위에서 더 많은 경로수정을 할 수 있다는 점이다. 달이 어디 있는지 함께 결정하기만 하면 이후부터는 작은 변화들이 멀리 떨어져 있는 달에게 우리를 데려가 줄 것이다!

사례 : 새로 출범한 한 공기업은 5년 후 미래를 그려보기로 결정했다. 퓨처서치가 몇 가지 중요한 이슈를 통해 공통의 관심사를 발견할 수 있게 해주기 때문에 회의에 참석한 많은 사람들은 5년 후의 시나리오를 굳이 만들 필요가 없다고 생각했다. 그러나 지속적으로 대화를 하면서 5년이 아니라 10년 후의 미래도 얼마든지 달성할 것 같다는 결정을 하는 바람에 우리는 시기를 재조정해야 했다. 시기를 재조정하는 당장의 행동이 나중에 큰 영향을 미칠 수 있기 때문에 당연히 그렇게 해야 했다.

퓨처서치 진행 날짜 : 퓨처서치를 준비하기 위한 첫번째 회의를 한 후 실제 퓨처서치를 진행할 때까지 적어도 3개월 이상의 시간을 가진 후에 진행하는 것이 좋다. 모든 것이 순조롭게 잘 진행된다고 해도 그 정도 시간은 걸린다는 말이다. 참석자들이 달력에 일정을 미리 적어둘 시간을 줘야 한다. 지금 당장 퓨처서치를 하겠다고 나서는 경우를 보면 대개는 이해관계자들을 최적의 상태로 구성하지 못하고 부족한 상태인줄 알면서도 어쩔 수 없이 퓨처서치를 해야 한다. 반드시 참석해야 할 사람들이 참여하게 하는데 어느 정도 시간이 필요한지에 대해 충분히 생각해봐야 한다. 2개월 내에 필요한 모든 것을 준비한 사례를 본 적이 있기는 하다. 준비위원들이 엄청나게 고집을 부렸고, 운 또한 따라준 경우였다.

준비위원들은 퓨처서치를 하기에 적합한 장소 또한 찾아야 한다. 레크레이션을 할 수 있는 한적한 곳에 위치한 장소가 좋다. 참석자들이 함께 밤을 보낼 수 있다면, 공동체 만드는 것은 쉬워진다. 연휴나 휴가 시즌이 가까운 시기에 퓨처서치를 해야 할 경우에는 예약을 서둘러야 한다. 창문이 있는 회의실을 확보하려면 6개월전에 예약해야 할 수도 있다.

외부장소를 활용한 회의 : 항상 외부에서 회의를 해야 하는가? 그날의 회의를 끝낸 후 집으로 돌아갈 수는 없는가? 방해받지 않는 상황에서 회의를 하는 것이 좋기는 하지만 그것이 퓨처서치의 성패를 좌우하는 절대적인 요소는 아니다. 참가자들이 밤에 집으로 돌아갈 수 있는 거리에 위치한 학교나 대학, 교회, 지역사회 시설을 활용해서 퓨처서치를 훌륭하게 해낸 적도 있다. 집으로 돌아간 사람들이 다음날 아침에 회의 장소로 돌아오기만 한다면 별 문제가 되지 않는다.

스폰서의 니즈 맞춰 주기 : 스폰서들이 가지고 있는 모든 니즈에 대해 그들 스스로 자유롭게 결정할 수 있도록 허용해주는 것이 좋다. 하와이에서 진행했던 퓨처서치의 경우, 함께 준비했던 준비위원회는 참가한 모든 사람들에게 하와이 꽃목걸이인 레이를 만들어 주었다. 하와이에서 전통적으로 해오던 주문과 기도를 하면서 모든 참가자들과 행진을 하는 것으로 퓨처서치를 시작했다. 저녁에는 음악과 춤을 곁들여가며 "스토리텔링" 시간을 갖기도 했다. 이 중 어떤 것도 우리가 디자인한 것은 아니다. 대다수의 스폰서들은 그들만의 의식과 언어, 관습을 퓨처서치에 접목하고 싶어한다. 그냥 그렇게 하도록 지켜봐주기만 하면 된다.

반면에 우리가 가지고 있는 기본적인 디자인은 퓨처서치 원칙에 잘 부합된다. 그래서 모든 퓨처서치에는 그들만의 독특한 면이 들어있지만, 회의 디자인은 서서히 바뀌게 된다. 우리는 매순간 "문화를 초월한" 퓨처서치를 계획한다. 언제든지 우리는 어떤 것을 추가할 수 있다. 그러나 그때마다 다른 어떤 것은 포기해야 한다.

예를 들어보자. 몇 년 전에 랜디 에반스는 하워스에서 품질에 대한 퓨처서치를 할 때 참가자들에게 하워스의 품질을 나타내는 상징물을 가져오게 하자고 제안을 했다. 주제와 상관없는 신문기사들을 나눠준 후에 이런 활동을 하게 해보았다. 처음에는 소그룹 안에서 그들이 준비한 상징물을 보여주다가 나중에 그 상징물 가운데 몇 가지는 모든 사람들과 공유하게 했다. 그들이 가져온 것에는 가족사진과 상장도 있었고 잘 만들어진 도구도 있었다. 모든 것들이 웃기고 흥미로웠으며 재미와 감동을 더해주는 것들이었다. 이렇게 함으로써 아주 활기찬 분위기에서 퓨처서치를 시작할 수 있었다. 그때의 경험이 너무나 강력해서 퓨처서치를 디자인하는 준비회의를 할 때마다 우리는 이 방법을 하나의 선택사항으로 고려하도록 조언을 하지만 반드시 그렇게 해야 할 필요는 없다. 진행절차를 창의적인 방식으로 새롭게 하는 일은 언제나 즐겁고 매혹적이다. 어떤 것을 창의적으로 새롭게 추가할 수 있을지 찾아보라. 그러나 회의를 개선할 수 있는 것이 아니라면 새로운 단계를 추가하는 것은 천천히 해도 된다.

세부 디자인 검토

준비위원회가 결정한 사항을 반영하기 위해 준비회의가 끝날 때마다 우리는 우리가 디자인한 것을 조정한다. 계획을 검토하다보면 마지막 순간에 우려사항을 발견하고 그에 대한 논의를 거쳐 '실행에 대한 합의사항'을 확정해야 할 때가 있다. 이런 후속단계들은 종종 전화로 처리한다. 왜냐하면 우리가 직접 참여하지 않은 상황에서 준비위원회는 여러 차례에 걸쳐 회의를 하기 때문이다.

미래 시나리오를 상상하도록 촉진해줄 방법 : 반드시 포함해야 할 것은 무엇인가?
참석한 사람들이 기대하는 미래를 상상해보고 그것을 창의적으로 표현하여 발표하게 하는 것은 퓨처서치의 가장 중요한 핵심활동이다. 미래에 대한 시나리오를 어떻게 표현하는 것이 좋은지에 대해 준비위원회가 먼저 제안할 수도 있다. 그들이 원하는 기대를 충족시키기 위해 우리는 워크시트를 만들었다. 그리고 이 워크시트를 지속적으로 간소하게 다듬어 왔다(부록 D 참고). 다음 사항은 우리가 최근에 사용했던 사례들이다.

미래에 초점 맞추기(NGO/비영리 조직 사례)

과제: 지금부터 12년 후를 상상해보라.
오늘은 2032년이다.

플립챠트에 다음 사항을 적어두라:

- 퓨처서치를 했던 2020년 이후 새롭게 만들어낸 구조와 시스템, 프로그램과 정책에는 어떤 것이 있는가?
- 이해관계자들 상호간의 관계는 어떻게 달라졌는가?
- 우리 조직은 사회에 어떤 영향을 미쳤는가?
- 지금 이 자리에 서기 위해 퓨처서치를 했던 2020년에 제거해야 했던 주요 장애물은 무엇이었는가?

미래에 초점 맞추기(기업조직 사례)

과제: 지금부터 10년 후를 상상해보라.
오늘은 2030년이다. 우리 조직은 이전에 세웠던 비전을 현실로 만들어냈다.

플립챠트에 다음 사항을 적어두라:

- 2030년인 지금, 어떤 느낌으로 이 회사에서 근무하고 있는가?
- 직원들과 공급업체, 딜러와 고객들은 서로에 대해 어떻게 이야기를 하고 있는가?
- 우리 회사를 든든하게 받치고 있는 구조와 프로그램, 관행들에는 어떤 것이 있는가?
- 우리 회사와 커뮤니티의 관계는 어떤가?
- 지금 서 있는 이 자리에 도달하기 위해 활동을 시작했던 2020년에 취했던 가장 중요한 한 가지를 꼽는다면 그것은 무엇인가?

퓨처서치 문서작업

함께 수립한 계획과 약속한 것을 문서로 기록하여 참가자들에게 나눠주기 위해 문서작업은 반드시 필요하다. 문서작업이 필요한 또 다른 이유는 참석하지 않은 사람들도 무슨 일이 있었는지 알 수 있게 해주는 것이다. 3일도 안 되는 시간에 만들어진 깜짝 놀랄 정도의 일, 대부분의 극적인 결과는 이렇게 일어난다. 생각지도 못했던 지지와 응원을 받으면 참가자들은 말을 해야 할 이유와 가치를 느끼게 되고, 그 결과 깜짝 놀랄 일들이 일어나는 것이다. 퓨처서치는 현장에서 일어나는 모든 일들을 기록한 데이터를 토대로 문서를 작성한다. 우리 두 사람이 퓨처서치를 진행할 때는 스폰서의 동의를 구한 후 2명의 퓨처서치 네트워크 회원을 문서기록원으로 참여하게 한다. 그들은 노트북에 모든 진행 상황을 빠짐없이 기록한다. 참가자들이 회의에 참여하는 모습, 과제를 하면서 기록한 플립차트, 마인드맵을 사진으로 찍는다. 플립차트는 그것을 만든 사람이 아닌 다른 사람들에게는 큰 의미가 없기 때문에 기록원들은 서술형식으로 보고서를 준비한다. 어떤 스폰서들은 이들이 보고서에 사진이나 차트, 그래프, 삽화를 추가해서 웹사이트에 올리거나 뉴스레터에 싣기도 한다.

미디어 보도 : 퓨처서치를 뉴스로 다루기 위해 라디오나 TV기자를 초대하는 것은 괜찮을까? 퓨처서치의 목표와 원칙을 언급하면서 퓨처서치 이전에 기사를 쓴다면 그들의 참석은 문제가 되지 않는다. 그들이 하나의 이해관계자 그룹으로 참가해서 퓨처서치를 끝낸 후 그 경험을 토대로 기사를 쓰는 것도 문제가 되지 않는다. 그렇지만 퓨처서치에 갑자기 나타나서 참가자들을 대상으로 무슨 일이 일어나고 있는지 인터뷰를 하겠다고 하면 참석을 허용하지 않는 것이 좋다. 준비위원회는 실제 뉴스를 어떻게 구성하는 것이 좋을지 심사숙고해서 판단해야 한다. 어떤 경우에는 행동계획을 만드는 마지막 세션에 기자들을 초대하여 회의를 통해 마련한 목표와 계획을 공식적으로 발표하기도 한다. 최고의 스

토리는 퓨처서치 이후 몇 주 또는 수개월이 지난 후 퓨처서치의 영향이 가시적으로 나타날 때 쓰는 것이 가장 바람직하다.

장소 선정과, 필요장비와 편의시설 확보
우리는 지금까지 학교나 교회시설, 커뮤니티 센터, 컨퍼런스 시설을 갖춘 호텔, 고급 리조트 등 온갖 종류의 회의실을 사용해 보았다. 그러나 반드시 필요한 것이 무엇이냐고 묻는다면 망설이지 않고 밖을 내다볼 수 있는 창문과 좋은 음향시설을 갖춘 회의실이라고 주저없이 말할 수 있다. 우리가 가장 좋아하는 것은 카페트가 깔린 바닥, 소음방지 시설을 갖춘 천장, 그리고 음질이 좋은 무선 마이크이다. 휴식시간에 참가자들이 편안하게 걸어다니면서 여유를 즐길 수 있는 쾌적한 곳에 위치한 회의실을 좋아한다. 카페인이나 설탕이 잔뜩 든 것을 준비하기 보다 사람들이 충분한 에너지를 가지고 지속적으로 회의에 참석할 수 있게 해줄 단백질 스낵을 준비해두는 것이 좋다. 환경이 좋은 곳에서 숙박할 수 있다면 그야말로 금상첨화다.

친환경 시설을 갖춘 회의
재활용과 재사용이 가능한 재료를 쓰는 것도 생각해볼 필요가 있다. 이산화탄소 배출을 최소화하게 해주는 아이디어는 부록 B에 자세히 소개하고 있으니 참고하면 된다.

테크놀로지 활용
기술은 지속적으로 빠른 속도로 진보하고 있다. 1950년대에는 플립차트와 마커가 협력이 필요한 회의에 많은 변화를 가져왔다. 그러나 21세기를 실고 있는 지금은 의사소통에노 테크놀로지가 사용되고 있다. 퓨처서치에도 새로운 테크놀로지를 적용해 보려는 시도가 여러 번 있었다. 하지만 그런 시도와 달리 테크놀로지 사용을 반대하는 퍼실리테이터들도 있었다. 우리는 더 많은 대화와 더 많은 참여, 공통 관심사를 탐색하고, 자유로운 선택과 지속적인 협력에 도움이 되는 테크놀로지 사용은 얼마든지 지원한다. 하지만 참가자들의 시선을 다른 곳으로 돌리기 위해 테크놀로지를 사용하지는 않아야 한다. 테크놀로지를 어떻게 사용하는 지에 대해서는 테크놀로지는 전혀 관여하지 않는다고 우리는 알고 있다. 고도의 기술이 퓨처서치 이전과 이후에 유용할지는 몰라도 대부분의 사람들은 대부분 얼굴을 마주하고 인간적으로 접촉하는 것을 선호한다.

퓨처서치를 강화하기 위해 테크놀로지를 사용하는 데 대한 우리의 입장은 다음과 같다:

▶ **웹캠을 활용한 퓨처서치 준비** : 우리는 텍사스에서 스웨덴에 이르기까지 이런 방식으로 퓨처서치를 준비하기 위한 회의를 한다. 이렇게 함으로써 준비회의에 참여한 사람들을 직접 대면할 수 있다.

▶ **과제에 추가할 내용에 대한 간단한(아주 간단한) 프리젠테이션**: 연방항공국에서의 퓨처서치를 준비할 때 스폰서는 퓨처서치를 통해 아무 변화를 만들지 않을 경우 영공 상에서 무슨 일이 일어나게 될지에 대해 2분간 시뮬레이션을 보여준 적이 있다. 이 짧은 동영상을 통해 퓨처서치에 참석한 사람들은 자신들이 하는 일이 얼마나 중요한지 이해할 수 있었다. 아주 짧은 동영상이었지만 참석자들의 동기 수준은 이로 인해 상당히 높아졌다.

▶ **회의에 참석하지 않은 사람들을 위한 정기 보고**: 이 책의 개정판을 인쇄해준 말로이회사는 내부에서 퓨처서치를 진행할 때 전 직원들을 대상으로 매일 PDF를 보내서 어떤 일이 일어나고 있는지 지속적으로 알려주었다.

▶ **퓨처서치 전체를 편집한 비디오**: 10분에서 15분 길이로 편집한 비디오는 퓨처서치에 흐르는 에너지와 정서를 어떤 글보다 더 잘 포착할 수 있다. 25분짜리 비디오로 편집하면 내용을 좀 더 깊이 있게 소개할 수 있는데, 특히 이해관계자들이 시간의 흐름에 따라

어떻게 공통 관심사와 행동에 이르게 되는지 자세히 보여줄 수 있다. 그러나 전혀 편집하지 않은 16시간짜리 비디오나 20시간짜리 비디오는 아무 쓸모가 없다. 퓨처서치에는 참여하지 않지만 뒤에 머물면서 퓨처서치 장면들을 촬영할 줄 아는 사람을 확보해두는 것이 필요하다. 전체적인 흐름을 알아야 어디를 어떻게 편집할지 판단할 수 있기 때문이다.

▶ **웹사이트에 보고서와 사진, 스트리밍 비디오 업로드**: 우리는 퓨처서치에서 나온 결론과 결정사항, 그리고 행동들에 대해 단순히 대화만 하는 것이 아니라 온라인에 게시하라고 충고한다. "과거를 돌아볼 때 많은 사람들에게 영향을 미친 전쟁과 경제불황, 인터넷에 대해 생각해볼 수 있었다"는 글은 별 도움이 되지 않는다. "전쟁과 경제불황, 인터넷 출현 같은 것을 고려해보면서 우리는 테크놀로지가 상당히 많은 혜택을 줄 수 있기 때문에 보다 나은 사회를 만들려면 새로운 기술이 필요하다는 데 동의를 했다"고 쓰는 것이 더 많은 의미를 전달할 수 있다. 구글에 "퓨처서치"라고 검색해보면 더 많은 좋은 사례들을 볼 수 있을 것이다.

▶ **유투브, 블로그, 플리커**(Flckr), **페이스북, 트위터**: 이런 소셜네트워킹 사이트는 어디서나 사용할 수 있다. 사람들은 플립차트나 서로의 사진을 이런 소셜미디어에 게시한다. 회의에서 그들이 경험한 행동과 느꼈던 감정에 대해 댓글을 달기도 한다. 휴식시간에 이미 글이나 사진을 올린다. 퓨처서지의 목적에서 벗어나지만 않으면 어떤 것이든 우리는 소셜미디어 사용을 장려한다.

테크놀로지를 사용해서 얻을 수 있는 장점이 많지만, 퓨처서치의 질을 떨어뜨리는 방법으로 이것을 사용하는 경우도 간혹 일어난다.

▶ **그룹활동을 하는 동안 트위터나 문자하는 행동**: 자동차 안에서 이런 행동을 한다면 순식간에 운전자는 물론 모든 탑승자의 생명을

앗아가는 사고로 연결될 수 있다. 퓨처서치에서 이런 행동을 하면 그 무엇으로도 대체할 수 없는 자원인 함께 보내는 시간을 의미없게 만든다.

▶ **파워포인트와 비디오 사용**: 모든 사람이 비디오 화면이나 스크린만 보게 하면 서로 간에 의사소통할 수 있는 시간은 그만큼 줄어든다. 우리는 파워포인트를 전혀 사용하지 않는다. 그렇지만 참석자들이나 퓨처서치 주제와 관련하여 동기부여가 필요한 경우에는 자극이 될만한 비디오를 짧은 시간동안 보여주기도 한다.

▶ **투표 시스템**: 투표 시스템을 통해 의사결정을 하면 개인들의 책임이 스크린에 보이는 찬성 숫자에 의해 왜곡될 수 있다.

아래에 정리한 것은 우리가 테크놀로지를 통해 실험해보고 싶은 것들이다.

▶ 퓨처서치 원칙에 충실하면서도 많은 사람들의 참여를 보장하고 서로를 필요로 하는 사람들이 가치있다고 여기는 과제를 다루기 위해 가상공간에서 진행되는 글로벌 온라인 퓨처서치. 클라우드 위트마이어와 게일 테리 그라임스가 이끄는 퓨처서치 네트워크 그룹은 이런 개념을 바탕으로 한 퓨처서치를 구현하기 위해 함께 활동을 했었다. 어쩌면 여러분이 이 책을 읽게 될 때쯤에는 이런 개념이 실현될지도 모르겠다.

퓨처서치에서 가장 중요한 것은 대화하기에 적합한 환경을 만드는 것이다. 이런 환경이 잘 만들어지면 참가자들이 만든 플립차트로 모든 벽이 도배된다. 이 플립챠트들은 회의가 진행되는 기간 내내 벽에 붙여둔다. 이 챠트들은 대화가 일어나게 하고 그 대화를 통해 일어나는 새로운 해석과 합의사항들을 다시 챠트에 기록한다. 한 페이지가 끝나자마자 바로 다음 페이지로 넘어가버리는 컴퓨터 스크린으로는 결코 이런 기능을 대체할 수 없다. 퓨처서치 일정이 끝날 때까지 이런 활동은 끝나지 않고 계속된다. 퓨처서치가 진행되는 동안에는 컴퓨터 파일이나 노트북 화면을 통해서가 아니라 모든 결과물들을 누구나 볼 수 있는 공간에 붙여놓고 볼 수 있어야 한다.

> **사례** : 우리가 진행했던 한 퓨처서치에서 나오는 모든 것을 기록할 수 있게 해줄 새로운 기술을 실험하도록 허용해준 적이 있다. 회의에 참석하지 않을 8명의 기록원들이 노트북을 가지고 각 그룹 옆에 앉아서 플립차트 내용을 기록하게 하였다. 퓨처서치가 끝날 무렵에는 모든 사람의 손에 편집된 보고서가 쥐어졌다. 하지만 전체 참가자 중에서 8분의 1에 해당하는 사람들이 대화에는 참여하지 않고 기록만 하게 한 것은 낭비라고 생각한다. 결과물이 마음에 들기는 했지만, 한, 두명이 작은 탁자에 앉아서 그 일을 하게 해도 충분했을 것이다.

문서의 형태가 어떠하든디 참가자들 사이에서 일어난 모든 것은 참가자들의 행동에 영향을 미친다고 우리는 믿는다. 이런 중요한 변화가 일어나지 않는다면 기록은 아무 의미가 없다. 혼란과 두려움, 혼동으로부터 우리 자신을 보호하기 위해 기술을 사용할 수 있다는 점을 어느 정도는 인지하고 있다. 그래서 우리는 진정한 참여를 위해 이 매력적인 대체물로부터 잘 지키려는 것이다.

회의장소 세팅과 참가자 워크북

다음은 워크숍을 위해 사전에 준비해야 할 사항들이다;

- ▶ 적합한 회의장소 탐색
- ▶ 음식과 숙박, 교통편 마련
- ▶ 회의실과 플립차트, 기타 필요한 자료 준비
- ▶ 참가자 등록
- ▶ 참가자 워크북 준비
- ▶ 워크시트와 인쇄물 복사
- ▶ 참가자 명단

▶ 다양한 이해관계자들을 혼합해서 그룹 편성

▶ 미래 시나리오 작업에 필요한 재료 확보

부록 C에는 자료와 회의실 준비에 관한 세부사항이 나와 있다. 부록 D에는 워크북 샘플이 있으니 참고하기 바란다.

결과물에 대한 커뮤니케이션

회의가 끝난 후 참가자와 이해당사자 양쪽 모두를 대상으로 커뮤니케이션할 방법을 마련해둬야 한다. 커뮤니케이션을 위해 뉴스레터를 발행하기도 하고, 웹사이트를 만들어서 커뮤니케이션 창구로 활용하기도 하며, 다른 온라인 도구를 이용하여 보고서를 보내는 곳도 있다. 이메일에 PDF 파일을 첨부해서 보내기도 한다. 결과물을 어떻게 커뮤니케이션해야 할지에 대해서는 13장에서 상세히 다룰 것이다.

실행행동 계획하기

컨퍼런스가 진행되는 동안 어떻게 실행그룹을 만드는 것이 좋을지 생각해두면 도움이 된다. 가장 많이 활용되는 방식은 상호이해관계를 가지고 있는 이슈를 중심으로 자원자들을 받아서 실행그룹을 만드는 것이다. 이해관계자 그룹이 실행계획을 세우게 하는 것도 가능하다. 어느 정도 시간이 흘러 어떤 사람들이 계획수립에 참여하는 것이 좋을지 알 수 있을 때까지는 굳이 결정하지 않아도 된다. 그래도 확신이 서지 않으면, 퓨처서치 참가자들에게 언제든지 도움을 청할 수 있다. 어떤 것이 가장 타당한 방법인지 그들은 언제나 잘 알고 있다.

후속조치

후속조치에 대한 씨앗은 기획단계에서 이미 뿌려진다. 얼굴을 맞대고 후속조치에 대해 검토회의를 할 것인지 아니면 온라인 회의를 통해 후속조치를 검토할 것인지 잘 생각해야 한다. 퓨처서치를 끝내고 어느 정도 시간이 지난 후에 검토회의 일정을 잡는 것이 좋을까? 우리가 경험한 것에 의하면 행동을 취할 수 있는 시간을 주기 위해 3개월에서 6개월이 지난 후에 검토회의를 하는 것이 좋다. 수년에 걸쳐 정기적인 검토회의를 통해 후속조치들을 챙겨야 할 때도 있다. 사람들이 스스로 조정하고 통제할 수 있다면 어떤 것이든 좋다. 구체적인 실제 사례들은 13장에서 확인할 수 있다.

이제 이 정도면 여러분은 퓨처서치를 시작할 준비가 되었다고 본다. 퓨처서치를 위한 계획을 아주 훌륭하게 잘 세웠다면 성공의 씨앗은 이미 뿌려진 셈이다. 이제부터는 여러분의 모든 주의를 회의진행에 쏟아부어야 한다.

PART III
실행하기

10장 "그냥 거기에 서서" 퍼실리테이션 하기
퓨처서치 전문 퍼실리테이터에게 요구되는 스킬

11장 롤러코스터 타기
두려움을 억제하고 신뢰를 쌓으면서 과제에 집중하기

12장 같은 원칙, 다른 사용
퓨처서치 모델을 상황에 따라 다르게 적용하거나 다른 방법과 병행해서 사용

10장

"그냥 거기에 서서" 퍼실리테이션 하기

아무거나 하지 말고 그냥 서 있기만 하라

남아프리카 출신 동료인 얀 그로벨라는 퓨처서치를 진행하는 이론과 철학을 '불간섭 중재Hands-off intervention'라고 부른 적이 있다. 이번 장에서는 어떻게 하면 개입정도를 줄이면서 더 좋은 결과를 얻을 수 있는지 보여줄 것이다. 다양한 문화적 배경을 가지고 이런 방법을 마스터한 퍼실리테이터들이 이미 세계 여러 곳에서 많이 활동하고 있다. 이 방법은 중대한 이해관계를 다루는 대규모 그룹에게 적합한 방식이다. 우리는 다음과 같은 스킬을 다룰 것이다.

▶ 참가자들의 아이디어와 경험, 에너지만으로 활동하는 방법

▶ 차이점이 있음에도 서로 관계를 유지하도록 격려하는 방법

▶ 참가자들이 공통 관심사를 찾을 때까지 문제해결을 시작하지 않게 해줄 방법

▶ 참가자들이 스스로 책임지도록 돕는 방법

참가자들이 만들어내는 대화의 맥락을 읽을 수 있느냐 없느냐는 퍼실리테이터에게는 아주 중요한 문제다: 퓨처서치의 핵심원칙이 잘 지켜지고 있고, 목적이 명확하며 반드시 참석해야 할 사람들이 회의실

10장: "그냥 거기에 서서" 퍼실리테이션 하기

이케아의 이해관계자들이 역사적인 지속가능성에 대한 계획을 만드는 동안 퍼실리테이터는 "그냥 거기 앉아" 있기만 한다.

에 들어와 있고, 바람직한 회의조건을 잘 갖추고 있다고 가정을 하고 진행한다(3장 참고). 제대로 준비되지 않은 상황에서 퓨처서치를 잘 퍼실리테이션 하는 것은 불가능하다. 하지만 잘 계획된 경우라면 상상했던 것보다 훨씬 더 많은 것을 성취할 수 있도록 참가자들을 도와줄 수 있다.

퍼실리테이션의 철학

'자기분화Self-differentiation' 워크숍을 통해 수천 명에게 영향을 미친 존 웨이어와 조이스 웨이어 부부 덕분에 우리는 퍼실리테이션에 대한 철학을 갖게 되었다. "자기분화"란 자신 안에 존재하는 여러 부분들을 개발하는 것을 의미한다. 자기분화 과정은 실험과 인식, 자기수용 단계를 거친 후 선택으로 이어진다. 이 과정을 퓨처서치와 연결해보면, 퓨처서치는 사람들이 선택범위를 확장하도록 도움을 주기 때문에 시스템이 자기발견을 통해 내부에 존재하고 있는 많은 부분들을 수용할 수 있게

181

된다. 우리가 믿고 있는 철학은 다음과 같다.

첫째, 모든 사람은 자신이 가지고 있는 것을 토대로 할 때 가장 잘할 수 있다는 웨이어 부부의 생각을 우리는 믿는다. 퍼실리테이터로서 우리가 해야 할 일은 사람들이 어떤 것을 더 잘할 수 있게 만드는 것이 아니라 그들 스스로 더 잘할 수 있는 방법을 발견하도록 도와주는 것이다. 퓨처서치에서는 모든 사람과 모든 그룹이 자신들이 이미 가지고 있는 것을 바탕으로 최선을 다하고 있다. 그래서 우리도 그렇게 하는 것이다.

둘째, 사람들은 어떤 것을 할 준비가 되어 있고, 그것을 하겠다는 의지와 능력이 있을 때 비로소 행동하게 된다고 우리는 믿는다. 진단하고 설명해주는 것만으로 그들이 더 잘 준비할 수 있게 하지는 못한다. 진단은 발견된 부족함을 해결하기 위해 개입하게 만든다. 예를 들어보자. "저항"이 감지되면 당신은 사냥개가 되어 코를 킁킁거리면서 일을 방해하고 있는 "더 깊은" 이슈를 찾아 헤맨다. 사람들을 찔러대거나 재촉하지 않은 상태에서 자발적으로 나오는 이슈보다 더 유용하고 심오한 이슈는 없다는 것이 우리가 믿고 있는 철학이다. 우리는 다른 일을 다 끝내고 난 후에 할 수 있는 일을 하려는 게 아니라 지금 할 수 있는 일을 선택한다. 그렇게 하지 않으면 지금 하러 온 그 일을 하지 못하기 때문이다.

셋째, 모든 사람은 유전자와 연령, 성별, 인종, 민족, 거주지, 과거 경험 등 수천 가지 요인에 따라 경험하는 것을 걸러내게 된다는 것을 잘 알고 있다. 바로 이 점 때문에 우리가 "사실"이라고 여기는 증명하기 어려운 기이한 믿음이 생겨난다. 사실이라고 믿는 것을 토대로 우리는 행동한다. 깊이 생각해볼 만한 문제. 우리의 행동을 바꾼다는 것은 가능한 것에 대한 우리의 인식을 바꾸는 일이다. 자신이 인식하고 있는 것을 방어하지 않는 상태에서 다른 사람이 인식하고 있는 것에 대한 자기 생각을 그 사람에게 말할 수 있다면 다른 사람의 행동을 바꾸는 일은 대규모 그룹에서도 얼마든지 일어날 수 있다.

마지막으로, 웨이어 부부로부터 우리가 배운 중요한 것은 몸을 움직여야 한다는 것이다. 움직임을 통해 우리는 수동적으로 "모든 것을 받아들일" 때는 알지 못하는 우리 자신의 부분 부분들에 다가갈 수 있다. (그 반대도 마찬가지이다. 그러므로 움직이는 것과 가만히 있는 것 둘 다 필요하다.) 회의 중에 몸을 움직이면 가만히 앉아 있을 때보다 더 많은 것을 바꿀 수 있다. 그래서 우리는 회의실 안에 있는 형태나 진행 흐름, 에너지와 모든 가능성에 변화를 준다. 사람들이 자신의 정신과 육체, 영혼을 모두 사용하게 하는 회의가 가장 효과적인 회의라고 믿고 있다. 그래서 우리는 회의 시작 시점에서 사람들이 움직이게 하고, 침묵 속에 앉아 있게 하며, 말하고 듣게 하고, 노래하고, 상상하고, 반응하고, 행동하게 하는 것을 좋아한다.

그러므로, 첫 한 시간 동안 모든 퓨처서치 참가자들은 플립차트에 글을 쓰거나 하면서 서 있는다. 우리는 마인드맵 벽도 옮겨 온다. 이야기 나눌 이슈를 선택하여 "엉망"인 상태로 나아가게 한다. 미래에 대한 시나리오를 만들거나 공통 관심사를 발견할 때도 움직이게 한다. 실행 그룹을 구성할 때도 참가자들은 부지런히 움직인다. 그들은 의자, 벽, 이젤, 마커, 테이프, 다른 공급품, 물 등 회의실 안에 있는 모든 재료들을 사용하면서 끊임없이 몸을 움직인다.

자신을 퍼실리테이션하기

우리는 퍼실리테이션을 할 때마다 도저히 신뢰할 수 없는 말이나 반대할 수밖에 없는 아이디어, 또는 당황스럽게 만드는 상호작용들을 얼마나 잘 참아낼 수 있을지에 대한 실험대에 오른다. 옳은 것과 틀린 것, 진실과 거짓, 당연하다고 여기게 된 모든 단어의 의미를 두고 내면에서 줄다리기를 한다는 것을 우리 자신은 이미 알고 있다. 반응하고 싶은 마음을 꾹 누르고 모든 관점을 잘 들을 수 있는 법을 배울수록 상반된 이슈 속에 들어 있는 모든 면을 잘 표현할 수 있게 된다. 모든 사람은 자신이 동의하는 말만 골라서 선택적으로 듣도록 스스로를 훈련시켜 왔다. 그래서 우리는 자신이 반대하는 부분에 대해 얼마나 정당한지를 주장하면서 역습을 취하는 행동경향을 보여왔다. 모든 주장이 가치있다는 철학에 맞게 스스로 행동하면, 퓨처서치 참가자들도 같은 방식으로 대할 수 있게 된다.

  우리 자신에게도 잘못된 가정과 고정관념, 불신, 염려가 있을 수 있다는 것을 직접 경험하면서 다른 사람들도 그럴 수 있다는 것을 받아들이는 것이 더 쉬워졌다. 불확실성을 감수하고 사는 것이 무엇인지 알면 알수록 각 그룹들이 힘들게 각 단계들을 건너가는 모습이 점점 더 소중하게 받아들여졌다. 그래서 우리는 말하고 질문하고 설명하고 반복하고 긴장되는 순간을 농담과 웃음으로 날려버리는 가벼운 경향에 대해서는 정면으로 저항한다.

  다행스럽게도 어떤 퓨처서치에서든 꼭 해야 할 말을 하는 누군가는 언제나 어김없이 나타났다. 우리가 기다려줄 때만 그런 사람이 나타난다는 것을 우리는 알게 되었다. 섣불리 나서서 행동하지 않고 사람들이 하는 말을 잘 들어주는 것만으로 우리는 모든 가능성의 문을 열어둘 수 있었다. 우리가 직접 문제를 풀어버리면 다른 사람들이 해결할 기회는 박탈된다. 회의에 참석한 누군가의 행동을 중단시킬 때마다 그들이 하려는 행동은 우리에 의해 탈취된다. 그룹이 활발히 대화하고 현실을 확인하고 창의적으로 협력할 수 있도록 퍼실리테이터로서 할 수 있는 일은 그저 기다려주는 것이다.

■ 퍼실리테이터의 핵심 업무

다음은 우리가 퍼실리테이션 할 때 주로 하게 하는 일이다. ;

▶ 과제 범위와 시간의 한계가 잘 지켜지도록 한다.

▶ 참가자들이 스스로 관리하고 책임질 수 있도록 격려해준다.

▶ 참가자들이 무엇을 할지 결정할 때까지는 결과물이 불확실하고

불편한 상황이 일어나도 참고 경청한다.
▶ 말하고 싶어 하는 모든 사람에게 가능한 시간 안에서 반드시 발언 기회를 준다.
▶ 반대하는 사람들에게는 혼자만 그런 것이 아니라는 점을 알게 한다.

우리가 하지 않는 일

"퍼실리테이션"에는 많은 활동이 포함되어 있기 때문에 퓨처서치에서 우리가 하지 않는 일을 말하는 편이 오히려 더 쉬울 것같다. 우리는 커뮤니케이션을 잘하는 스킬을 가르치는 것이 아니다. 사람들에게 어떤 것은 말해도 좋다고 하거나 누군가 던진 코멘트를 해석해주는 일도 하지 않는다. 동기에 대해 이의를 제기하거나 의견 충돌을 조정하는 일도 하지 않으며 대인관계에서 일어나는 역동성에 개입하지도 않는다.

가장 중요한 퓨처서치의 목적 외에는 대화 과정에서 나오는 어떤 내용에 대해서도 우리의 입장이나 관점을 드러내지 않는다. 우리가 원하지 않는 일을 참가자들이 할 때도 우리는 그들이 하는 말을 경청한다. 누구 말이 더 옳은지에 대해서도 우리는 코멘트하지 않는다. 모든 참가자들이 공통의 미래에 관한 행동을 향해 지속적으로 나아갈 수 있도록 최소한의 퍼실리테이션만 한다. 11장에서 설명하겠지만 최선의 퍼실리테이션 방법은 뜨거운 쟁점이 되는 주제에 대해 폭넓게 충분히 탐색할 수 있게 하고, 사람늘이 좋아하지 않을 상황에 소수 의견을 가진 참가자가 혼자서만 감당하도록 내버려두지 않는다. 모든 참가자들이 스스로에 대해 책임질 수 있도록 퓨처서치의 구조를 잘 준비하는 것이 우리가 하는 일이다.

과제의 범위와 시간의 경계

퍼실리테이터로서 우리가 해야 할 일 가운데 가장 중요한 것은 시간제한과 과제의 경계범위를 잘 지키는 것이다. 이렇게 함으로써 대규모 그룹이 가진 불만을 에너지로 쉽게 전환할 수 있다. 한계를 명확하게 해주지 않으면 목적이 흐려진다. 시간이 흘러가도록 내버려두면서 누군가에게 "필요"해서 일부러 그렇게 한 것처럼 행동하지 않도록 늘 주의를 기울이고 있다. 다른 사람을 속이지 않고도 하나의 과제를 확대할 수 있는 것처럼 가식적으로 행동하지 않는다. 모든 참가자들이 전체로서 탐색하고 행동하는 데 걸리는 시간은 불과 20시간 안팎이다.

우리가 사용하지 않는 말

- 부정적인 것은 충분히 말했으니까 이제부터는 긍정적인 점에 대해 말해봅시다.
- 환경에 대해서는 많은 이야기를 들었습니다. 어떻게 가정생활에 대해 말씀하시는 분은 한 사람도 없습니까?
- 다음 과제는 엄청납니다. 여러분들이 좋아하실 거예요!
- 다른 그룹에 비해서 여러분은 훨씬 더 많이(적게) OOO 하시네요.
- 두세 가지만 써 달라고 요청을 드렸는데 여섯 가지나 하셨네요?
- 정말 그렇게 나쁜 상황이라고 생각하세요?

주어진 시간 안에 자신의 최선을 다해 회의에 참가하는 것이 책임 있는 참가자의 태도라는 점을 받아들일 수 있도록 그들에게 강조해준다. 시간의 한계를 명확히 해주면 참가자들이 반드시 해야 할 말을 하게 할 가능성은 높아진다. 모든 그룹이 순조롭고 쉽게 가는 것은 아니다. 그러나 불쾌한 상황이 일어날 때마다 우리가 그것을 다 해결해줄 수는 없다. 우리가 할 수 있는 철학적인 선택은 회의가 끝난 후 우리가 사라져도 참가자들이 오랫동안 이슈와 함께 남아있어야 한다는 것을 인식하면서 그들 스스로 긴장상황을 관리하도록 도와주는 것이다. 우리가 문제를 진단하고 해결하기 시작하면 우리는 끝없는 구렁텅이에 빠지게 된다. 우리가 던질 수 있는 "진단성" 질문은 "그들이 과연 나타날 것인가?"이다. 그러나 일단 시작하고 나서 던져야 할 중요한 질문은 "그들은

지금 과제에 참여하고 있는가?"이다. 어떤 교육만 받으면 이 그룹이 기가 막힐 정도로 잘 해낼거라는 달콤한 환상에 빠져 모든 것을 다 받아주는 실수는 하지 않으려 한다.

■ 모든 관점 지지하기

우리가 가지고 있는 철학에는 상반되는 발언들을 환영하는 것도 포함되어 있다. 모든 코멘트는 말하는 사람이 느끼고 보고 듣고 믿고 생각하는 것이 반영되어 있다. 우리는 모든 발언이 전체의 일부라고 생각한다. 모든 코멘트에 하나하나 반응할 필요가 없기 때문에 이 원칙은 퍼실리테이터가 하는 일을 덜어준다. 사람들은 가끔 인생에서 "좋기만 한" 혹은 "나쁘기만 한" 면에 연결시킴으로써 인생에 그보다 훨씬 넓은 스펙트럼이 있다는 것을 쉽게 망각한다. 어떤 한 사람이 "어떻게 긍정적인 게 하나도 없어요?" 라고 말하기 전까지 마인드맵에 30분 동안 부정적인 트렌드만 쓰는 퓨처서치 그룹을 본 적이 있다. 그룹을 퍼실리테이션 하다 보면 너무나 쉽게 상반된 의견을 거부하거나 완화하는 쪽으로 뛰어드는 경향을 볼 수 있다. 우리는 "긍정"적인 가치와 "부정"적인 가치가 그룹으로부터 일어나도록 기다려준다. 모두가 절망적인 것만 보고 있을 때도 "글쎄, 긍정적인 기회도 많이 보이는 걸"하고 말하는 사람은 언제나 나타난다. 우리가 뛰어들지 않고 기다려줄 때 그들 안에서 그런 말을 하는 사람은 반드시 나타난다.

구조가 행동에 영향을 미친다: 행동이론

퓨처서치의 두 번째 중요한 기반은 사회과학 분야를 개척하고 우리에게 많은 영향을 준 프레드 에머리와 에릭 트리스트가 발견한 것에 토대를 두고 있다(4장 참조). 에머리와 트리스트는 과제를 명확하게 해주고, 그에 대한 전반적인 맥락만 제시해주면 그룹이 서로 싸우거나 도망가는 경향을 줄일 수 있다는 획기적인 사실을 발견했다. 어느 한 측면만 보고 성급하게 행동하기 전에 전체에 대해 탐색을 하면 사람들은 다름에 대한 우려를 더 잘 참아낼 수 있다. 대인관계에 치중해서 의견을 주고받기 보다 과제에 집중해서 논의를 하면 감정이 복잡하게 얽혀 있는 이슈들도 얼마든지 풀어갈 수 있다. 이 간단한 아이디어가 우리에게 준 시사점은 모든 퓨처서치 그룹이 모든 단계에 온전히 참여하게 해야 한다는 것이다. 타임라인에 따라 환경에서 발생하는 주요 트렌트를 살펴본 후 마인드맵 활동을 함께 하는 이유는 참가자들이 이미 언급한 것처럼 동일한 세상에 대해 대화할 수 있는 경계를 만들어주기 위해서이다. 그들이 제시한 것을 해석할 수 있는 유일한 사람들은 바로 그들 뿐이다.

스스로 관리하게 하기

우리는 에릭 트리스트가 2차세계대전이 진행되는 동안 리더 없이 운영되는 그룹을 대상으로 수행한 선구적 연구와 1940년대와 1950년대에 영국 석탄공장에서 발견한 자율경영팀에 집중해왔다.(Weisbord, 2004, 8장 참조) 이 두가지 획기적인 발견은 퓨처서치에 직접적인 영향을 미쳤다. 예를 들면 6명에서 8명으로 구성된 그룹은 퍼실리테이터 없이도 얼마든지 자신들이 해야 할 일을 처리할 수 있다. 자체적으로 운영할 수 있는 간단한 가이드만 제공해주면 된다(3장 참고). 퓨처서치에서는 한 그룹 안에 논의를 이끌어갈 리더, 기록자, 발표자, 시간관리자를 활용하여 해야 할 일을 나누도록 제안한다(반드시 고집하는건 아니다). 이렇게 하면 한 그룹 안에 있는 참가자 중 절반은 리더십 역할을 해볼 수 있다. 각 역할을 한 번씩 돌아가면서 맡으면, 회의를 진행하는 24시간 안에 모든 참가자가 리더십 역할을 맡기 때문에 퍼실리테이가 해야 할 일은 상당히 수월해진다.

그룹내에서 일어나는 이런 역할분담을 하찮게 생각하면 안된다. 이런 역할분담은 성공적인 그룹논의와 논의를 통해 나오는 산출물의 질에 기여할 뿐만 아니라, 전체그룹에서 진행되는 대화에 활력을 불어넣어주는 것은 물론 이후 실행 단계에서도 크게 영향을 미친다. 퍼실리

10장: "그냥 거기에 서서" 퍼실리테이션 하기

6~8명으로 된 그룹은 개인의 역할배정을 포함해서 그룹을 운영하는데 필요한 일을 자율적으로 처리할 수 있다.

테이터로서 활동을 하다보면 리더를 선정하는 것과 같은 지극히 사소한 일에 관여하고 싶은 유혹에 쉽게 빠진다. 그룹이 자율적으로 운영하게 하는 것은 해결해야 할 과제를 성공적으로 달성하는 것 이상의 의미가 있다. 이 방법에는 과제를 어떻게 분배해야 하는지를 결정하는 프로세스가 포함되어 있기 때문이다.

퍼실리테이터가 하는 역할은 한 발짝 물러서서 결과가 나올 수 있도록 지켜봐주는 것이다. 우리는 소그룹의 요청이 있을 때만 소그룹에 관여한다. 사람들이 공유하고 있는 목표를 위해 함께 활동하기만 하면 굳이 우아한 프로세스 스킬을 갖추고 있어야 한다고 주장할 필요가 없다. 퍼실리테이터가 할 일은 사람들이 얼마나 우아하게 움직이는가가 아니라 계속해서 움직이고 있는지에 주목하는 것이다. 예상치 못한 상황이 벌어졌을 때 퍼실리테이터만이 그 상황을 해결할 수 있다고 우리는 생각하지 않는다. 가장 좋은 해결방법은 참여한 모든 사람들이 그것을 "당면한 현실"로 받아들이는 것이다. 퍼실리테이션 도중에 문제가 생기면 우리는 그 문제를 그룹과 상의하면서 그들 모두에게 영향을 미칠 수 있는 해결안을 모색한다.

퍼실리테이터의 일을 줄임으로써 더 많은 것을 해낸다

우리가 어떤 한 참가자의 잘못된 행동을 바로잡기를 기대하며 누군가 우리를 개인적으로 찾아오면, "당신이라면 어떻게 하시겠어요?" 라고 우리는 그 사람에게 되묻는다. 퓨처서치 전체에 문제가 있다고 말을 하면, 그 점에 대해 모든 참가자들에게 물어보고 싶은지 물어본다. 어떤 소그룹을 도와줘야 한다고 말하는 사람이 있으면, 그 그룹이 도움을 청했는지 아니면 그 그룹에 속한 어떤 사람이 도움을 청한 것인지 물어본다. 사람들이 행동 단계를 생각해낼 수 없다고 말하면, 행동단계를 생각해내는데 필요한 것이 무엇인지 물어본다. 간단히 말하면 이렇다. 이슈가 공개적으로 제기된 것이 아니면, 우리는 그룹이나 개인에게 어떤 도움이 필요한지 서로 이야기해보라고 요청하지 않는다. 대신 이슈를 제기한 그 사람과 이야기를 나누면서 그 사람이 어떤 도움을 필요로 하는지 생각해보게 한다.

      우리가 하는 일이 적으면 적을수록 그룹은 더 많은 것을 성취할 수 있다는 것을 매번 경험을 통해 확인할 수 있었다. 이전에는 충분한 벽공간을 확보하기 위해 우리가 직접 플립차트를 이동하고 참가자들의 이름표를 만들고 그들에게 필요한 물품을 나눠주었다. 이제는 더 이상 그렇게 하지 않는다. 사람들에게 물품이 있는 곳을 알려주고 그들이 자신들을 스스로 도울 수 있게 한다. 벽 공간이 더 필요하면 그룹이 그 공간을 만들게 한다. 그룹의 멤버들이 아이디어들을 묶고 편집하고 공통 관심사가 적힌 벽으로 그것들을 스스로 옮기게 한다. 우리는 직접 손을 대지 않는다.

갈등 참아내기

퓨처서치의 기본 원칙 중 하나는 문제와 갈등은 경청해야 할 일이지 해결할 일이 아니라는 것이다. 갈등을 보류하기로 결정할 때 퍼실리테이터로서 우리는 딜레마에 빠지게 된다. 어떤 사람들은 갈등을 해결하지 않고는 아무 것도 할 수 없다고 믿고 있기 때문이다. 그 가정은 시험해 볼 필요가 있다고 생각한다. 갈등 속으로 들어가고 싶은 충동이 매력적으로 보이지만, 그렇게 하면 퓨처서치에는 치명적인 영향을 미치게 된다. 의견충돌이 일어나는 모든 상황을 분석하고 규명하지 않고는 아무 것도 할 수 없다고 생각해보자. 그런 사람들은 가족이나 동료, 혹은 고속도로에서 우연히 마주치는 다른 운전자들과 단 하루도 버텨내지 못할 것이다. 우리는 회의에서 발생하는 모든 이슈를 "다루지" 않는다. 참가자들이 공통의 관심사를 발견하고 그것을 기반으로 행동할 때까지는 논쟁을 불러일으킬 수 있는 모든 이슈를 다 다룰 필요는 없다.

그렇다고 갈등을 피하고 묻어두거나 거부하자는 말이 아니다. 모두가 함께 할 수 있는 것을 찾아내기 위해 해결할 수 없는 것은 잠깐만 참고 미뤄두자는 말이다. 벌어지고 있는 갈등상황이 회의 목적을 위협하고 있다는 생각이 드는 순간, 그 상황과 싸우고 싶어하는 쪽을 선택하든, 아니면 그런 충동을 눌러놓고 그룹을 지켜보든, 퍼실리테이터가 판단할 일이다. 그러나 직접 뛰어들어 해결하고 싶은 충동을 억제하는 연습을 하면서 우리는 이런 상황을 더 잘 다루게 되었다. 그래서 대부분의 경우 우리는 그저 그 자리에 서있으려고 한다.

공통 관심사를 발견하기 위한 대화 퍼실리테이션

의견충돌은 공통 관심사를 확인할 때 자주 드러난다. 그룹을 분리시킬 정도의 이슈를 제기하는 사람도 있고, 말 꼬투리를 잡고 늘어지는 사람들도 있다. "범죄가 전혀 없는 공동체는 있을 수 없어요. 그런 생각을 도저히 이해할 수 없어요." 라고 말을 하는 사람도 있다. 이런 말이 나오면 모든 사람들이 범죄에 대해 믿고 있는 바를 명확히 하기 위해 충분히 대화를 주고받을 필요가 있다. 마음 속에 있는 의구심과 회의, 내키지 않는 마음을 그대로 표현하고 나면 단 몇 분만에 무엇을 해야 할지 결정할 수 있다.

의견충돌은 공통 관심사를 확인할 때 자주 드러난다. 그룹을 분리시킬 정도의 이슈를 제기하는 사람들도 있다.

그룹에서 대화를 하다 보면 가치에 대한 갈등이 표출될 때가 종종 있다. "우리가 말하는 '가족'은 어떤 의미이지요?" 라고 누군가 말한다. "사랑하는 모든 관계를 말하는 건가요? 아니면 전통적인 핵가족만을 의미하는 건가요?" 그 부분에 대해 결코 합의에 이를 수 없다는 것을 깨달을 때까지 몇 분동안 그들은 유용한 대화를 주고받을 수 있다.

어떤 면에서는 공통 관심사들이 붙어 있는 벽에서 이전의 갈등 상황으로 되돌아가는 것은 궁극적인 실행을 위해 필요한 일이고 관련성이 있으며 중요한 것처럼 보인다. 해결되지 않는 것 때문에 조바심을 낼 것인지 아니면 지금 가능한 일에 전념할 것인지를 선택해야 하는 기로에 서게 된다. 누군가에 의해 제기된 어려운 일을 다시 처리해야 할 때나, 의미론적으로 얽히고 설키는 상황이 벌어지면 그룹은 다시 긴장상태에 들어간다. 이런 순간에 퍼실리테이터로서 우리가 취해야 할 입장은 명백하다. 대화가 퓨처서치의 성공에 필수적이라는 것을 우리는 믿고 있다. 무엇을 하고 싶은지 그들에게 묻기 전까지 얼마나 오랫동안 그들이 하는 말을 듣고 있어야 하는지가 우리가 그들에게 물어보고 싶은 유일한 질문이다.

> Q: 어떻게 하는 것이 선택을 열어두는 건가요?
>
> A: 첫째, 사람들이 머릿속에 있는 것을 말할 수 있도록 시간을 충분히 허용해준다. 둘째, 의견충돌이 일어나면 다양한 측면들이 나타날 수 있도록 지원해준다. 반대하는 사람이 한 명일 경우, 그 사람이 전체로부터 고립되는 것을 원하지 않기 때문이다. 누구든 실질적인 데이터를 통해 도움을 받을 수 있다. 이런 상황이 되면 우리는 "에 대해 염려하시는 분이 또 계십니까? (이 기법에 대해서는 11장 참고) 하고 묻는다.
>
> 셋째, 참가자들이 지금 다룰 수 있는 이슈를 다루는데 도움을 주기 위해 우리가 여기에 있다는 사실을 재차 확인시켜준다.

만약 참가자들이 10분 내에 스스로 해결하지 못하면, "동의하지 않음" 리스트에 해당 이슈를 옮겨도 되는지 물어본다. 해결되지 않을 이슈를 계속 잡고 있으면 행동계획을 만들 시간이 그만큼 줄어든다는 점을 다시 상기시켜줄 수도 있다. 이것은 동의하지 않은 이슈를 그냥 사장시키자는 것이 아니다. 이런 경우에는 관련 당사자들이 차후에 시간을 내어 핵심쟁점을 제대로 다루는 것이 더 바람직하다.

> **사례**: 영유아 사망률을 줄이기 위해 진행했던 퓨처서치에서 기금에 대한 경쟁이 이슈로 제기되었다. 그 제면에는 인종, 성별, 권력, 통제에 대한 우려가 깔려 있었다. 이 부분을 다루기 위해 우리는 이어서 진행했던 후속 회의에서 개방적인 의사소통과 다른 사람의 의견을 존중한다는 규범을 만들었다. 그러고 나자 비로소 참가자들은 인종과 성별에 대해 자신들이 어떻게 느끼는지 확인하기 시작했다. 또한 가족 중심적인 모멘텀을 유지하고 이웃들이 영유아들을 돌보는 것에 대해 자신이 어떻게 느끼고 있는지 생각해보기 시작했다. 지금 당장 퓨처서치에서 그에 대해 논의할 준비가 되어 있지는 않다는 것을 인정함으로써 그들은 부담감에서 자유롭게 벗어날 수 있었다.

성공적인 퓨처서치를 위한 계약

퓨처서치가 가지고 있는 기본 정신은 그룹이 해야 할 과제를 부여하고, 대규모 그룹이 충분히 대화할 수 있게 하며, 그들이 역동적으로 참여하게 하고, 과제에 영향을 줄 수 있는 보이지 않는 작은 문제들까지 관리하는 것이 퍼실리테이터가 해야 할 일이라고 믿고 있다. 이외 모든 것은 참가자들이 스스로 관리하도록 하고 있다. 퍼실리테이터가 많이 개입할수록 참가자들은 자율적으로 관리하면서 얻을 수 있는 기쁨과 패러독스를 발견하지 못할 가능성은 그만큼 더 높아진다. 그들이 작업하는 동안 우리가 멀찌감치 떨어져 있는 것을 그들은 오히려 더 좋아한다. 그들이 우리에게 비용을 지불하는 이유는 바로 여기에 있다. 우리가 일을 더 적게 하는 것이 실제로는 더 많은 도움이 된다는 것을 경험할 때마다 그들은 배우고 또 배운다.

퍼실리테이터를 위한 조언

퍼실리테이터로서 끊임없이 자신의 역량을 개발하라는 것이 우리가 해주고 싶은 조언이다. 우리가 설계한 디자인은 실제 퓨처서치 상황에서 별 문제없이 잘 운영되고 있다. 그러므로 다른 사람들이 디자인한 것도 효과가 있을 것이라고 우리는 생각한다. 마커펜이 마술을 부리는 것이 아니기 때문에 어떤 디자인도 실패할 수 있다는 것 또한 우리는 잘 알고 있다. "디자인"이 제대로 효과를 내게 하려면 우리 스스로 노력해야 한다. 그룹이 상반된 관점을 수용하게 하려면 우리 자신이 그 상반된 관점을 수용하는 것을 배워야 한다. 다른 사람들이 롤러코스터를 타게 하려면 그것을 타는 것이 어떤 것인지 스스로 알아야 한다.

  디자인이 어떤 효과를 내는지 제대로 경험도 해보기 전에 회의 디자인을 바꿔보려는 유혹을 받을지도 모른다. 예를 들면, 더 효율적인 퓨처서치 과제를 생각해낼 수도 있겠지만, 속도를 높이면 참가자들이 시간을 필요로 할 때 제대로 지원해주지 못할 수도 있다. 참가자들이 이슈들을 깔끔한 박스에 잘 분류해 넣는 데 급급하지 않고 그것들을 충분히 이해하기 위해 고군분투하면 그룹 내에 변혁이 일어날 가능성은 훨씬 높아진다고 우리는 생각한다. 물론 이런 우리의 생각이 틀릴 수도 있다. 그러나 실행에 반드시 필요한 동기는 "이성으로" 활동할 때만 나오는 것은 아니라는 사실을 우리는 알고 있다.

　　이런 생각에 조금이라도 끌림을 느낀다면 여러분 스스로 시도해 볼 것을 권한다. 회의를 진행할 때 여러분이 생각하고 느끼고 말하는 것에 가만히 주의를 기울여보라. 그리고 참가자들이 실제로 하는 일도 주의깊게 살펴보라. 여러분과 스타일이 다른 사람과 파트너로 일해 보라. 퍼실리테이션해야 할 그룹이 아주 클 경우에는 퍼실리테이터의 에너지가 상당히 많이 요구된다. 한 사람이 모든 것을 관리하기에는 발생하는 일이 너무나 많다. 파트너가 있으면 혼자서 할 수 없는 것도 해낼 수 있다. 한 사람이 퍼실리테이션할 때 다른 한 사람은 쉴 수도 있다.

퍼실리테이터 가이드라인

가치

- 참가자들이 해야 할 일을 그들이 스스로 관리할 수 있는 역량을 갖추고 있다는 믿음
- 개방적인 시스템을 만들겠다는 열망
- 민주적으로 실행하겠다는 약속

필요한 스킬

- 대규모 그룹 안에 하위집단과 고정관념, 희생양은 없는지 알아차리기
- 참가자들이 힘든 시간을 잘 견뎌낼 수 있도록 뒤로 물러나주기
- 친숙하지 않은 것들을 받아들이기
- 회의적인 참가자 포용하기
- 참가자들이 자율적으로 움직이면 뒤로 물러나주기
- 사람들이 싸우거나 도망가는 행동을 보이면 그 행동 중단시키기
- 퓨처서치의 핵심개념과 가치에 충실한 디자인으로 진행하기
- 스폰서의 목적을 훼손시키는 요구에는 "No"라고 분명하게 거절하기
- 잘 보이고 싶어하거나 통제하고 싶은 마음, 고정관념, 구해주려는 마음과 설교하려는 자기문제 처리하기

퍼실테이션 스킬 개발

- 퓨처서치와 퓨처서치네트워크 퍼실리테이션 워크숍 참석
- 한 개 이상의 퓨처서치 공동으로 진행해보기
- 멘토 구하기
- 손에 닿는 무엇이든 읽기
- 퓨처서치 경험자와 대화 나누기
- 스킬개발이나 개인성장을 위해 모인 그룹처럼 자기인식을 높여줄 활동 찾아보기

11장

롤러코스터 타기

참가자들은 세션 초반에 정보가 너무 많아서 혼란스럽다는 말을 가끔 한다. 명확성, 희망, 의도에 대한 서막이 펼쳐지기 시작할 때 이런 말이 나온다. 그러나 이런 순간에 마치 복잡한 세상을 투명하게 만들 스킬이 자신에게 있기라도 하듯 모든 짐을 자신에게 지우지 않도록 조심해야 한다. 퍼실리테이터가 해야 할 일은 사람들이 중심을 찾을 때까지 상황을 "있는 그대로" 다뤄주는 것이다. 2000년 이후 부터는 절망하지 않고 복잡성에 정면으로 대응하려는 의지가 세계적으로 증가하는 것을 우리는 보아왔다. 생산적인 회의에서 흔히 볼 수 있는 오르막과 내리막을 표현하기 위해 수년동안 롤러코스터라는 비유를 우리는 사용해 왔다. 이런 오르막과 내리막이 매번 일어나는건 아니지만 흔히 볼 수 있는 패턴인건 분명하다. 이런 상황에서는 어떤 일이 실제로 일어나고 있는지 잘 살펴보고 석설하게 대응하기만 하면 된다. 역동적인 가능성은 다음과 같은 방식으로 가시화될 수 있다.

▶ **올라타기** : 참가자들은 자신이 스스로에 대해 경험한 것과 그들이 속한 세계나 퓨처서치 주제에 대해 경험한 것을 품에 안온 채 회의에 참석한다. 그렇지만 그들은 곧 낯선 사람, 심지어 각자 경험한 것에 따라 적대적인 입장에 있는 사람과도 관계를 맺을 수 있다는 사실을 발견한다.

롤러코스터 비유는 생산적인 회의에서 나타나는 오르막과 내리막 상황을 설명하기 위해 사용하고 있다.

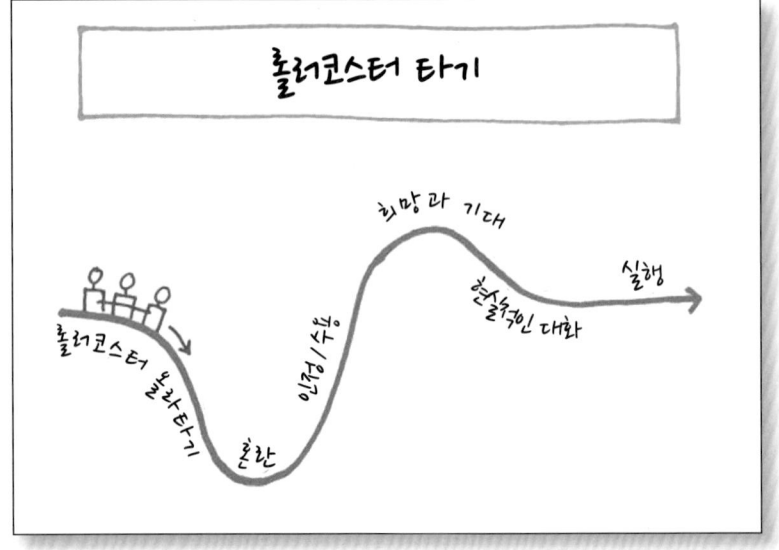

- ▶ **깊은 혼란으로 떨어지기** : 현재 일어나고 있는 트렌드를 마인드맵핑할 때 사람들은 통제 불가능해 보일 정도로 복잡하고 엉망진창인 상태를 목격하게 된다. 그들은 혼란의 나락으로 곤두박질할지도 모른다. 이때 누군가 "엉망진창이야!"라고 소리치지만 또 다른 누군가는 "아니야! 그렇지 않아. 새로운 기회가 보여!" 라고 말한다.

- ▶ **인정하고 받아들이기** : 참가자들은 눈앞에 일어나고 있는 것과 그것에 대한 느낌, 그것에 대해 하고 싶은 것들을 받아들이면서 "우리가 가지고 있는 모든 것이 바로 우리"라는 사실을 발견하게 된다. 이때부터 분위기는 완전히 바뀌기 시작한다. "이 모든 것이 우리가 만든 사태니까 우리가 뭔가 할 수 있을 겁니다."라고 말하는 사람들이 나타날지도 모른다.

- ▶ **'희망' 단계까지 올라가기** : 사람들은 그들이 생각하는 최고의 가치를 정해서 멋진 미래에 대한 윤곽을 그린다. 그들은 마치 정말로 원하는 세상에 살고 있는 것처럼 연출하면서 힘이 넘치고 흥분하고 희망에 가득찬 모습을 보인다.

▶ **현실세계에서 취할 수 있는 선택안 논의하기** : 드디어 그룹은 선택을 해야 할 상황에 도달하게 된다. 공통 관심사에 관해 지금 당장 행동을 취할 것인가, 아니면 여전히 남아 있는 문제를 해결하는데 에너지를 쏟을 것인가? 절대적으로 나쁘거나 그렇다고 절대적으로 좋은 것도 아닌 세상에 직면하면서 사람들은 말과 행동 사이에서 망설이게 된다. 마치 자동차의 조절판과 브레이크를 동시에 사용하는 것과 같다. 많은 차이점에도 불구하고 공통 관심사에 대해 행동을 취하기로 동의하는 순간부터 그때까지 경험해온 것들에는 엄청난 변혁이 일어난다. 참가자들은 자신이 생각해온 것들을 통제하면서 새로 계획한 것들에 편안함을 느끼고, 함께 만든 비전을 아낌없이 지원하게 된다.

▶ **행동에 대해 책임지기** : 롤러코스터에 함께 올라탐으로써 참가자들은 그들이 원하는 것이 무엇인지 비로소 알게 된다. 1장과 2장에서 본 것처럼 그들이 만든 계획은 결과에 엄청나게 큰 영향을 미친다.

퓨처서치를 진행한다는 것은 함께 하는 과정에서 경험하게 되는 오르막과 내리막이 만들어내는 역동성을 모두 수용하는 것을 의미한다. 퍼실리테이터는 회의에 대한 것이든, 아니면 그들 자신에 대한 것이든 전체를 관리하는 법을 배우는 데 최선을 다해야 한다. 퓨처서치를 후원해주는 스폰서들은 우려의 순간을 피해갈 수 있는 회의방법은 존재하지 않는다는 것을 알아야 한다. 그런 우려의 순간이 없으면 의미 있는 변화도 일어나지 않는다.

9.11에 대한 우리의 경험

2001년 9월 11일, 우리는 독일 프랑크푸르트 근처의 컨퍼런스 센터에서 회의 퍼실리테이션에 대한 워크숍을 진행하고 있었다. 하루가 끝날 무렵에 비극적인 사건에 대한 소식을 들었다. 납치된 비행기가 쌍둥이빌딩을 들이받는 장면을 두려움에 떨면서 TV를 통해 보았다. 다음

날 아침 컨퍼런스에 함께 모인 52명은 무기력감과 분노와 우울함을 동시에 느꼈다. 회의실에 다시 모이자 마자 우리 52명은 원을 만들고 그 중앙에 촛불을 밝혔다. 누구랄 것도 없이 독일어로 기도를 하기 시작했다. 그 중 한 사람이 "저는 오늘 마치 어제 아무일도 없었던 것처럼 회의 하는 건 도저히 못하겠습니다. 이런 비극이 도대체 어떻게 일어날 수 있는지, 그 점에 대해 대화를 해보는 건 어때요?"라고 했다. 그러자 여러 명이 고개를 끄덕이며 동의를 했다.

이어서 참 가자 가운데 한 명이 그날 다뤄야 할 안건이 무엇인지 물어왔다. 우리는 "투사Proejction"와 "양극성Polarity"에 대해 다룰 예정이었다고 대답해줬다. 그렇게 대답하자 마자 갑자기 그 주제가 단순히 회의에 대한 것만이 아니라 그 이상과 관련된다는 생각이 머리에 떠올랐다. 확신이 서지 않으면 우리는 언제나 그룹에게 물어본다. "우리가 오늘 무엇을 다루는 것이 좋을지 여러분들의 말씀을 먼저 들어보고 싶습니다."고 말하고 참가자들에게 마이크를 돌렸다. "혹시 어떤 것이든 괜찮다고 생각하시는 분은 마이크를 다음 분에게 넘겨도 좋습니다." 20명 정도가 의견을 밝혔는데 그들 모두가 원래 하기로 한 주제를 다루고 싶어했다. 하려고 계획한 것을 그만두는 것은 무덤에 묻힌 테러리스트들이 우리를 통제하도록 허용하는 것이라고 누군가가 말한 것이 지금도 기억난다.

회의에서 일어나는 대부분은 9.11사건만큼 극적이지는 않다. 그럼에도 불구하고 회의에서는 어떤 일이 언제나 일어난다. 긴장상태가 발생하면 퍼실리테이터인 여러분은 참가자들이 원래 하기로 했던 것을 계속할 수 있도록 도와줄 방법을 찾아야 한다. 할 말이 있는 참가자가 말을 할 수 있도록 마이크를 돌리는 것도 한 가지 방법이 될 수 있다. 이번 장에서는 퓨처서치 그룹이 걱정되는 점이 있어도 인내심을 가지고 서로간에 신뢰를 쌓으면서 과제에 집중하게 하는데 도움이 될 또 다른 관점을 보여주고자 한다. 혹시라도 이 방법이 너무 간단하다는 생각이 들면 이 방법의 근간이 되고 있는 이론인, 간단하면서도 효과적인 실행단계에 대해 우리가 들려주는 이야기를 먼저 숙고해보기 바란다.

모든 시스템은 차별화되고 통합된다

우리는 심리학자인 이본 아가자리안 (1997)이 고안한 "시스템-중심^{TM}의 그룹 이론System-centered^{TM} group theory"에 원천을 두고 퍼실리테이션을 하고 있다. 이본이 만들어낸 이 개념은 언제 어떻게 행동할지 고민되는 상황에서 우리가 쉽게 선택할 수 있도록 해준다. 그녀는 동일한 변화 역학이 우리 자신과 사회, 그리고 이 둘 사이에 존재하는 모든 시스템 안에서 어떻게 일어나는지 설명해주고 있다. 그녀에 의하면 시스템은 스스로 경험하고 인정하고 차이점을 통합해감으로써 생존하고 발전하고 변화를 만들어갈 수 있다고 한다. 나와 다르다고 해서 그 사람들을 거부하면 성장은 일어나지 않는다는 것이다. 용납할 수 있는 한 최대한 범위를 넓혀서 차이점을 통합할 수 있을 때 성장은 강화된다. 이 개념은 오랫동안 묻어둔채 돌아보지 않고 있던 자신의 일부를 받아들이고 통합해가면서 우리가 성장하게 된다는 웨이어 부부의 "자기분화(10장 참고)"와도 일맥상통한다.

아가자리안은 개인과 마찬가지로 과제를 맡은 그룹도 고정관념에 일일이 반응하기 보다 기능적인 차이점들을 통합해감으로써 행동 역량을 변혁시킬 수 있다고 말한다. 그녀가 말한 "기능적인 하위그룹Functional sub-group"이라는 표현은 과제와 관련된 특성을 공유할 수 있는 사람들을 의미한다. 예를 들면, 학교에 관한 퓨처서치를 할 때는 부모와 교사, 학생이 자신들의 역할에 따라 서로 다른 이해관계를 갖게 된다. 고정관념은 잘못된 결론에 이르게 하는 이해관계자들이 보이고 있는 차이점에 대해 우리가 붙인 이름이다. 예를 들면 우리는 "교사들은 보스처럼 행동한다", "학생들은 무책임하다"는 식으로 자주 말한다. 그룹이 과제를 계속 다루도록 퍼실리테이터가 해야 할 일은 이런 기능적인 차이점을 지지하고 옹호해주면서 그들 스스로 고정관념을 잘 넘길 수 있도록 도와주는 것이다. 우리는 퍼실리테이터가 하는 이런 활동 로드맵을 "차별화-통합이론 Diversification-Integration Theory"이라고이라고 이름을 붙였다.

문을 열어줄 열쇠는 유사점과 차이점에 있다

'차별화한다Differentiate'는 말은 "구분하고, 분류하고, 정의하고, 분리하고, 정확히 구별해낸다"는 것을 의미한다. 비슷한 이 단어들 속에 공통으로 내포되어 있는 것은 차이점을 수용한다는 것이다. '차별화한다Differentiate'는 말에는 "고립시키고, 배제하고, 배척하고, 격리한다"는 의미 또한 들어있는데 이 모든 단어들 속에는 거부한다는 의미가 들어 있다. 통합한다Integration 말은 "하나로 만들고, 조화롭게 하며, 섞고, 합성하고, 하나로 통일한다"는 것을 의미한다. 이 말에는 "중앙에 집중하게 하고 오케스트라처럼 하나로 편성한다"는 의미 또한 들어 있는데 이때는 통제라는 의미를 담고 있다.

퓨처서치가 가지고 있는 역설은 어떻게 하라고 말하지 않고도 사람들이 차이점을 받아들이고, 그 차이점을 사용할 기회를 더 많이 주기 위해 회의를 오케스트라처럼 하나로 편성할 수 있다는 데 있다. 그룹이 다양한 관점을 많이 들을수록 통합된 실행안을 만들 가능성은 그만큼 더 커진다. 바로 이 점 덕분에 중요한 이해관계자 그룹들이 함께 모여 퓨처서치에 대한 계획을 수립하는 것이다.

그룹이 실행하는 역량에 큰 변혁이 일어났다고 우리가 말할 때, 그 말이 의미하는 것은 일생에 단 한 번밖에 일어나지 않는 엄청나게 대단한 것을 말하는 것이 아니다. 참가자들이 가지고 있는 관점, 정보, 살아오면서 경험했던 것, 비전, 행동과 같은 것들이 구체적인 맥락 안에서 차별화를 거쳐 통합을 이루어낸 것에 대해 말하는 것이다. 적절한 조건만 주어지면 사람들은 자연스럽게 할 수 있는 것들을 하게 된다. 차이점에 대해 어떤 조치를 취하지 않고 차이점을 그대로 두는 법을 배우면 그런 역량을 얻을 수 있다. 퍼실리테이터로서 우리가 하는 일은 사람들이 서로를 배척하지 않으면서도 무엇이 다른지 차별화하고, 반드시 하나로 합쳐야 한다고 강제하지 않지만 통합의 길을 잘 갈 수 있도록 도와주는 것이다.

통합을 하려면 먼저 차별화부터 해야 한다. 퓨처서치를 퍼실리테이션 하는 동안 우리가 차별화에 영향을 미칠 수 있는 기회는 단 두 번이다. 하나는 퓨처서치 개최를 위해 준비위원회에 참석한 기획자들이 이해관계자 그룹을 선택할 때이다. 다른 하나는 회의 중에 갖게 되는 기회인데, 실제로 존재하지만 표면에 잘 드러나지 않은 현상이 무엇인지 알아차릴 때다. 비공식적으로 뭔가 일어 나는 것, 눈에는 드러나지 않지만 핵심이슈에 따라 비슷한 생각을 하는 하위그룹이 형성되었다가 재형성되는 일이 반복해서 일어날 때다.

이해관계자들을 차별화하기

참가자들은 하루의 절반이나 되는 시간을 이해관계자 그룹 내에서 보낸다. 다음 두 가지를 충분히 발견할 수 있는 시간이다. 첫 번째는 같은 이해관계자 그룹 안에 있어도 각 구성원들이 동일한 관점을 가지고 있지 않다는 점이다. 두 번째는 서로 다른 이해관계자 그룹에 속해 있어도 어떤 이슈를 동일한 방식으로 바라볼 수 있다는 점이다. 우리가 발견한 두 번째 것은 고정관념을 완전히 뒤엎는 것이어서 우리를 감동시킨다. 예를 들면 "비지니스 그룹과 환경문제 전문가들이 동일한 것을 이렇게 많이 원하는지 몰랐어요!"라고 참가자들이 말할 때가 바로 그런 순간이다. 사람들은 그들 사이에서 "명백한 유사점 안에 차이점"이 있고 "명백한 차이점 안에 유사점"이 있다는 것을 언제나 발견할 수 있다(Agazarian, 1997).

하지만 여기에도 역설이 있다. 우리의 생각과 다른 사람의 생각에 차이점이 있을 때, 그것을 중립적으로 대하지 않고 감정적으로 대하는 경향이 있다. 그래서 자신과 생각이 같은 사람들을 찾게 되고, 자신과 생각이 다른 사람을 덜 좋아할 거라고 믿는다. 우리가 가지고 있는 고정관념을 지지해주는 말은 환영하지만 그렇지 않은 말은 무시해버린다. 차이점을 위협으로 받아들이는 것이다. 고정관념의 심리학이 우리 안에 깊이 자리 잡고 있다. 우리 자신에게서 좋아하지 않는 점을 다른 사람에게서 발견하고, 그들을 깔보면서 자신이 더 낫다고 느끼는 경향이 있다.

고정관념에서 기능적인 하위그룹으로

남자와 여자, 흑인과 백인, 부자와 가난한 사람, 사장과 직원, 공공과 민간, 장애인과 비장애인처럼 명백한 카테고리를 알아차릴 수 있으면 함께 일하는 데 문제가 없겠지만 우리가 생각하는 것은 그러한 종류가 아니다. 우리는 아무 생각 없이도 다른 사람들에 대해 고정관념을 갖는다. 우리 생각을 잘 따라주는 협력자와 적대적인 말만 해대는 원수, 가난하고 운은 지지리도 없는 사람과 유력한 거물을 상상만으로 만들어낸다. 그렇게 하는 것이 비합리적이라는 것을 잘 알면서도 연령, 성별, 혹은 인종만 보고 너무나 쉽게 그 사람들의 성격에 대해 함부로 말한다. 그것이 빙산의 일각에 불과한데도 말이다.

> Q: "고정관념"이란 어떤 것인가요?
>
> A: 사람들의 몸집, 나이, 옷차림, 직업, 헤어스타일만 보고 상상한 특성을 그 사람들에게 그대로 적용하는 것이다. 우리는 누군가에게 어떤 꼬리표를 붙이면서 내 기억장치에 저장되어 있는 고정관념만으로 무의식적으로 반응한다. (예: 나이든 사람은 모두 기억력이 좋지 않아요!) 그리고 나서는 자신은 그 사람보다 한 단계 위에 있는 사람이고, 그들은 한 단계 아래에 있는 사람이라는 식으로 서열을 만들어낸다.

만약 당신이 어떤 사람보다 한 단계 위에 있다고 생각하면, 아마도 그 사람이 당신을 다르게 대해주기를 원할지 모른다. 아니면 그들을 보살펴주기 위해 노블리스 오블리제를 행사할지도 모른다. 그들이 어떻게 생각하는지는 알 바 없다고 일축해버릴 수도 있다. 만약 당신이 한 수 아래라고 느끼면 아예 입을 닫아버리든가, 아니면 당신보다 더 낫다고 생각되는 그 사람을 끌어내리기 위해 안간힘을 쓸지도 모른다. 소수의 인원만 임파워해주고 나머지 사람들은 평가절하해버리는 그룹은 영원히 정체상태에 머무를 수밖에 없다. 그룹이 과제에 집중하게 하려면 고정관념을 타파해야 한다.

고정관념을 함부로 적용하지 않고, 기능에 차이점이 있는 것으로 생각을 바꿀 수 있게 해줄 세 가지 간단한 행동이 있다.

- ▶ 충분히 넓고 다양한 관점이 표현될 때까지 기다려준다.
- ▶ 곤란한 발언이 나오면 그 발언과 같은 관점이나 느낌을 가지고 있는 사람들을 찾아내어 그들을 새로운 하위그룹으로 형성해준다.
- ▶ A와 B, 양쪽 모두 들어볼 만한 가치가 있다는 것을 깨달은 어떤 사람이 통합하기 위해 하는 말을 잘 경청한다.

하위그룹 퍼실리테이션 하기

대규모 그룹이 대화에 참여하는 자리에서 가장 빈번하게 나오는 반응은 침묵이다. 이때 우리는 처음으로 발언하는 사람이 나올 때까지 침묵하며 기다려준다. 일단 한 사람이라도 말하기 시작하면 우리는 물러나준다. 서로에 대해 공격하지 않는 한 합의에 이르지 않아도 상관없다. 그들이 보이는 오랜 침묵을 견디지 못하고 끼어들기 보다는 "어떤 것이든 좋습니다. 의견을 추가해주실 분 계신가요?" 라고 물어본다. 몇 초를 기다려도 말하는 사람이 나오지 않으면 "다음으로 넘어가도 될까요?"라고 묻는다.

어떤 문화권에 속한 참가자들은 소그룹에서 대화할 때는 왁자지껄하게 떠들다가, 대그룹으로 모이면 거의 아무 말도 하지 않는다. 그들에게 왜 그런지 개인적으로 물어본적이 있다. 남들 앞에서 자신을 앞세우는 것이 그 문화권에서는 다른 사람들보다 더 특별하게 보이려는 사람으로 간주되기 때문에 그렇게 한다고 한다. 이때 이후로 우리는 참가자들이 각 그룹의 발표를 다 듣고 난 후에 소그룹끼리 따로 이야기하는 시간을 주어봤다. 그런 다음 그들끼리 소그룹 안에서 이야기한 내용을 물어보았다. 그랬더니 참가자들이 이전보다 훨씬 더 많은 것을 표현했다. 지금은 자기표현을 잘 하는 문화권에 있는 그룹에게도 우리는 이 방법을 쓰고 있다.

협력자 혹은 "하위그룹"의 중요성

대부분의 사람들이 경계모드로 전환할 때는 어떤 사람이 다른 사람의 생각을 공격하거나 불쾌한 이슈를 제기할 때다. 이럴 때는 전체에 긴장감이 일어난다. 이런 상황에서 퍼실리테이터는 무엇을 어떻게 해야 할까? 우리가 생각하는 위험한 상황은 이런 상황이 아니라, 주의집중이 잘 안되어 참가자들이 해야 할 과제를 포기할 때다. 수 년전에 우리는 잘 따라와주지 않는 사람들을 포기하려 한 적이 있다. (예: "좋은 점을 지적하셨지만 지금은 그 문제를 다룰 시간이 없습니다.") 그러나 이제는 더 이상 포기를 생각하지 않는다. 솔로몬 애쉬가 했던 합의에 관한 실험이 우리에게 길을 열어주었다. 그는 그룹 내에 비슷한 생각을 가진 사람이 단 한 명만 있어도 사람들은 자기의 현재상태를 진실하게 대한다는 것을 발견했다 (4장 참고). 자신이 혼자가 아니라는 사실을 알면 사람들은 포기하지 않는다. 모든 관점에 나름대로 타당성이 있다는 것을 알게 되면, 바로 그 순간부터 그룹은 잘 모르는 것이 있어도 일단은 받아들이려고 한다. 그래서 우리는 참가자들 중에 고립될 위험에 처한 사람이 보이는 바로 그 순간 다른 사람들의 집중이 흐트러지기 때문에 곧바로 행동을 취한다.

말을 하지 않고 어떤 순간에도 침묵으로 대응하는 그룹이나, 드러내놓고 표현하지는 않지만 비슷한 생각을 하는 사람들끼리 자연스럽게 뭉쳐지는 비공식적인 그룹이 새로 생겨날 수 있다고 우리는 믿고 있다. 그 그룹이 어디에 있는지는 아무도 모르지만 존재한다는 것만은 확실히 안다. 실제로, 모든 그룹이 대화하는 모든 순간에 하위그룹을 형성하고 재형성하는 모습이 지속적으로 나타난다. 사람들이 "A 생각에 동의합니다." 라고 하거나 "그건 전혀 내 생각과 달라요."라고 생각하면서도 그것을 입밖으로 표현하지 않을 때 새로운 비공식 그룹이 생겨난다. 이럴 때 우리는 그저 기다려준다. 반대자를 옹호하는 사람이 나타나는 순간 우리는 그 곤경에서 비로소 벗어나게 된다. 의견의 차이를 검증하기 위해 그들은 임시로 하위그룹을 만들어낸다. 다른 사람들이 반대자에 반대하는 의견을 말하면 우리는 그들이 하는 말을 가만히 듣고 있는다. 회의실 안에는 긴장감이 흐른다. 이때 우리는 중재하기 위해 나서는 대신 그룹을 대상으로 질문을 한다. "이 문제에 대해 걱정하는 또 다른 분이 계십니까?" 또는 "다른 분들도 비슷하게 느끼십니까?" 라고 물어본다. 이렇게 하면서 우리는 하위그룹을 찾아나선다. 퍼실리테이터인 우리가 하위그룹을 조직하지 않는다는 점에 주목하기 바란다. 우리는 존재하고 있는 하위그룹을 발견해내는 것이다. 해당 의견에 합류하는 사람이 더 이상 나타나지 않으면 "지금까지 나온 말에 새로운 관점을 추가해주실 분이 계십니까?"라고 물어본다.

　　이렇게 해줌으로써 생각은 하지만 말하지 않는다거나, "반대의견을 제외하면 모두가 같은 생각이군요. 나만 그것을 무시하면 그냥 넘어

사람들의 생각(표현된 말이 아니라)에 따라 침묵하는 비공식 그룹이 형성되고 또 재형성된다. "저 사람에게 동의해." "저 말은 내 생각과 전혀 달라."

가도 되겠군요."라는 생각으로 넘어가는 것을 차단할 수 있다. 또는 "아무나 하라고 하지. 나는 절대 관여하지 않을거야."하고 느끼는 사람이 있을 수도 있다. 하지만 하위그룹이 드러나면 어느 누구도 고립되지 않는다. 퓨처서치는 서로간에 생각이나 의견에 차이점이 있음에도 불구하고 계속 진행된다. 사람들이 말하는 모든 의견이 타당하다는 것을 알고 나면 그들은 해야 할 과제에 다시 집중하게 된다.

▨ 개입을 줄임으로써 더 많은 것 성취하기

대답을 얻지 못할 때마다 우리가 이 기법을 사용하는 것은 아니다. 대부분의 퓨처서치에서는 "다른 분 안계신가요?"라는 질문을 한두 번 사용할 때도 있지만 전혀 사용하지 않을 때도 있다. 사람들은 우리가 이렇게 질문하는 것이 불필요하다고 생각하고 알아서 다양한 관점을 이야기한다. 그렇다면 언제 이렇게 질문해야 할까? 먼저 우리 자신 안에서 불편함이 느껴지지는 않는지, 그리고 참가자들에게서 동요가 일어나는건 아닌지 살펴봐야 한다. 몸을 뒤트는 사람, 인상을 찌푸리거나 천장을 바라보는 사람이 보이면 그 과제가 위험에 처해 있다는 신호로 봐야 한다. 바로 이 순간이 "다른 분 안계신가요?"라고 질문해야 할 때이다. 만약 확실하지 않으면 "여기에 대해 의견을 말하고 싶은 분이 더 계십니까?" 혹은 "다음으로 넘어가도 괜찮을까요?" 라고 전체를 대상으로 질문을 해야 한다.

전체를 대상으로 그룹대화를 할 때, 참가자들은 의견을 말하기 위해 손을 든다. 이럴 때는 참가자들이 퍼실리테이터를 대상으로 문제를 제기하기보다 그들끼리 대화하는 것이 더 바람직하기 때문에 "그냥 서로 대화를 나누시면 됩니다."라고 우리는 말해준다. 대규모 그룹으로 진행할 때는 먼저 손을 든 사람에게 주의를 둬야 한다. 사람들이 쉽게 끼어들 수 없는 경우에는 특별히 더 주의를 기울여야 한다. 우리가 잘 쓰는 방법은 "저기 뒤에도 말씀하실 분이 계십니다"라고 미리 말해준다.

Q: 대규모 그룹으로 대화할 때 한 그룹이 대화를 "끝냈다"는 것을 어떻게 알 수 있나요?

A: 그룹이 만족할만큼 의견에 대해 폭넓게 충분히 표현되고, 모든 발언에 더 이상 대응할 필요가 없다고 그들이 느끼고 있다는 감이 오면 그룹이 자연스럽게 결론에 도달한 것으로 간주한다.

통합을 시도하는 의견 경청하기

"통합하는 의견이시군요." 라는 말이 그룹으로부터 나오면 이제 이 그룹은 다음 단계로 넘어가도 된다. "A 아니면 B(either/or)" 위주로 하는 대화에서 벗어나 "양쪽 모두(both/and)"를 수용한 방식으로 바꿔서 대화를 하면 양쪽의 의견에서 타당성을 찾아낼 수 있다. 뭔가를 해결하기 위해서만 대화를 하는 건 아니다. 차이점이 있는 의견을 통합하게 해주는 발언은 모든 사람이 다음 과제로 넘어갈 수 있게 해준다.

사례: 교외에 있는 한 커뮤니티에서 교육에 대한 퓨쳐서치를 진행할 때였다. 이해관계자 그룹이 지금까지 그들이 해온 것과 미래에 하고 싶은 것을 전체그룹을 대상으로 보고할 때였다.

참가자 A: 모든 그룹이 이 문제에 대해 비슷한 생각을 가지고 있다는 걸 알고 저는 감동했어요.

퍼실리테이터: 예를 좀 들어주시겠어요?

참가자 B: 우리 모두가 원하는 것은 우리 자신뿐만 아니라 아이들을 위한 평생교육입니다.

참가자 C: 그런데 대학에 대해 말하는 분 안계시네요. 그 이유가 걱정됩니다.

참가자 D: 대학을 갈 형편이 안 되는 사람들이 많습니다.

참가자 E: 교육을 원하는 사람은 누구나 받을 수 있다고 생각합니다. 저는 제 힘으로 대학을 나왔습니다.

참가자 F (D와 함께 하위그룹 형성): 그렇지요. 하지만 등록금이 점점

오르고 있습니다. 동부에 있는 비싼 대학에 갈 수 없는 사람들이 여기에는 많습니다.

참가자 E (고정관념에 빠져서 증명하기 어려운 말을 해가면서 극도로 감정적인 이슈에서 스스로를 고립시키는 사람): 대학에 꼭 가겠다고 마음만 먹으면 누구든 대학에 갈 수 있지 않나요?

대화가 여기까지 오면 참가자 E는 다른 사람들의 지지를 받지 못한다. 그녀 입장에 동조할 사람이 있을까? 다음은 이 상황에서 사용해볼 수 있는 방법이다.

시나리오1: 그룹에 문제가 생기지 않도록 유지하면서 C가 E의 의견에 동조

참가자 C: 글쎄요, 저 역시 E처럼 제 힘으로 대학을 나왔습니다. 하지만 쉽지는 않았어요. 삼촌이 도와주지 않으면 절대로 해내지 못했을 겁니다.

시나리오2: 누구도 E가 한 발언에 대해 말을 하지 않는다. E가 한 발언만 무겁게 남아있다.

퍼실리테이터: 지금 이 자리에 혼자 힘으로 대학을 다니신 분이 또 계십니까? (주의: "동기만 충분하면 누구든지 대학을 갈 수 있다고 믿는 분이 있으신가요?"라고 질문하지 않도록 한다. 의견을 물어보기 위해 질문하는 것이 아니라 사실을 파악하기 위해 질문해야 한다.)

참가자 A: 저도 그랬습니다. 저 역시 쉽지는 않았습니다.

참가자 G: 저는 2학년 때 그만두었습니다. 등록금 지원이 끊겼거든요.

이제 대화가 훨씬 더 복잡해졌다. 하위그룹이 형성되어 E의 의견이 인정된 것이다. 그러나 고정관념을 가지고 있던 그녀의 주장은 상반된 경험을 가진 사람들에 의해 반박되었다. 이제 남은 것은 통합하는 발언이다. 예를 들면 이런 것이다.

참가자 C: 글쎄요, 제가 보기에 이건 간단합니다. 많은 사람들이 자기 힘으로 대학을 다닐 수 있는 방법을 찾았습니다. 그러나 일부는 그 방법을 찾지 못했어요. 그리고 모든 사람이 대학을 가고 싶어하는 건 아닙니다. 여기서 우리가 해야 할 일은 모든 사람이 자신이 원하는 것을 배울 수 있는 시스템을 우리가 만들 수 있는지 찾아보는 게 아닐까요?

이제 모든 가능성이 회의실 안에서 되살아난다. 드디어 다음으로 넘어갈 준비가 된 것이다.

격한 감정 다루기

더 복잡한 상황은 실망에서 분노나 공격으로 변할 수 있는 격한 감정을 다루는 것이다. 우리 중 대부분은 실망스러운 상황을 원하지 않는다. 가능하다면 그런 상황을 거부할 수 있는 방법을 찾을 것이다. 그러나 우리가 기억해야 할 것이 있다. 우리가 피하고 싶어하는 깊은 실망감 속에는 행동을 위한 에너지가 들어있다. 실망하게 만든 것을 해결하기 보다 왜 실망하게 되었는지에 대해 실망한 사람 입장에서 자세히 확인해보는 것이 훨씬 도움이 된다. 불만스러운 이슈를 묻어두거나 감정적인 대립상황으로 가지 않게 하기 위해 우리는 이 장면에서 퍼실리테이션하기 위해 나선다. 사람들이 자기 감정을 부정하지 않으면서 과제에 집중할 수 있도록 최소한의 개입을 시도하는 것이다.

사례 : 한 기업의 미래를 탐색하기 위해 퓨처서치를 했을 때, 참가자들은 기업의 공유가치에 대해 논의하면서 그 공유가치를 다음 세대 리더들이 잘 이어가게 해줄 방법을 찾고 있었다.

참가자 A: 우리 회사에는 고위임원 자리에 대한 승계계획이 없습니다.

참가자 B(짜증이 난 고위임원): 그런 계획이 왜 필요하죠? 어떤 자리도

다른 사람으로 바뀌기 마련입니다. 누구든지 그 자리까지 올라갈 수 있는 것 아닌가요?

참가자 A: 아닙니다. 그렇지 않아요. 승계계획은 반드시 있어야 합니다. 지금 이 문제가 얼마나 중요한지 잘 모르고 있는 거 같습니다.

참가자 B: 상관없어요. 모든 상황에 대해 일일이 계획을 세울 수는 없지 않습니까!

참가자 C: 전에도 이 주제로 논의를 했는데 해결책을 찾지는 못했습니다.

이런 대화가 바뀔 수 있는 가능성은 다음과 같다.

시나리오1: 참가자들 스스로 해결하도록 내버려둔다.

참가자 D: 모든 것을 계획할 수는 없어도 적어도 우리 스스로 준비할 수는 있을 것으로 보입니다. (통합하는 발언)

시나리오2: 퍼실리테이터가 개입해서 반대하는 입장에 대한 하위그룹을 만들어 상황을 더 자세히 확인해본다.

참가자 A: 결국 답이 없는 문제입니다. 정말 실망스럽습니다.

퍼실리테이터: 지금 실망감을 느끼는 다른 분이 혹시 계신가요?

참가자 B: 저도 그렇게 느낍니다.

참가자 C, D, E: 저도 그렇습니다.

퍼실리테이터: 그러면 구체적으로 실망감을 느꼈던 사례를 좀 들어주시겠습니까?

참가자 D: 어떤 사람들은 다른 사람들에 비해 임원으로 올라가는 데 시간이 더 오래 걸립니다. 사람에 따라 다른거죠. 바로 이 문제 때문에 이전에도 더 이상 진행하지 못했습니다.

참가자 A: 저 혼자만 좌절감을 느끼는 것이 아니라서 다행입니다. 저는 이 문제에 대해 많이 생각해왔습니다. 단순히 승계계획을 세우는 것보다 더 많은 일을 해야 한다고 생각해요. 우리 회사는 점점 더 성장하고 있어요. 그렇기 때문에 바로 우리의 공유가치가 다음 세대에도 잘 유지될 수 있게 해줄 방법을 찾아야 할 때가 지금이라고 생각합니다. 저는 그것이 더 중요한 문제라고 봅니다.

승계문제에 대한 양쪽 입장에 대해 함께 "실망감"을 느끼는 하위 그룹이 형성되었다. 이제 참가자들은 어디에 집중해야 할지 더 잘 구별할 수 있게 되었다. 반대하는 입장을 만들기보다 양쪽에 대해 감정적으로 지원을 해주려고 한다. 의견이 극단적으로 양분되어 있는 사람들에게서 흔히 볼 수 있는 것은 그들이 가지고 있는 감정을 통해 공통의 관심사를 발견하는 것이다. 문제에 대해 말하기 시작하면 그때까지 그들을 분리시키고 있던 관점에서 벗어나, 분노, 슬픔, 걱정, 불만, 기쁨, 신남, 희망과 같은 공감의 배에 모두가 함께 올라탈 수 있게 된다

권위가 만들어내는 역동성

각각의 퓨처서치는 임시로 구성된 커뮤니티와 같다. 비교적 수평적인 구조이긴 하지만 퓨처서치에도 권위적인 인물이 있다. 그 중 하나는 스폰서다. 퍼실리테이터도 권위적인 인물 가운데 하나로 여겨진다. 모든 참가자들에게 영향을 미치기 위해 우리는 권위를 어떻게 사용하고 있는가? 참가한 모든 사람들에게 중요한 의사결정이 달려 있다는 것을 우리는 잘 알고 있다. 그 책임감을 받아들이는 사람들을 위해 그룹과 퍼실리테이터 사이에는 중립적인 관계가 필요하다. 그래서 그룹을 자극할 때 사용하는 방식이나 권위를 투영하는 상황에서 우리가 대응하는 방식을 주의깊게 살피게 된다. (예를 들면, 인지하지 못하는 사이에 상급자가 참가자들에게 지시를 하고 그들이 말하는 것을 함부로 판단하고 말을 중간에 끊는 것과 같은 행동을 하지는 않는지 항상 주의를 기울인다.)

이런 함정에 빠지지 않기 위해 우리는 "신뢰할 수 있는 권위"를 가진 퍼실리테이터가 되기 위해 최선을 다하고 있다. "신뢰할 수 있는 권위"란 사람들이 가지고 있지 않은 정보를 제공해주고, 예정된 시간에 시작해서 예정된 시간 내에 마치며, 기회가 될 때마다 퓨처서치의 목표를 상기시켜주고, 대규모 그룹에서 일어나는 대화가 잘 진행되도록 관리해줌으로써 모든 참가자들의 의견을 다 들어주고, 그룹이 활동하고 있을 때는 자연스럽게 뒤로 물러나 주는 것을 말한다. 앞에 나서서 참가자들에게 말을 하면서 권위를 써보려는 행동을 하지 않도록 주의한다. 참가자들이 스스로 할 수 있는 일을 대신해주거나, 그들이 제시하는 모든 제안을 반드시 해결해야 할 문제로 보려는 경향이 우리에게 있다는 것을 잘 알고 있다. 불확실성을 통제하고, 갈등을 최소화하고, 차이점이 드러나지 않게 억누르고, 모든 사람을 행복하게 해줘야 한다는 생각을 억제하기 위해 우리는 매순간 자신과 싸움을 하면서 진행한다. 또한 우리가 억제해주지 않으면 그룹이 산산조각날지도 모른다는 환상을 억누르면서 진행한다. 사랑받고 인정받고 현명하게 보이고 싶다는 내면의 욕구는 없는지 늘 성찰을 한다.

■ 권위를 최소한으로 사용하기

그룹이 우리가 보여주는 권위에 어떤 반응도 보이지 않을 거라고 믿는 것은 어리석은 일이다. 아이와 어른, 학생과 교사, 직원과 사장과 같은 관계는 인간정신이 만들어내는 전형적인 산물이다. 우리 모두의 내면에는 의존성과 그 반대인 반의존성에 대한 암류(暗流)가 언제나 적절한 자극이 들어오기를 기다리고 있다

사람들이 지나치게 의존적인 모드에 있을 때는 배우고 결정하는 능력을 포기하게 된다. 자신이 얼마나 많은 자유를 가지고 있는지 알지 못하는 퓨처서치 초반에 이런 일이 발생한다. 참가자들이 원하는 만큼 충분한 규칙을 제시하지 않으면 짜증이 나서 (예: "우리가 과거에서 배운 가

장 중요한 3가지는 이것이다"와 같이 퍼실리테이터가 명확하게 말해주기를 원함) 불평을 쏟아내거나, 문제해결로 돌진하고, 아니면 커피를 가지러 가면서 그런 상황에서 벗어나려고 한다.

    우리는 그들의 주의를 퍼실리테이터인 우리가 아니라 회의의 목적으로 이동시킴으로써 권위의 역학관계를 최소화하려고 시도한다. 소그룹에서의 논의를 자체적으로 이끌어갈 책임이 그들에게 있음을 상기시켜준다. 그룹 내에서 리더십을 공유하고 퍼실리테이터와의 소통보다 서로간에 상호작용을 더 많이 할 수 있도록 가이드 한다. 퍼실리테이터와 그룹 사이의 권력를 둘러싼 다툼을 최소화하면 주도권을 다투는 참가자 수도 적어질 것이다. 저항하는 하위그룹 구성원들은 리더를 공격할 수 없으면 서로를 대상으로 공격한다. 그러나 우리는 공격받기 위해 그곳에 있는 것이고 앞으로도 그렇게 할 것이다. 재미있는 일은 아니지만 그렇다고 큰 일도 아니다. 우리가 쓰러지지 않고 반격도 하지 않으면 자연스럽게 평화조약을 맺고 신속한 휴전에 들어가게 될 것이다.

■ 권위의 역학관계 다루기

참가자들이 의존성(리더에게 승인을 요청하는 것과 같은 행동)을 보일 때 퍼실리테이터로서 대응하는 것은 그다지 어렵지 않다. "지금 어디까지 진행되고 있습니까?"라는 질문은 그때까지의 성과를 검토하는데 그다지 도움이 되지 못한다. "다른 그룹과 비교해볼 때 우리는 어느 정도로 성과를 내고 있습니까?"라는 질문도 마찬가지다. 의존성을 보이는 이유는 자기를 안심시켜줄 수 있는 말을 찾기 때문이다. 퍼실리테이터는 이 점을 기억해야 한다. 그래서 우리는 참가자들이 의존성을 보일 때는 그들에게 아무 말도 하지 않고, 판단을 넘겨주지도 않으면서 고객만 끄덕여준다. 얼마나 쉬운 일인가! 중립성을 지켜주는 것이 중요하다.

    그러나 참가자들이 반의존성 상태일 때는 좀 더 까다롭다. 여러 형태가 있기 때문이다.

사례 : 우리가 맡고 있는 역할 때문에 우리와 싸우고 싶어하는 참가자가 나오면 섣불리 행동을 취하기 전에 우리가 가장 먼저 하는 것은 심호흡이다.

참가자: 이 자리에서 우리가 지금 도대체 뭘 하고 있는지 모르겠어요. 그래서, 요점이 뭐지요?

퍼실리테이터: 우리가 무엇을 하고 있는지에 대해 궁금해하는 또 다른 분이 계십니까?

우리는 그룹이 이 문제를 다루도록 자리를 만들어준다. 하위그룹에서 이런 질문이 나와도 우리는 하위그룹이 그 문제를 다루게 한다. 핵심 포인트에 의구심을 가지고 있는 사람이 있으면 다른 사람들이 대답해 줄 수 있다. 더 복잡한 경우도 있었다 ;

사례 : 회의 참가자 가운데 어느 누구도 핵심포인트를 알지 못한다고 판단될 경우, 우리는 모든 사람과 대화를 시도한다.

참가자: 당신은 우리에게 공통 관심사에 서라고 했습니다. 이건 사람들을 기만하는 거예요. 공통 관심사를 찾는다는 건 불가능합니다. 다음 주가 되면 바로 후회할 길로 사람들이 가게 하는 걸 보고 있으니 정말 걱정됩니다.

이때도 대답하기 위해 뛰어나갈 필요가 없다. 기다려주는 것이 좋다. 잠시만 기다려주면, 기만당했다고 느끼지 않게 된다. 우리가 한 일을 믿고 있고 행동할 의향이 있다는 말을 하면서 많은 사람들이 대화에 들어오기 때문이다.

퍼실리테이터(반대의견을 보였던 사람이 고립될 것을 걱정하며): 저 역시 사람들이 후회할만한 길로 가지 않도록 아주 세밀하게 주의를 기울이고 있습니다.

마지막으로 어느 누구도 합류해주지 않을 경우를 생각해보자. 우리는 반대자에게 합류할 솔직한 방법을 찾으려고 한다. 그렇지만 다행스럽게도 그럴 일은 거의 발생하지 않았다.

퍼실리테이터의 권위를 둘러싸고 일어나는 역학관계 중에는 우리를 불필요한 칭찬 대상으로 만들면서 마음을 유혹해오는 경우도 있다.

참가자: 이런 일을 하다니 정말 대단하십니다. 이렇게 큰 규모의 그룹을 다루기가 정말 어려울텐데요.

퍼실리테이터: 감사합니다.

12장

같은 원칙, 다른 사용

몇년 전에 글로벌 시장으로부터 매일 최고급 설탕과 코코아를 들여오다는 구매전략을 가지고 있던 캔디회사를 상담한 적이 있다. 그때까지는 가격이 얼마가 되든 그들은 모두 지불해왔다. 그러다 원가를 낮추기 위해 취한 행동이 문제가 되자 조용하던 내부에 파국상황이 벌어졌다. 당시 그들이 가장 두려워했던 것은 "품질저하"였다. 직원 가운데 한 명이 "어쩌면 처음에는 아무도 몰랐을 겁니다." 라고 말했다. "구매가를 아주 조금 낮추었거든요. 아무도 모르는 것 같아서 조금 더 낮췄습니다. 세 번째 또 낮췄구요. 그러다 어느 날 보니 그때까지 우리 회사를 성공으로 이끌어왔던, 우리의 영혼이라고 할 정도로 중요하게 유지해왔던, 핵심적인 경쟁우위 요소인 품질이 사라진 것을 발견했습니다." 그때부터 그 회사는 단 하나의 기준만 고수하기로 했다. 그들이 생산하는 모든 캔디바 제품을 완벽한 제품으로 만든다는 것이 유일한 기준이 되었다.

반면, 좋은 것이 조금이라도 있으면, 지금까지 해오던 것을 더 좋게 만들지 않고는 살 수 없는 사람들도 있다. 우리를 비롯한 수백 명의 퓨처서치 동료들은 "지속적인 향상"을 통해 퓨처서치 디자인을 개선하기 위해 25년 이상 노력해왔다. 지금까지 정말 많이 개선해왔다. 초기에 우리가 퓨처서치를 어떻게 디자인했었는지 알고 있는 사람들이 있다면 이 점을 금방 확인해줄 수 있을 것이다.

지난 10년 동안 많은 사람들이 퓨처서치의 원칙과 기법을 다른 목적을 위해 사용하는 것을 유심히 지켜보았다. 어떤 사람들은 원래 우리가 디자인했던 버전을 더 짧고-빠르고-저렴한 비용으로 진행할 수 있도록 수정했다. 퓨처서치 개념을 핵심에 두고 다른 모델과 연결하여 새롭게 디자인해서 사용한 사람도 있었다. 이런 시도들이 퓨처서치의 질을 떨어뜨렸을까? 아니면 오히려 질을 더 높여왔을까? 우리는 어느 쪽이든 가능했을 거라고 본다.

퓨처서치가 더 이상 퓨처서치가 아닐 때는 언제인가?

2003년에 퓨처서치가 어떻게 사용되고 있는지 좀 더 정확하게 알아보기 위해 퓨처서치 네트워크 회원들에게 원래의 디자인에 어떤 변화를 주었지, 그 결과는 어땠는지에 대해 조사를 한적이 있다. 이 전문가들이 퓨처서치 디자인을 얼마나 바꿀 수 있고, 퓨처서치를 온전한 상태로 유지할 수 있는지를 보여주는 광범위한 사례들이 드러났다. 큰 관점에서 볼 때 이들은 주로 네 가지 형태로 퓨처서치를 변형해서 사용하고 있었다.

- ▶ 퓨처서치의 원칙과 소요시간, 구조는 그대로 지키면서 몇 가지 과제과 기법을 조정하여 원래 퓨처서치에 멋진 생각을 추가한 경우
- ▶ 회의실 안에 전체 시스템이 참석하게 한다는 구조와 참가자들이 자율적으로 운영하게 하는 구조는 그대로 유지하면서 타임라인 차트나 "자랑스러운 점과 아쉬운 점Prouds and sorries"과 같은 몇 가지 과제를 빼거나 변경하여 소요시간을 줄인 경우
- ▶ 오픈스페이스 테크놀로지Open Space Technology, 긍정탐구Appreciative Inquiry, 월드 까페World Café, 실시간 전략변화Real Time Strategic Change 와 같은 다른 기법에 퓨처서치를 통합해서 사용한 경우
- ▶ 퓨처서치의 철학과 이론, 원칙은 기본으로 유지하면서 소요시간, 과제, 기법은 각 상황에 맞추어 일회성에 한해 디자인해서 사용한 경우

퓨처서치 네트워크 회원 중에는 건축가에서부터 동물학자에 이르는 다양한 분야의 전문가들을 괴롭히는 또 다른 현상, 즉 기법에만 푹 빠져서 그 이면에 들어있는 가치와 의미를 제대로 이해하지 못한 채 진행한 사람들도 있었다.

Q: 퓨처서치를 잘못 이해한 사례에는 어떤 것이 있나요?

A: 몇 차례 퓨처서치를 진행한 적이 있는 뉴저지 오션시티의 세인트 피터스 연합 감리교회의 브라이언 로버츠 목사의 말을 들어보자. "퓨처서치의 용어를 빌려서 디자인을 수정하고, 참가자들의 경험보다 기획자의 전문지식을 토대로 퓨처서치를 진행한 컨설턴트를 만났어요. 당시 이런 상황에 공식적으로 제재를 하거나 소송을 걸지는 않았지만 이런 상황이 다시 일어나지 않게 할 조치는 있어야 한다고 생각합니다."

이 장에서는 퓨처서치를 잘못 사용할 것을 우려한 퓨처서치 네트워크 회원들이 디자인 원안을 수정할 때 어떻게 했는지에 대해 소개하려 한다. 이들이 디자인을 변경할 때 가장 중요하게 생각한 것은 퓨처서치를 자기들이 얼마나 탁월한지를 드러내기 위한 자리로 만들지 않고, 참가자들이 운전석에 앉을 수 있게 해줄 기법들을 사용하기 위해 노력했다는 점이다. 예컨대, 체인지 이벤츠*Change Events, Inc.*의 솀 코헨은 퓨처서치의 원칙을 많은 이벤트에 접목시키려고 노력했다.

그는 유엔 회원국 대표단과 함께 15개국의 외교관들이 참석하게 하여 그동안 자신들만의 사일로에 빠져있던 3개 영역에서 최적의 업무 실천방안을 만들어내고 조직을 개선하기 위한 팀-빌딩 워크숍을 진행했었다. 코헨은 참가자들을 초대하여 각 참가자들의 개인적인 스토리들을 서로 찾아보게 한 후, 현재 일어나고 있는 트렌드를 다루고 나서 미래를 위한 계획을 세우는 활동을 퓨처서치 모드로 진행하였다. 그룹은 편안하게 야외 활동을 할 수 있는 장소에서 만나 반나절씩 (2박 포함) 4번에 걸쳐 진행했다.

코헨의 보고서는 우리가 운영하고 있던 리스트서브에서 돌풍을

12장: 같은 원칙, 다른 사용

일으켰다. 그가 했던 디자인으로 각색하면 퓨처서치 모델을 명확하게 보여줄 수 있는가, 아니면 퓨처서치 모델을 오히려 약화시키는건 아닌가 하는 것이 논쟁의 쟁점이었다. 빛의 속도보다 빠르게 변하는 세상에서 3일간 진행하는 퓨처서치 모델이 여전히 유효한가? 이런 이야기를 꺼내는 것이 오히려 판도라의 상자를 열게 하는 것은 아닌가? '퓨처유*FutureU*'의 클라우드 위트마이어는 퓨처서치 네트워크 회원이 퓨처서치 디자인을 따르지 않고 개최한 행사를 알 수 있게 해주는 웹사이트 www.NotFutureSearch.com 를 만드는 상상을 했다. 이 책에서 우리가 설명하는 많은 부분은 그 사이트에서 얻을 수 있겠지만, 클라우드의 아이디어는 실제로는 일어나지 않았다. 반면 어떤 주제로 워크숍을 했든지 간에 퓨처서치의 원칙을 그 워크숍에 통합해서 진행한 경우는 수백 개에 달한다.

　많은 사례들을 조사해서 득실을 따져본 후 우리는 '퓨처서치 네트워크'에서 나누는 대화들을 모든 방법에 적용할 수 있기 때문에 공개해야 한다고 결론을 내렸다. 자신이 하려는 일이 무엇이든 원칙에 충실할 수 있는 유일한 방법은, 가치를 기법으로 풀어내는 자신의 방식을 다른 사람들이 만든 방식과 지속적으로 비교해보는 것이다. 이런 대화에 합류하는 사람들은 말만 반복하고 음악은 제대로 듣지 못하는 사람들에 비해 성공할 가능성이 훨씬 더 높다.

　코헨은 왜 그 팀빌딩을 퓨처서치라고 부르지 않았을까? 왜냐하면 그때의 행사가 그들의 성과와 관계를 최적화하고 싶어하는 소수의 리더들에게만 국한되었기 때문이다. 다른 직급이나 국가, 기관에 속한 이해관계자들은 그 자리에 참석하지 않았다. 시민이나 고위직 매니저도 그 자리에 없었고, 외부의 외교전문가도 그 자리에 참석하지 않았다. 그들이 만들어낸 행동계획은 오직 그들 내부에만 집중되어 있나. 우리는 기억해야 한다. 퓨처서치가 광범위한 과제를 다루려면, 다양한 이해관계자들이 참가해야 하고, 퍼실리테이터는 그것이 가능하도록 요구해야 한다는 것을!

퓨처서치를 변형한 다양한 사례

퓨처서치 디자인을 변형해서 사용하는 시도들은 줄어들지 않고 계속되고 있다. "25년간 진행했던 퓨처서치를 검증하고 다듬고 실험한 후에, 퓨처서치 네트워크 회원 대다수는 높은 헌신과 지속적인 실행을 목표로 하려면 반나절씩 4~5회에 걸쳐 3일동안 진행하는 것이 최적의 구조라는 데 동의했다."는 내용의 메모를 2007년에 퓨처서치 네트워크 회원들에게 보냈다. 그렇지만 많은 회원들은 이보다 짧은 버전을 고안해냈다. 우리는 반나절에서 3일동안, 그들이 선택해서 진행했던 퓨처서치에서 무엇을 할 수 있었는지 알려달라고 요청했다. 과연 반나절동안 무엇을 만들어낼 수 있었는지, 아니면 하루동안 어떤 결과를 만들어냈는지 정말 궁금하다.

■ 퓨처서치 강화하기

플로우스톤*Flowstone*의 클리오드나 멀헤른은 경제불황이 닥친 영국 샐포드에서 여러해에 걸쳐 커뮤니티 개발 프로젝트를 컨설팅하게 되었다. 시스템 전체*Whole system*를 다루는 접근방식으로 실행하기 위해 이 커뮤니티는 퍼실리테이션 방식을 활용하여 8주에 걸쳐 고용, 건강, 환경문제를 다루기 위해 주민과의 대화시간을 가졌다.

멀헤른은 곧바로 퓨처서치 방식을 사용하면 도시를 바꾸겠다는 아이디어의 배경이 되는 그 도시 전체를 더 잘 이해할 수 있을 거라는 생각을 하게 되었다. 시의회는 처음에는 주민들 차원에서만 진행할 생각이었지만 도시 전체 차원에서 진행하기로 결정했다. 퓨처서치를 하기 전에 멀헤른은 퓨처서치에 참여하게 될 아이들을 대상으로 4시간짜리 오픈 스페이스를 개최했다. "샐포드의 순간 포착: 사람과 기회를 연결하다"라는 이름으로 진행된 이 퓨처서치에 정부, 기업, 보건, 교육, 환경, 지역 활동가, 주민 등 모든 분야에서 참가했다

샐포드 시의회 부의장인 케빈 브레디는 "컨퍼런스에서 만들어낼

결과물이 우리가 이미 시작한 여정과 연계되어야 한다는 점을 우리는 분명히 했어요. 그 결과물을 지속가능한 공동체 전략에 넣을 수 있어서 정말 기쁩니다. 이제 우리 샐포드는 고용과 스킬교육, 아동 빈곤문제 해결을 위한 국가적인 시범프로그램 대상으로 승인받은 3개 도시 가운데 하나가 되었습니다."라고 말했다.

■ 긍정탐구와 퓨처서치의 통합

원하는 미래를 만들기 위해 강점과 성공을 활용하도록 도와주는 방법인 긍정탐구AI: Appreciative Inquiry와 퓨처서치를 함께 사용하는데에 많은 사람들이 주목하고 있다. 실제로 이 두가지 모두 참가자들의 내부로부터 최선의 것을 찾도록 도와주는 방법을 쓰고 있다. 긍정탐구 서밋은 퓨처서치의 디자인과 비슷한 점이 상당히 많이 가지고 있다.(Ludema et al., 2003)

  긍정탐구 리스트서브 관리자인 잭 브리튼은 "우리는 누구인가, 어떻게 여기까지 올 수 있었는가, 우리는 왜 지금 이 과정을 시작하고 있는가와 같은 질문에 답하기 위해 조직이나 지역사회의 역사를 검토하는 것에서 출발하기 때문에 퓨처서치의 구조 안에 AI를 포함시키는 것을 적극적으로 지지하는 사람이다."라고 썼다. 브리튼은 과거를 흘려보내는 것이 성공적인 긍정탐구에 필수적인데, 퓨처서치가 바로 이 점에서 사람들을 도와준다고 강조했다. "조직의 실패 때문에 사람에 대한 손실이 발생한다는 것을 부정하는 것은 순진하기 이를 데 없는 생각이다. 그런 생각은 조직이 사실이 아닐 수도 있는 실패의 속성들을 흘려보내고 새로운 미래로 들어가려는 노력을 방해하게 된다."

  인사이트 파트너스InSyte Partners의 마리 맥코믹과 도나 스쿠비스 피어스는 필라델피아 지역의 청소년과 교육사, 부모들을 모아 "마음 터놓고 대화하기!"라는 하루짜리 컨퍼런스를 1년 간격으로 3번 개최한 적이 있다. 에이즈로 아들을 잃은 스폰서는 젊은이들이 선택한 주제인 섹스와 에이즈, 마약과 알코올, 리더십, 영성, 10대 자살과 같은 민감한 이슈에 대한 사회의 인식을 높이고 싶어했다. 2천 명이 넘는 사람들이 이 컨퍼런스에 참석했다.

1차년도에는 퓨처서치 회의를 개최했고, 2차년도에는 긍정탐구 서밋을, 마지막 3차년도에는 의사결정 프로세스를 진행했다. 모든 행사에서 이들은 '실시간 전략변화*Real time strategic change*' 도구를 사용했다. "방법론은 중요하지 않아요."라고 맥코믹은 우리에게 말해주었다. "중요한 것은 청소년에게 말할 수 있는 기회를 주고, 청소년과 부모가 대화할 수 있도록 길을 열어주는 것이며, 도시와 인접도시가 함께 대화하고 공동의 행동을 취할 기회를 만드는 것입니다."

퓨처서치 네트워크의 베테랑 퍼실리테이터인 웨어하우스 코치의 돈 벤슨과 I-4 프로세스의 쉘리 스위트, 진 캐츠는 산타모니카-말리부(캘리포니아 소재) 통합 학교구역에서 "미래 교실 디자인"이라는 제목으로 3일에 걸쳐 20시간짜리 전략기획 컨퍼런스를 140명이 참가한 가운데 진행하였다. 커뮤니티를(다양한 민족들에게서 나오는 다양한 특성과 소득 규모도 다양한 이 지역에는 12,000명이 넘는 학생이 거주함) 참여시키기 위해 가진 사전회의에서 "긍정탐구"에서 사용하는 스타일로 인터뷰를 하고 인터넷을 활용하여 서베이를 진행했었다.

그런 다음 대형 호텔룸을 스크린으로 나누어 2개의 퓨처서치를 동시에 진행하였다. 매우 시끄럽긴 했지만 폭넓게 참여할 수 있게 한 방법이었다. "프로세스에 대해 가장 심각한 저항이 표출된 것은 학생들뿐만 아니라, 아프리카계 미국인과 라틴계 부모들이 자신들이 안고 있는 문제가 충분히 드러나지 않았다는 말을 했을 때였습니다."라고 퍼실리테이들은 그때 상황을 전해주었다. 그렇지만 이런 상황에서 학생들이 의견을 내기 시작했다. 결국 이 컨퍼런스는 교육의 평등과 공정성 문제를 일곱번째 우선순위로 결정하고 함께 다루기로 합의했다. 퍼실리테이터들은 "지역의 니즈를 충족시키기 위해서라면 어떤 종류로 디자인에 변화를 주든 모두 다 시도해볼 수 있습니다. 신뢰 분위기를 유지하려면 시간과 그룹 규모에 제약이 따르더라도 모든 단계에 전원이 참가할 수 있게 해줘야 합니다."라고 하며 그때의 경험을 통해 얻은 교훈을 우리에게 들려주었다.

인컴패스 LLC의 라번 웨브는 더뷰크의 주택/공동체 개발부서와 함께 정부와 민간부문 사이에서 오랫동안 첨예하게 대립되어온 주택의 적정가격에 대한 문제를 다루기 위해 2년에 걸쳐 퓨처서치와 긍정탐구를 결합하여 프로세스를 진행했다. 커뮤니티와의 협력을 통해 더뷰크 시는 5년짜리 통합계획을 만들었다. 이 통합계획 덕분에 더뷰크는 국가와 주에서 주는 주택/도시 개발상을 수상했다. 웨브는 "완전한" 퓨처서치를 해야 했지만 "특정한 상황에서 내가 한 대부분의 활동은 퓨처서치 원칙 위에서 만들어졌습니다"라고 말했다.

■ 오픈 스페이스와 퓨처서치의 통합

우리는 오픈 스페이스 테크놀로지 Owen, 1997가 퓨처서치와 영적 쌍둥이 같다는 생각을 자주 한다. 많은 사람들은 그들의 관심사에 대해 대화를 해야 할 필요가 있을 때 오픈 스페이스를 사용한다. 우리는 퓨처서치를 시작한 초반부터 행동계획을 수립할 단계에서는 디자인을 변경해서 진행해왔다. 많은 퓨처서치 네트워크 회원들은 중요한 일이나 하고 싶은 일을 결정하는데 도움을 주기 위해 퓨처서치를 하기 전이나 퓨처서치를 끝낸 후에 이 방법을 사용하였다.

캐나다 출신의 컨설턴트인 재클린 펠레티에는 석탄과 철강산업이 문을 닫고 어업이 위기에 처한 케이프 브레튼에서 15세에서 30세 사이의 100명의 젊은이들과 함께 오픈 스페이스를 열었다. 우리가 퓨처서치를 했던 '남수단의 아이들'이라는 비디오를 본 커뮤니티 구성원들은 24명의 젊은이들을 포함하여 80명이 함께 하는 퓨처서치를 조직했다. "2005년 십대들이 도달할 목적지 - 성공에 기반한 공동행동으로 케이프 브레튼 십대들의 미래 강화"라는 제목으로 퓨처서치를 진행했었다. 펠레티에에 따르면, "젊은 참가자들에게 수단에서 진행되었던 비디오의 일부를 오프닝 발표에서 보여준 다음, 케이프 브레튼에서 그들이 어떻게 생활하고 있는지, 왜 그들의 고향인 이곳에서 배우고 일하고 가족을 부양하고 싶어하는 지에 대해 말을 할 수 있는 기회를 모두에게 주었습니다."라고 말했다.

네츄럴 스텝 Natural Step과의 통합

'네츄럴 스텝(The Natural Step, 1989년에 스웨덴에서 설립된 비영리/비정부 조직. 보다 나은 미래를 위해 지속가능성에 대한 교육과 컨설팅을 제공하고 있음 - 옮긴이) 프레임워크와 계약을 하려면 4가지 조건에 동의해야 한다. 4가지 조건을 좀 더 자세히 살펴보자. 첫째로는 화석연료와 미네랄 이용을 제한해야 한다는 것이고, 둘째로는 합성재료가 환경에 퍼지는 것을 최소화해야 하는 것이다. 세번째는 자연의 시스템을 보존해야 하고, 마지막으로 모든 인간이 가지고 있는 기본적인 욕구가 충족될 수 있게 해줘야 한다는 것이다. 뉴저지에서 활동하고 있던 랄프 코플먼과 그의 동료들은 네츄럴 스텝이 가지고 있는 철학에 기반을 두고 '지속가능한 로렌스 Sustainable Lawrence, Inc'라는 새로운 조직을 출범시키기 위해 125명의 참가자와 함께 2개의 퓨처서치를 동시에 진행하였다. 그들은 초대장과 컨퍼런스 자료, 회의실에 비치한 플립차트에 네츄럴 스텝이 요구한 4가지 조건을 강조해 넣었다. 코플맨은 "미래 시나리오 만드는 활동을 시작하기 전에 모든 발표는 4가지 조건 중 하나 이상에 대한 대답을 담고 있어야 한다는 것을 분명히 전달하기 하기 위해, 5분동안 4가지 조건에 대해 소개를 했습니다. 3년이 지난 후까지 우리는 우리가 하는 모든 일에 대해 판단할 때 이 조건을 근거로 판단합니다."라고 말했다.

시나리오 플래닝

시나리오 플래닝은 미래에 어떤 일이 일어날지에 대한 가정을 토대로 그룹이 네 개의 시나리오를 만들게 하는 방식이다(Lindgren and Bandhold, 2003). 이 활동은 주로 참가자들의 인식과 분석적인 능력을 활용한다.

최악의 상황이 벌어졌을 때 참가자들이 할 수 있는 것이 무엇인지 사전에 생각해보도록 하겠다는 것이 이 활동의 목적이다. 두 가지 방법들을 가장 자연스럽게 맞출 수 있는 방법은 최선의 시나리오라고 생각하는 것에 대한 실행전략을 수립하기 위해 퓨처서치를 사용하는 것이다.

헬스케어 매니저들에게 참여적인 행동을 소개해주기 위해 네덜란드에 있는 파레온 컨설팅의 프란치스카 플레밍거는 시나리오 플래닝에 퓨처서치의 원칙을 통합해서 진행하기로 했다. 이전에 워크숍에서 진행했던 교육에 참가했던 사람들은 참여적인 행동에 대해 배우긴 했지만 실행으로 옮기지는 않았다. 그래서 이번에는 실현 가능하면서도 바람직한 시나리오를 만들기 위한 전략으로 퓨처서치를 포함하기로 한 것이다.

주어진 4시간 동안, 플레밍거는 퓨처서치의 원칙과 방법론을 소개해주고 참가자들이 가장 가치있다고 생각하는 시나리오를 퓨처서치 과제로 다듬게 했고, 그 시나리오에 필요한 이해관계자 리스트도 만들게 했다. 그런 다음 세계 여러 곳에서 진행했던 퓨처서치 중에서 이들과 관련이 있는 퓨처서치에서 사용했던 이해관계자 명단을 그들에게 보여주고 퓨처서치를 진행하는 비디오도 보여주었다. 그후 매니저들에게 다른 사람들이 사용했던 프로세스를 현재 자신들이 처한 상황에서도 사용할 수 있을지에 대해 이야기를 나누게 했다.

맞춤형 디자인

스펙터 앤 어쏘시에이츠의 헬렌 스펙터는 뉴욕주 중심부, 뉴저지, 뉴왁에 있는 성공회 교구민 수백 명과 함께 이틀에 걸쳐 진행하게 될 "비전 서밋"을 퓨처서치 원칙에 입각해서 디자인하였다. 스펙터는 퓨처서치 경험이 풍부한 퍼실리테이터들로 팀을 만들어서 참가자들이 다음의 2가지 질문에 답을 할 수 있도록 했다:

▶ 우리의 열정을 쏟아부을 수 있는 사역은 어떤 것이며, 그것을 위

해 신도들과 공동체가 해야 할 역할은 무엇입니까?

▶ 신도들만으로는 할 수 없는, 우리 지역 내에서 공동으로 할 수 있는 것은 무엇일까요?

"시스템 전체"가 참가한 가운데 모든 참가자들은 소그룹으로 나뉘어 그들이 어떤 활동을 할 수 있을지 탐색하기 시작했다. 이 일을 의뢰했던 주교는 "뉴왁에서 진행한 이 행사 덕분에 그때까지 우리에게 없었던 강한 유대감이 형성되었습니다. 세계무역센터빌딩이 무너졌을 때 그 유대감이 힘을 발휘했어요. 모든 신도들이 나서서 서로를 도와주었습니다."라고 스펙터에게 말했다.

그룹을 섞을 것인가 말 것인가?

캐나다에서 활동을 하는 장-피에르 뷸리는 월드 까페, 오픈 스페이스, 퓨처서치를 수년간 활용해온 사람이다. 그러나 그는 이것들을 함부로 뒤섞어서 사용하지는 않았다. 그는 회의 목적은 무엇이고, 회의를 하는데 주어진 시간은 얼마나 되는지를 먼저 확인한다. 그는 "성공적인 행사인가 아닌가에 대한 제 입장은 함부로 여기저기서 '잘라서 갖다 붙이는' 방식을 사용하지 않고 충분히 검증된 프로세스를 사용하는데 달려 있다고 봅니다."라고 우리에게 자신의 경험을 들려주었다. 시간이 하루밖에 없거나, 하루도 되지 않는 짧은 시간밖에 확보하지 못할 경우에는 (분명한 목표가 있을 경우), 월드 까페를 활용하여 그룹이 대화할 수 있게 하는 것이 좋다고 귀띔해준다. 하루하고도 반나절의 시간을 확보할 수 있을 경우, 다행히도 이틀을 확보한 경우에는 오픈 스페이스를 더 즐겨 사용한다고 한다. "그렇지만 이틀 이상 시간을 얻어낼 수 있으면, 의심할 필요도 없이 당연히 퓨처서치를 선택합니다."라고 말한다. 그는 공유비전을 만들기 위해 퓨처서치로 시작했다가, 이후에는 오픈 스페이스를 사용하여 필요한 후속조치를 위한 행동을 도출하기도 한다. 이렇게 디자인하면 비전을 위한 실행전략을 만들 때 더 큰 규모의 이해관계자들을 참여시킬 수 있다.

릭 렌트라는 퍼실리테이터는 우리가 디자인해놓은 기본안을 그대로 지키는 것을 선호한다. "제가 디자인에서 바꾼 2가지 변화는 퓨처서치 이전이나 이후에 대해서 뿐입니다. 퓨처서치를 시작하기 전에는 대화의 문을 활짝 열기 위해서, 그리고 퓨처서치 이후에는 결과물에 보다 많은 사람들을 참여시킬 목적으로 오픈스페이스를 사용합니다."(Lent et al., 2005 참고)

하루 안에 할 수 있는 것은?

노르웨이 출신 컨설턴트인 비요른 브륜스태드는 퓨처서치를 준비하기 위해 12명의 운영위원과 함께 시범적으로 퓨처서치를 진행하여 이들이 직접 경험해볼 수 있게 해주었다. "그 시범 미팅은 본 행사를 기획하기 위한 행동계획 수립과정이었습니다. 그렇지만 결과는 놀라웠어요. 많은 에너지들이 분출되었고 훌륭한 통찰과 아이디어, 새로운 약속들이 쏟아져 나왔습니다. 본 행사를 하기 전에 시범행사를 해보는 것도 좋을 것 같습니다. 서로를 이해하고 공통 관심사를 향해 움직이는 데 있어 이전에 했던 그 어떤 활동보다 훨씬 많은 도움이 되었다고 참가자들이 말해줬습니다."라고 그는 말했다.

호주 멜버른에 있는 험프리스 그룹의 조이 험프리스는 수자원을 관리하는 정부기관인 멜버른 워터*Melbourne Water*와 함께 퓨처서치에 기반한 하루짜리 이벤트를 여러 차례 진행해본 컨설턴트다. 조이는 커뮤니티 내에서 파트너십을 구축하기 위해 "연결하기*Making Connections*" 라는 이름으로 진행할 회의를 디자인했는데, 롭 스키너 이사는 "퓨처서치 원칙은 이해관계자와의 관계에 대한 우리의 인식을 완전히 바꿔놓았습니다. 지금도 우리 커뮤니티에는 퓨처서치 원칙이 생생하게 살아있습니다. 이해관계자들이 참여할 수 있는 자리를 만들도록 우리에게 지속적으로 영향을 주고 있습니다." 라고 말한다.

'뉴 호라이즌 컨설팅'의 버나 블루웨트와 '쇼 아이디어'의 안드리아 쇼는 노동자와 경영진간의 갈등에 시달리고 있는 호주의 석탄산업에 대한 연구 프로젝트의 일환으로 서로 다른 주제들을 다루기 위해 3개의 이벤트를 하루 동안 개최한 적이 있다. 각 이벤트에 참가한 사람은 40명에서 70명 사이였다. 이벤트의 목적은 광부들의 건강과 안전에 관한 연구 프로젝트의 진행상황을 이해관계자들에게 알려주고, 보다 건강하고 안전한 석탄산업이 되게 하기 위해 어떻게 변해야 할지에 대한 의견을 들어보는 것이었다. 각 이해관계자 그룹에 참석했던 사람들은 그때까지의 연구결과를 살펴본 후 자신들의 의견을 제시했다. 또한 탄광의 안전과 그에 영향을 미치는 외부 트렌드를 분석한 후, 2017년이라는 미래시점을 두고 그들이 생각하는 이상적인 미래의 시나리오를 신문기사 형식으로 표현하였다. 이런 과정을 통해 참가자들이 희망하는 공통 관심사를 도출하고, 미래를 위한 전략을 만들어냈다. 이 모든 일들이 아침 9시 30분에서 오후 4시 30분 사이에 일어났다! 믿기 어렵지만 이 모든 것은 사실이다.

"시간은 엄격하게 관리되어야 합니다. 사람들이 전략을 생각하는 후반부에는 더 엄격하게 관리해줘야 합니다. 계획한 것이라고 해도 그것을 완료하기 전에 중단하는 일도 있을 수 있다는 점을 참가자들에게 말해줍니다. 하루 일정으로 회의를 진행할 때 부딪히는 어려움이 바로 여기에 있습니다. 그럼에도 불구하고 가치있는 일을 해낼 시간은 충분하다는 사실을 우리는 발견했어요. 명확한 목적과 구체적인 목표를 정하고, 그것을 참가자들에게 사전에 알려주고, 회의를 시작하는 시점에서 다시 한번 반복해서 강조해주는 것이죠. 우리는 참가자들로부터 아주 좋은 피드백을 받았습니다. 매년 이런 활동을 계속해야 한다는 것이 그들이 만들어낸 결과물 리스트에 올라와 있었습니다."

스티브 라이든과 유니다 브루어-프레이저는 러트거스 대학Rutgers University에 있는 19개 동문단체들이 소속된 연합회와 함께 8시간동안 퓨처서치를 진행하기로 했다. 동문들을 위한 전략을 조정하고 멤버십과 지원을 확대할 방안을 찾기 위해 그 자리가 마련되었다. 그들은 50명의 참가자를 5개의 이해관계자 그룹으로 만들었다. 시간절약을 위해 질문리스트를 사전에 나눠주고 미리 응답해달라고 요청했다. 본 회의에서는 점심시간까지 타임라인 챠트와 현재 트렌드에 대한 마인드맵을 완성했고, 오후에는 미래 시나리오, 공통 관심사, 행동 계획을 압축해서 진행하였다.

"오후 중반까지 그룹의 에너지가 높은 수준으로 올라갔는데, 미래 시나리오 작업을 끝낸 후부터 에너지가 급격하게 떨어졌습니다. 그래서 우리는 공통 관심사와 실행을 위해 필요한 현실 확인 단계를 재빨리 통합해서 진행하였습니다."라고 라이든이 우리에게 말해주었다. 라이든은 다음에도 같은 방법으로 디자인할까? 준비를 위해 모인 기획자들이 사전에 동의해주면, 각 이해관계자 그룹의 참가자 수를 6명 또는 그 미만으로 유지하고, 전체 참가자 수를 최대 40명까지로 제한해서 퓨처서치를 디자인하면 더 안전하게 퓨처서치 프로세스를 운영할 수 있을 것이다.

■ 이틀의 시간이 주어진다면?

이머징 디자인 컨설팅Emerging Design Consulting의 보니 올슨은 "지금까지의 경험으로 볼 때, 2일 안에 행동계획 수립까지 마친다는 것은 도저히 불가능한 일이었습니다."라고 했다. 어떤 경우에는 참가자들 입에서 반나절을 더 추가했어야 한다는 말이 나온적도 있었다. 또 다른 경우를 보면, 결국 이틀 내에 다 끝내지 못해서 스폰서들이 자신들이 정기적으로 해오던 경영진회의를 사용하여 행동계획을 만들었다고 한다.

"그들은 뒤늦게(우리가 사전에 경고했음에도 불구하고) 기본적인 모델을 사용하지 않은 것을 후회하였습니다. 나중에 다시 모여서 행동계획을 만들었기 때문에 양쪽 그룹 모두 퓨처서치가 만들어낸 것을 실행하는 데 도움이 될 공동의 약속Collective commitment을 그 자리에서 할 수 없게 되었습니다."

다양한 시간 프레임에 퓨처서치 맞추기

그룹워크Groupwork Inc.의 밥 캠벨과 린다 존스는 2000년에서 2008년 사이, 8년동안 호주에서 퓨처서치를 11번 진행했다. 그게 다가 아니다. 퓨처서치에 기반을 두고 진행했던 짧은 이벤트는 수도 없이 많이 진행하였다. 그들이 진행했던 이벤트의 대부분은 공공부문을 대상으로 시스템 전체가 참가한 가운데 전략계획을 수립하는 것이었다. 그들은 시간에 상관없이 모든 행사에 "전체 시스템"이 참여하게 했고, 자율적으로 운영하도록 소그룹을 구성해서 미래에 초점을 두고 퓨처서치를 진행했었다. 짧은 시간 안에 끝내야 하는 경우에는, 시간에 대해 걱정하는 참가자들의 마음에 잘 대응해줘야 한다.

반나절짜리 이벤트든, 아니면 3일이 걸리는 이벤트이든, 어떻게 그 시간을 활용해서 진행하는지를 참가자들이 한 눈에 볼 수 있도록 이 두 사람은 매트릭스를 만들었다. 디자인 변경 없이 원래대로 퓨처서치를 진행할 때만 참가자들이 모든 관점(개인적인 관점, 글로벌 관점과 로컬 관점)에서 주제를 탐구할 수 있게 했다. 캠벨과 존스는 시간이 반나절 밖에 없을 경우에는 꿈꾸는 미래에 대한 시나리오를 만드는 일에만 집중했다고 한다.

3일 미만의 일정으로 진행해야 할 경우에는 "좋은 것과 그다지 좋지 않은 것Good and not-so-good things"이라고 이름 붙인 과제를 추가했다. 시간이 하루나 이틀뿐이면 핵심적인 퓨처서치 과제(예: 타임라인 챠트, 트렌드 분석, "자랑스러운 점과 아쉬운 점prouds and sorries")은 빼고 진행하고, 하루밖에 없을 경우에는 트렌드까지는 그려보지만 추가작업은 할 수 없다고 했다. 이틀인 경우에는 트렌드 마인드맵을 "현재상황에 대한 어려운 질문"을 제기할 목적으로만 사용하고, 꿈꾸는 미래에 대한 시나리오 작업은 항상 빠뜨리지 않고 진행한다고 했다. 그렇지만 3일의 시간이 주어지면 행동계획 수립까지 끝낼 수 있다고 했다.

캠벨과 존스은 짧은 시간동안 진행했던 행사에서 도출해낸 많은 긍정적인 결과물을 떠올리며, "짧은 시간밖에 없을 경우에 사용할 수 있는 프로세스 패키지도 우리는 만들어뒀어요."라고 말했다. 또한 "가장 강력한 성공요인은 워크숍을 참가자들이 자체적으로 운영하느냐에 달려있습니다. 우리는 사람들이 과제를 직접 운영하는 것에 쉽게 적응하고, 심지어 그 과정을 즐기는 것까지 보았습니다. 때로는 '지금 우리가 하는 이 워크숍은 뭔가 확실히 달라요!' 라고 말하는 것도 들었습니다." 라고 말했다.

캠벨과 존슨이 말하는 핵심포인트는 다른 베테랑 퓨처서치 퍼실리테이터들이 말한 것과 크게 다르지 않다. "디자인 변경 없이 원래 디자인대로 진행한 퓨처서치에서 얻은 결과물이 시간을 줄여서 진행한 행사에서 나온 것보다 언제나 더 훌륭했습니다.", "우리는 시간을 줄여서 진행한 행사를 퓨처서치라고 부르지 않습니다. 디자인한 것을 보면 회의인데도 퓨처서치라는 용어를 그대로 사용하는 걸 보면 얼굴이 달아오르기까지 합니다."

PART IV
지속하기

13장   지속성 유지를 위한 후속조치
효과적인 후속조치를 취하는 방법

14장   경험자로부터 들어보기
퓨처서치 스폰서들로부터의 조언

15장   퓨처서치에 대한 연구와 평가
효과를 입증하는 공식적인 연구

13장

지속성 유지를 위한 후속조치

후속조치는 준비단계에서 이미 시작된다

준비위원회가 수개월 전에 내린 결정이 퓨처서치의 마지막 몇 시간안에 엄청난 차이를 만들어낸다. 후속조치를 취할 수 있도록 지원해줄 자원이 제공되어야 제대로 후속조치를 취할 수 있다. 준비위원들은 회의 장소 결정, 우편물 발송, 웹사이트 제작, 이메일 발송에 필요한 것을 제공할 준비가 되어 있는가? 준비회의에 참석하지 않은 사람들에게 퓨처서치에 대해 알릴 방법을 준비해두었는가? 검토회의 일정을 미리 잡아 두었는가? 퓨처서치를 기획하는 준비회의에서 후속조치를 위한 씨앗은 뿌려질 수 있을 뿐만 아니라 반드시 뿌려져야 한다.

퓨처서치를 준비하는 자리에 반드시 참석해야 할 이해관계자들이 참석하기만 하면 얼마든지 새로운 일을 기획할 수 있다. 예를 들어보자. 기부자를 준비회의에 참석하게 하면 그렇지 못한 경우에 비해 퓨처서치가 끝난 후 기부금을 받아낼 가능성은 훨씬 높아진다(7장에 이미 많은 사례를 소개했으니 참고하면 된다). 그 자리에 초대된 이해관계자들이 모든 참가자들의 공통 관심사가 어디에 있는지 확인하면 행동계획을 수립하는 것은 그다지 어려운 일이 아니다. 퓨처서치가 끝난 후 업무조정이 필요할 때까지 모든 위원들이 위원회에 계속 남아있게 할 방법을 마련해두면 지속가능한 후속조치를 차질없이 마칠 수 있다. 그렇지만 퓨처서치를 끝낸 후에도 아무 후속조치가 없을 때도 있다. 그렇다고 해도 이상한 일은 아니다. 그러나 퓨처서치 이후 후속조치가 많지 않다는 말은 계획수립 단계에서 기본적인 사항들에 제대로 주의를 충분히 기울이지 못했음을 것을 반증하는 것이다. 후속조치를 취하게 하고 싶으면 퓨처서치를 시작하는 시점부터 반드시 성공한다는 것을 전제로 하고 준비해야 한다. 이 말은 사람들이 자신의 일을 조정하고 통제하는 데 필요한 대화를 충분히 나누게 해줄 회의(대면회의 또는 가상회의) 기법들을 배워야 한다는 뜻이다.

Q: 퓨처서치 이후 지속적인 실행에 필수적인 요소는 무엇인가요?

A: 사람들이 서로 간에 상호의존적이고 리더십을 발휘할 수 있는 기회가 있을 때, 책임을 받아들일 수 있을 때, 그리고 서로 간에 권한을 가지고 조정할 수 있게 해줄 지원, 자원, 정보에 접근할 수 있을 경우에는 실행 가능성이 훨씬 더 높아진다.

정상적인 기능을 막는 것

역설적으로 들릴지 모르겠지만 많은 사람들은 성공할 가능성이 가장 낮은 구조로 가망도 없는 조건들을 바꾸기 위해 힘들게 노력한다. 여러 사람들을 "조정"하는 일을 한 개인이나 한 그룹에게 맡기는 것이 바로 그런 예이다. 이 방법에는 문제가 있다. 왜냐하면 사람들이 스스로 조정하고 통제할 때 시스템이 가장 잘 돌아가기 때문이다. 어느 누구도 인터넷을 조정하기 위해 달려들지는 않는다. 조정을 잘 하는 사람은 규정을 준수하는지 아닌지 감시하는 독재자가 아니다. 오히려 그들은 사람들이 자기 자신을 자율적으로 잘 관리할 수 있는 구조를 만드는데 더 많은 관심을 보인다. 그들은 조직의 전체 시스템이 이끌고 지원하고, 자원을 활용하고, 정보를 공유하는 일에 관여한다. 이 장에서는 퓨처서치를 준비하는 단계에서 이런 핵심이슈들을 이미 다루었다는 가정 하에 후속조치를 어떻게 하는지에 대해 소개하려 한다. 변혁을 위한 씨앗을 뿌리고 물을 주었다면 이제부터는 그 씨앗들이 잘 자랄 수 있게 해줘야 할 단계이다.

후속조치를 위한 씨앗 심기

우리는 8장에서 행동계획을 포함한 퓨처서치 디자인 전반에 대해 소개했었다. 많은 사람들이 실행약속을 받아내는데 도움이 될만한 조언을 해주었다. 예컨대 스펙터 앤 어소시에이츠의 헬렌 스펙터는 퓨처서치를 끝낸 후에 참가자들에게 자신들을 흥분하게 한 것은 무엇인지, 자신들을 변하게 한 것은 무엇인지에 대해 기록으로 남겨보라고 조언해주었다. 옆에 앉은 파트너와 간단하게 대화를 한 뒤에, 10㎝×15㎝ 크기의 카드 한 면에 자신이 약속할 수 있는 후속조치를 적고, 다른 한 쪽에는 연락처를 적게 했다. 기획팀은 몇개월 동안 카드를 보관하고 있다가 그것을 작성한 사람들에게 보내어 그때까지 한 일을 적어서 회신해 달라고 요청했다. 그들로부터 받은 모든 응답을 지속적인 후속조치의 일환으로 모든 참가자들에게 다시 보내서 후속조치가 어떻게 일어나고 있는지 알 수 있게 해주었다.

후속조치 전략

가장 효과적인 후속조치 전략은 "전체"라는 인식을 높이고 실행에 대한 책임을 지게 하기 위해 모든 사람들의 참여를 이끌어내는 것에 달려 있다. 그러나 이 간단한 원칙은 너무나 쉽게 간과된다. 다음에 소개하는 것 계획수립 방법이 무엇이든 그것을 평가할 때 사용해볼 수 있는 방식이다. 우리는 아래 사항만 잘 지키면 언제나 성공할 수 있다고 본다. :

- ▶ 모든 사람이 전체에 대한 관점을 갖게 한다.
- ▶ 사람들이 스스로 행동할 수 있도록 지원해준다.
- ▶ 상호 협력하도록 장려한다.

그러나 아래와 같이 하면 실패를 피하기 어렵다:

- ▶ 사람들을 아무것도 볼 수 없는 어둠 속에 내버려둔다.

▶ 사람들이 주도권을 갖도록 허용해주지 않는다.

▶ 사리사욕을 취하는 행동을 인정해준다.

반드시 성공해야 한다는 간절한 마음으로 많은 사람들이 사용했던 여섯 가지 실천사항을 아래에 소개한다.

성공을 위한 여섯 가지 실천사항

보고서와 뉴스레터

퓨처서치를 끝낸 후에는 빠른 시간 내에 보고서를 작성해서 즉시 배포해야 한다. 이메일, 리스트서브 *list-serves*, 페이스북, 트위터 같은 소셜 네트워크는 물론, 옛날 방식이긴 하지만 온라인 뉴스레터와 하드카피 뉴스레터를 사용해서 각 개인들이 실행한 결과들을 모든 관련자들에게 보내서 진행과정을 알 수 있게 해주는 것이 좋다. 보고서는 다양한 모양과 크기, 형태로 작성할 수 있다. 네 가지 색상으로 보기좋게 만든 전략계획에서부터 파워포인트 자료와 다운로드가 가능한 PDF 파일로 보고서를 작성할 수도 있다. 인터넷 검색엔진에 '퓨처서치' 라는 단어를 입력하면 다양한 형태의 보고서가 올라올 것이다. 이것들을 참고해서 상황에 맞게 보고서를 만들 수 있다.

'이머징 디자인 컨설팅'에 근무하는 보니 올슨은 커뮤니티 봉사를 할 때나 실행위원회에서 함께 활동할 자원봉사자들을 모집할 때 퓨처서치 "보고서 개요 *Executive summary*"를 사용하는 스폰서를 본 적이 있다고 한다. 또 어떤 스폰서는 공통 관심사와 미래 시나리오가 담긴 세부 보고서를 참가자들에게 보내는가 하면, 또 어떤 경우에는 많은 사람들을 실행과정에 끌어들이기 위해 실행계획을 강조하는 그림이 담긴 짧은 요약본을 커뮤니티에 돌리기도 했다. 그들은 대학생들을 활용하여 퓨처서치 활동을 담은 비디오도 만들게 했다. 요약본과 비디오는 풀뿌리 그룹에게 다가갈 때 특히 많은 도움이 되었다. 직접 퓨처서치에 참가하지 않았던 사람들도 이 요약본과 비디오 영상을 통해 많은 영감을 받았을 뿐만 아니라 그동안 쏟아온 핵심노력들을 이해할 수 있게 되었다. 또 다른 스폰서는 준비위원회에게 퓨처서치 요약본을 만들게 해서 그동안 지원금을 보내준 후원자들에게 보내주었다. 상공회의소와 기업들과 함께 진행하는 커뮤니티 봉사활동에 참여할 때도 이 요약본을 활용하였다.

플로리다 대학의 치의학부 학장인 테레사 돌런은 '21세기 전문가 양성'을 준비할 때 퓨처서치를 통해 만들어온 많은 활동들을 하나하나 소개하기 위해 직접 편지를 쓰기도 했다.

▶ 새로운 임상치과 교육 모델
▶ 전략적 파트너십을 전담할 학장 지명
▶ 환자 추천 시스템 개선
▶ 저소득층 주민을 위한 치과 서비스
▶ 지역주민을 채용한 소아 치과병원

"이런 주도적 활동들을 실행하게 해주는 창의성과 에너지, 열정은 퓨처서치에서 나왔습니다."라고 편지에 손으로 직접 적었다. 더 많은 사례를 알고 싶은 사람들을 위해 웹사이트를 검색해보라는 조언도 덧붙였다. 퓨처서치 네트워크 회원이자 플로리다 약학대학 교수인 마이클 슈워츠 박사와 리타 슈바이츠 퍼실리테이팅 & 컨설팅Rita Schweitz Facilitating & Consulting의 리타 슈바이츠가 이 퓨처서치를 진행했었다.

웹사이트

퓨처서치를 기획하는 단계에서 웹사이트를 오픈하고, 관련된 모든 뉴스와 사진, 문서를 공개하는 것이 좋다. 웬만한 커뮤니티와 기관들은 대부분 웹사이트를 가지고 있다. 흥미롭게도 퓨처서치를 할 때마다 웹사이트를 만들고 관리할 줄 아는 사람들은 반드시 있다. 웹사이트는 퓨처서치 보고서를 비롯하여 관련 문서들을 올려두는 아주 단순한 형태로 사용하기도 하지만 전담팀 내, 또는 다른 팀들과 지속적인 대화그룹을 운영하는 보다 정교한 형태로 사용하기도 한다. 대화채널로 웹사이트를 사용할 경우, 이용자들은 이곳에서 채팅을 하고, 문서나 사진, 심지어 비디오 영상까지 올려가면서 대화를 할 수 있다. 인터넷 검색엔진에서 "퓨처서치"를 입력하면 더 많은 좋은 사례를 볼 수 있다. 웹사이트는 순차적으로 진행되는 프로젝트 내용을 놓치지 않고 따라갈 수 있게 해주며, 의사소통을 신속하게 해주고, 개인이 별도로 문서를 보관할 필요 없이 중앙저장소에 보관할 수 있게 해주기 때문에 누구나 필요할 때마다 문서를 확인해볼 수 있다.

대화형 미디어

전화 회의나 이메일, 블로그, 소셜 네트워크, 리스트서브, 트위터, 이 모든 것들은 사람들간의 연결고리가 끊어지지 않게 해주고, 전체에 대한 감각을 유지하게 해준다. 모든 사람들을 위해 좋은 일을 하는 데 자신이 일부가 되고 있다는 경험을 할수록 그 좋은 일에 대한 집중과 헌신을 유지할 가능성은 그만큼 더 높아진다.

세계 최대 가정용 가구회사인 이케아는 퓨처서치의 말미에 글로벌 물류시스템을 개선하기 위해 7개의 특별 프로젝트팀을 만들었다. 각 국가에서 근무하는 프로젝트 팀원들과 함께 최근정보를 알려주거나 마감일자를 정하기도 하고 안건에 대한 논의뿐만 아니라 다음 단계를 결정하는 전화미팅을 정기적으로 가지기도 했다. 2010년까지 진행되었던 전화미팅에서 참가자들은 파워포인트를 활용하여 프리젠테이션을 하기도 하고, 비디오 영상이나 관련 문서를 실시간으로 공유하기도 했다. 이 모든 활동들은 프로젝트를 성공적으로 추진하는데 많은 도움이 되었다.

후속조치를 위해 한 공간에서 직접 만남

파티, 커피, 차, 저녁식사, 거리 축제, 갤러리 전시, DVD 발표와 같은 것들은 편안한 공간으로 사람들을 다시 불러모으는데 적격이다. 퓨처서치 보고서 발간일이나 결실을 맺게 해줄 최초의 계획, 또는 새로운 기관(도서관, 어린이집, 농구장)의 활동을 처음으로 시작하는 중요한 단계에서는 사람들이 서로 만나서 축하를 나누도록 하라. 하와이 오아후에서 스폰서들은 "후포노 쿠라우 로아*Ho'opono Ko'olau Loa*"를 끝낸 후에 하와이식 파티를 열어 2천명이 함께 즐거운 시간을 나눌 수 있게 해주었다. 뉴스레터도 발간하기 시작했다. 7개 공동체가 돌아가면서 매달 회의를 열어 필요한 행정적인 지원을 해주기로 했다. 9년이 지난 후 그간의 활동을 검토하기 위해 우리가 찾아갔을 때도 그들은 여전히 그렇게 하고 있었다!

계획 연기

몬트리올에서 퓨처서치를 위해 활동하는 장 피에르 뷸리는 비전까지만 세우고 실행계획은 다른 사람들이 참여할 수 있을 때까지 미뤄둔 채 퓨처서치를 끝내는 걸 좋아했다. 다른 사람들이 비전을 받아들일 수 있게 해줄 회의를 몇 달간 진행한 후에 300명이 넘는 참가자들과 함께 오픈 스페이스 회의 방법을 통해 강력한 실행계획을 만드는 후속활동을 이어갔다. 일반적으로 3개월에서 6개월마다 검토회의를 하면서 후속조치들이 제대로 일어나는지 챙기는 활동을 하는 것이 좋다.

검토 회의

기획단계에서부터 검토 회의를 염두에 두면서 첫 번째 검토 회의를 언제 할 할 것인지 미리 날짜를 잡은 후, 퓨처서치 종료시점에 그 날짜를 발표하라. 검토 회의는 직접 얼굴을 보면서 진행할 수도 있고 웹캠이나 회의 소프트웨어를 활용하여 진행할 수도 있다. 시스템 전체 차원에서 진행하는 검토 회의는 이제 하나의 경영모델로 자리잡아 가고 있다. 복잡하지 않으면서도 매우 효과적이어서 편리하게 검토회의를 할 수 있게 해준다.

대면회의를 하려면 적합한 공간을 찾아서 예약하고, 초대장을 보내고, 커피를 주문할 사람이 있어야 한다. 그러면 사람들은 개인적인 업무를 조정해서 검토회의에 참가한다. 기한이 정해지지 않은 미래에 후속조치를 검토하려면 첫번째 회의를 끝내는 시점에서 다음 검토회의 일정을 잡아도 된다. 오픈 스페이스와 월드 까페 같은 인기있는 방법을 사용하거나 소그룹을 만들어서 서로 이야기를 나누게 할 수도 있다. 모든 사람이 동일한 세상에 대해 말하게 할 때는 그들이 달성한 것, 새롭게 나타나는 트렌드, 다음 단계 또는 원하는 것이 무엇이든 그것에 대해 마인드맵을 만들어보게 하라. 그것을 소그룹이 전체 그룹에게 보고하게 하고 다음 단계에 집중해줄 것을 요청하라. 마인드맵은 모든 사람들이 전체를 한 눈에 볼 수 있게 해준다.

참가자들이 성취한 것과 새로운 트렌드, 다음 단계를 논의하게 되는 검토 회의는 그들 스스로 일을 조정하고 통제할 수 있게 해준다.

검토 회의 디자인

검토회의는 대체로 4시간에서 6시간에 걸쳐 진행한다. 일반적으로는 특별 프로젝트팀이나 개인이 아래와 같은 기본사항을 담고 있는 보고서를 공유하는 것으로 시작한다. 예를 들면:

- ▶ 우리가 하기로 한 것
- ▶ 실행한 것
- ▶ 다음에 할 것
- ▶ 필요한 도움/지원사항

아래와 같이 검토한 회의를 디자인하면 비교적 원활하게 진행할 수 있다. :

- ▶ 초대된 각 그룹에게 30분의 시간을 주고 위에 소개한 기본사항에 대해 5분간 발표하게 한다. (새로 온 사람은 적절한 그룹에 앉힌다) (30분)
- ▶ 그룹이 나와서 보고서를 발표하고, 그에 대해 토론한다. (45분)
- ▶ 그룹은 보고서 내용에 따라 추가작업을 한다. (1~2시간)
- ▶ 그룹은 추가로 작업한 보고서 내용과 다음 진행단계에 대해 설명한다. (30분)

이런 검토회의 패턴을 수년동안 지켜오고 있는 조직들도 있다. 실행계획 수립을 신선하게 유지해주고 모두를 연결해줄 뿐만 아니라 모든 당사자들에게 의미있게 해주는, 간단하면서도 비용이 들지 않는 방법이다.

컨설턴트 팁

퓨처서치를 기획하는 단계에서부터 검토회의에 대해 계약을 하는 것이 좋다. 사람들이 스스로 진행하는데 얼마나 도움이 필요한지에 대해서는 나중에 결정하면 된다. 퓨처서치 말미에 조정을 맡은 위원회가 실행 그룹을 연결해서 정보의 흐름이 원활하게 흘러갈 수 있는 구조를 만들어주는 것이 필요할 때도 있다. 만약 이렇게 하도록 도와달라고 요청해 오면 도움을 주도록 하라. 특별한 요청이 없으면 그때는 물러나주는 것이 좋다. 계획을 세우는 책임이 자신들에게 있다는 것을 알게 되면 사람들은 외부로부터의 도움 여하에 상관없이 실행으로 옮길 것이다.

현실 검증

퓨처서치를 하고 나서 6개월 정도 지난 후에 개별적으로 사람들을 만나 무엇을 성취했는지 물어본다면 어떤 사람들은 "별로 많지 않아요." 라고 말할지 모른다. 그러나 그들이 지금 하고 있는 것에 대해 대화할 수 있는 자리로 그들을 오게 하면, 그들 자신은 물론 당신도 그들이 실행한 정도를 듣고 깜짝 놀라게 될 것이다. 이런 대화에 직접 참여한 사람들은 인터뷰나 서베이에 참여한 사람들과는 다른 현실을 경험한다. 여러 사람이 모여 서로 의견을 나누다 보면 더 많은 데이터를 주고받을 수 있을 뿐만 아니라, 더 많은 기억들을 불러올 수 있고 새로운 의미를

여러 사람이 모여 서로 의견을 나누다 보면 더 많은 데이터를 주고받을 수 있을 뿐만 아니라, 더 많은 기억들을 불러올 수 있고 새로운 의미를 발견할 수 있도록 서로를 도와줄 수 있다.

발견할 수 있도록 서로를 도와줄 수 있다. 일대일 대화로는 절대로 얻을 수 없는 전체에 대한 감각을 서로에게 주는 것이다.

퓨처서치 네트워크 회원인 랄프 코플먼과 브라이언 로버츠는 한 교회에서 퓨처서치를 끝내고 난 후 8개월이 지난 시점에서 검토회의를 진행하게 되었다. 새로 부임한 목사는 "사람들이 둘러앉아서 누군가 나서서 하기만을 기다리고 있었어요."라고 걱정을 했다. 두 사람은 참석한 사람들에게 플립차트에 적어둔 문항에 대해 10점 척도로 점수를 매겨달라고 요청했다. "신도들이 퓨처서치 안건에 대한 책임을 받아들였습니다."는 문항에 대해서는 대다수 신도들이 낮은 점수를 줬다. 그러나 "퓨처서치에서 내가 개인적으로 동의했던 것에 대한 책임감은 더 높아졌다."는 문항에는 대부분의 응답자들이 높은 점수를 주었다.

이후 몇시간 동안 대화를 진행하면서 그들 자신이 얼마나 많은 성공적인 결과를 만들어냈는지 알고는 모두가 깜짝 놀랐다. 예배에 참석하는 신도들의 수도 늘었고, 새로 교회를 찾아오는 아이들을 위한 프로그램과 뮤지컬 프로그램을 진행하였으며, 아프리카 학생들을 지원하기 위한 장학금을 예상했던 것보다 많이 모았을 뿐만 아니라 새로 부임한 목사에 대한 지지 또한 높일 수 있었다. 이 모든 것이 퓨처서치 활동을 통해 취해진 조치들이었다. 그런데 왜 대부분의 응답자들은 아무 일도 일어나지 않은 것처럼 느끼고 있을까? 문제는 활동이 부족해서가 아니라 그들이 가진 정보의 차이 때문이었다. 이 정보 차이 문제를 다루기 위해 신도들은 메시지를 보내서 신도들을 연결시켜줄 역할을 맡게 될 "공통 관심사 코디네이터"를 지명했다.

'인사이트 파트너스'의 리즈 솜즈와 '레이더 컨설팅 그룹'의 로레타 레이더는 펜실베니아의 리하이 밸리 병원Lehigh Valley Hospital의 가족의료 관행에 대해 퓨처서치를 진행한 적이 있다. 스폰서 역할을 했던 쥴리 도스탈 부서장은 6개월 간격으로 후속조치를 검토하는 회의를 진행했었다. 이 검토회의를 통해 진료일정 관리, 물리적인 진료환경, 레지던트 의사에 대한 교육, 스페인어를 사용하는 환자에 대한 지원 등을 개선하는 변화를 만들어냈다. 이 부서는 "퓨처서치 팀들"과 지속적으로 활동하면서 "전체 시스템을 회의실에 참여 Whole elephant in the room" 하게 하여 함께 의사결정한다는 원칙을 받아들였다. 퓨처서치를 통해 세운 목표는 부서에 새로운 사람이 들어올 때마다 제공해주는 오리엔테이션 내용에 반드시 포함되도록 했으며, 모든 사람들이 동의한 공통 관심사의 진척상황을 측정하는 벤치마킹 지표로 그 목표를 활용하게 되었다.

경험자로부터 들어보기

우리는 퓨처서치 초반부터 이 방법을 더 정교하게 다듬는데 필요한 많은 정보를 고객으로부터 얻을 수 있었다. 사업이 딜레마에 처했을 때의 대응방법, 우려했던 것, 좋아했던 것, 경험했던 것과 열정을 기울이게 된 것, 특정상황에 반응했던 것, 성찰하게 된 것들을 털어 놓으며 고객들은 수십년 동안 우리와 신뢰관계를 유지해왔다. 이번에 개정판 작업을 하면서 퓨처서치에 대해 특별히 의미있는 경험을 한 리더들이 해온 일들을 들어보기 위해 그들을 한 자리에 초대했다. 초대된 패널들은 기업과 정부기관, 세계적인 NGO 조직에서 활동하고 있는 다양한 배경과 국적을 가진 14명의 남녀 리더들이다. 지금까지 퓨처서치를 통해 해온 일들이 단순하긴 했지만 결코 쉬운 일은 아니었다고 잘라 말했다. 이들이 성취했던 지속가능한 행동들은 다른 사람들에게도 비슷한 결과를 만들어갈 수 있는 영감을 줄 것이다.

패널리스트

- ▶ 케빈 브레디Kevin Brady는 영국 샐포드 시의회 부의장으로 시 차원에서 진행했던 퓨처서치 스폰서였다.
- ▶ 롤프 카리에르Rolf Carriere는 전세계에서 비무장 평화유지를 촉진하기 위해 은퇴하기 전까지 30년 동안 유엔개발 사무관으로 활동해

왔다. 유니세프 국가 대표로 활동하는 동안 방글라데시와 인도네시아에서 퓨처서치를 후원했는데 이때 한 활동은 나중에 남부아시아에 상당한 파급효과를 주었다.

▶ 베리 차일즈Barry Childs는 탄자니아에서 HIV-에이즈와 빈곤 퇴치를 위해 활동해온 NGO 단체인 '아프리카 브릿지Africa Bridge'의 창립자로 아프리카에서 세번에 걸쳐 퓨처서치를 후원한 인물이다.

▶ 해롤드 클라크Harold Clarke는 메사추세츠 교정국 국장으로 메사추세츠를 비롯하여 그가 근무했던 네브라스카와 워싱턴주에서 퓨처서치 컨퍼런스의 스폰서 역할을 해주었다.

▶ 딕 하워스Dick Haworth는 세계적인 사무용 가구 제조업체인 하워스Haworth Inc.의 명예의장이다. 회장이자 CEO로 재직하던 1988년에 퓨처서치를 후원해주었고, 2007년 이사회 의장으로 있을 때 다시 한번 더 퓨처서치를 후원해주었다.

▶ 웨이드 헨더슨Wade Henderson은 워싱턴 D.C.의 '시민권과 인권에 관한 리더십 컨퍼런스' 회장으로서 시민권 운동의 역할 변화에 대한 퓨처서치를 후원해주었다.

▶ 말고르자타 루벨스카Malgorzata Lubelska는 러시아에 있는 프리토레이FritoLay 회사의 마케팅 담당 임원으로서 시장에서 고전을 면치 못하고 있던 제품을 살려내기 위해 퓨처서치를 도입했었다.

▶ 에이딘 맥긴리Adieen McGinley는 북아일랜드의 도시재생 개발 기관인 이렉스Ilex의 CEO였다. 북아일랜드 정부에서 여성 최초로 (문화, 예술, 레저부) 차관을 지낸 인물이다. 이후 비슷한 직위로 고용·학습부처에 파견나가서 근무하기도 했다. 그녀는 지금까지 세 차례에 걸쳐 퓨처서치를 후원해주었다.

▶ 스티브 피어산티Steve Piersanti는 이 책 출판을 맡아준 베렛-쾰러Berrett-Koehler의 창립자이자 CEO이다. 1987년 세계적인 출판사인 조시-바스Jossey-Bass 회장으로 재임할 당시 〈생산적인 일터

Productive Workplaces〉를 출판해주었다. 스티브는 퓨처서치를 알게 된 후 지금까지 세 차례에 걸쳐 후원해주었다.

▶ 필립 파월*Philip Powell*은 지역시장 활성화를 위해 커뮤니티 퓨처서치를 후원해준 사람이다. 오타와시의 라이센스 허가국 국장이다.

▶ 브라이언 로버츠*Brian Roberts*는 뉴저지 오션시티 연합감리교회의 담임목사. 자신이 사역하고 있던 교회에서 퓨처서치 스폰서로 활동하면서 다른 목사들을 위해 퍼실리테이터 역할도 한 사람이다.

▶ 조세핀 리드버그-듀몽*Josephine Rydberg-Dymont*은 세계적으로 유명한 가구회사인 이케아의 전임 회장으로서 1만가지 이상의 가구 디자인과 그 가구들의 네이밍을 책임지고 있었다. 재임 당시 퓨처서치를 네 차례에 걸쳐 주도하면서 회사 내에서 엄청난 변화를 만들어낸 사람이다.

▶ 샤라드 사프라*Sharad Sapra*는 우간다의 유니세프 지역책임자로서 이란과 수단에서 각각 세 차례에 걸쳐 퓨처서치를 후원해준 인물이다.

▶ 데이브 휘트웜*David Whitwam*은 월풀의 전임 CEO이자 회장으로 미시간 베리언 카운티에서 9차례에 걸쳐 퓨처서치를 하게 해준 "세계 정상급 커뮤니티 위원회"를 세우는 데 중요한 역할을 한 사람이다.

퓨처서치 발견

우리는 패널에 참가해준 리더들에게 퓨처서치를 선택한 이유가 무엇이었는지 질문하는 것으로 대화를 시작했다. 그들이 내놓은 대답은 그들의 배경만큼이나 다양했다. 에이딘 맥긴리는 북아일랜드에서 여성운동에 관한 퓨처서치에 초대받았던 때를 회상하면서 말했다. "나는 회의실 안으로 걸어 들어갔을 때 그 에너지에 깜짝 놀라고 말았습니다. 뭔가 대단한 일이 일어나고 있고, 그 장면을 현장에서 목격하고 있다는 것을 즉시 깨닫게 되었던거죠. 퓨처서치가 완벽한 통합계획을 만들게 해주는 방법이라는 걸 그때 알게 되었어요." (1장에 소개된 북아일랜드 분열에 대한 내용 참고)

미시간주 홀란드의 딕 하워스는 그동안 사용해왔던 전통적인 전략기획 방법에 대해 실망하고 있던 참이었다. 그는 "사업계획을 수립하는 프로세스에서 우리가 가지고 있는 관점을 확장시켜줄 방법을 찾고 있었어요."라고 말했다. 바로 그 무렵에 어떤 한 사람이 그에게 〈생산적인 일터 Productive Workplaces, Weisbord, 1987〉라는 책의 14장을 읽어보면 도움이 될거라는 말을 했다. "처음에는 당연히 회의적이었죠. 그렇게 많은 사람들을 끌어 들여서 주어진 시간 내에 공통의 비전을 도출한다는 말을 어떻게 믿을 수 있겠습니까? 그렇지만 퓨처서치에 대해 좀 더 알고 난 후부터는 그 효과성에 대해 확신이 들었습니다."

감리교회 목사인 브라이언 로버츠는 신도들이 변화단계에 잘 대처하도록 도와줄 방법을 찾고 있었다. 그는 럿거스 Rutgers 대학원에 들어갔다. "그렇지만 MBA는 제가 안고 있던 문제를 해결해주지 못했습니다. 그래서 조직개발 수업을 듣게 되었어요. 그 수업에서 처음으로 기가 막힐 정도의 회의 방법에 대해 들을 수 있었습니다. 공동의 목적을 둘러싸고 사람들이 함께 모여 관계를 맺는다는 "대단히 새로운 모델"에 대해 듣게 된 것입니다. (1장 "미국 신도들의 회복" 참고)

스웨덴의 조세핀 리드버그-듀몽은 새로운 관리방법을 찾고 있던 중이었다. 한 직원이 그녀에게 호주에서 퓨처서치 교육에 참가했던 경험을 들려주었다. "재빨리 이케아 내부에서 탐색해볼 만한 주제를 찾아나섰죠. 그렇게 해서 제품개발과 물류 사이클을 재디자인하기 위한 에크토르프 퓨처서치를 하게 되었습니다. 도대체 그 길고 복잡한 프로세스에서 어떤 일들이 일어나는지 우리는 모두 다 이해하고 싶었습니다. 회의실에 고객과 공급업체를 함께 부를 수 있다는 것을 그때 비로소 깨달았어요. 당시 저는 상당히 흥분했습니다. 소파 사업부장은 물론 CEO도 흥분을 감추지 못했습니다."

유니세프에서 일한 적이 있는 롤프 카리에르는 수십년간 시간만 낭비하게 만들었던 포럼때문에 고민 중이었다. 카리에르는 "전통적인 방식으로 진행하는 회의 때문에 우리는 여러 면에서 심하게 좌절하고 있었습니다."라고 말했다. "192개국에서 대표자들이 혼자 떠들어내는 말을 듣는 대신에 퓨처서치같은 것을 할 수 있다면 유엔은 훨씬 더 효과적으로 중요한 일을 해낼 수 있을 거란 생각이 들었어요. 회의를 통해 우리가 직면하고 있는 문제를 해결할 수 없다면 사람들은 거리로 뛰어나가 다른 방법을 찾게 될겁니다. 딱 한 번 진행하는 퓨처서치가 여러 번 회의를 할 필요가 없게 만들 때가 종종 있습니다 참가자들 마음 깊은 곳에서 한 방향으로 잘 정렬이 되기 때문입니다." (2장에서 소개한 "유니세프, 개도국 어린이들의 생활 개선" 부분 참고)

베리 차일즈는 글로벌 기업에서 32년동안 근무한 후 1988년에 자신이 태어나고 성장한 탄자니아로 돌아왔다. 그는 "제가 태어나고 자란 탄자니아에서 확산되고 있는 HIV 에이즈와 빈곤이 빚어낸 엄청난 참상을 목격하고 저는 심한 충격에 빠졌습니다. 뭔가 하지 않으면 안된다는 절박감이 저를 휘감았습니다."라고 말하며 회상에 잠겼다. "밑바닥에서부터 제 조국을 개발할 수 있는 활동이면 무엇이든 시작하고 싶었습니다. 바로 그때 마가렛 휘틀리가 퓨처서치를 활용해보는 건 어떠냐는 말을 했습니다. 그렇게 퓨처서치 교육에 참가하면서 퓨처서치와 저의 인연이 시작되었어요. 그 후 지금까지 17개 마을에서 온 아이와 어른들이 함께 참여한 퓨처서치를 세 차례나 진행했어요."

왜 근본적으로 새로운 것을 시도해야 하는가?

패널에 참가했던 리더 모두는 확실한 로드맵이 없이도 다양한 사람들을 참여시켜야 할만큼 심각한 사회적, 기술적, 경제적 딜레마 상황에 대해 이야기 해주었다. 그런 어려운 상황에서도 새로운 기회를 찾아내기는 했지만 그들 중 일부는 회의적인 생각을 떨쳐 버릴 수는 없었다.

14장: 경험자로부터 들어보기

필립 파월은 캐나다 공공시장의 상징인 바이워드*ByWard* 시장에 닥쳐온 위기상황을 보면서 심각한 고민에 빠졌다고 했다. "새로운 조례 때문에 피해를 입은 상인들이 그 문제를 법정으로 가져 갔어요. 비록 소송은 기각되었지만 이로 인해 커뮤니티는 심하게 분열되고 말았습니다. 치유하는 것이 가능하다면 어쩌면 퓨처서치가 도움이 되어줄 수 있을지도 모른다는 생각을 했습니다. 하지만 3일동안 퓨처서치에 참가하겠다는 동의를 65명에게서 받아내는 일은 결코 쉬운 일이 아니었습니다. 스폰서인 저와 퓨처서치를 제안했던 퍼실리테이터인 엘라인 고뎃을 알고 있는 몇몇 사람들이 쌓아온 신뢰 덕분에 그 모든 일이 가능했습니다. 나중에는 구의회 의원으로부터 참가하겠다는 약속도 받아냈어요. 처음에는 그 일을 해낼 수 있다고 생각하지 못했지만, 나중에는 한 번 해보자고 나서게 되었죠." (2장 "캐나다 오타와의 바이워드 시장 살리기" 참고)

  영국에서도 재미있는 일이 있었다. 맨체스터와 가까운 곳에 위치한 샐포드는 한때 주요산업 도시로서 많은 영화를 누려왔지만, 그 당시 누리던 많은 일자리는 사라지고 말았다. 그러나 샐포드는 절망만 하지 않고, 2006년까지 과거를 부활시키기 위한 중요한 일들을 연이어 하기 시작했다. 고용, 건강, 환경문제에 대해 주민들과 여러 차례 대화를 나눈 덕분에 시민들은 새로운 BBC 설비 외에도 주택, 학교, 도시재생을 위한 활동에 투자가 있을 거라는 것을 알게 되었다. 케빈 브레디는 "우리가 초안을 잡은 전략에 대해 시의회 의장인 존 메리가 드디어 승인해주었어요."라고 말했다. 이 지역에서 활동하던 클리오디나 멀헤른이 "지금까지 이웃 수준에서 해오던 일을 완전히 다른 규모에서 해볼 수 있었어요. 도시변혁 프로젝트 안에 포함되어 있는 도시 전체를 대상으로 퓨처서치를 한다는 개념은 우리를 엄청나게 흥분시켰습니다."라고 말한 것을 그 당시 브레디는 상당히 중요하게 받아들였다.

  탄자니아의 베리 차일즈는 남아프리카에서 사용해온 "시나리오 플래닝"을 면밀히 검토하던 중이었다. "그건 상당한 비용을 지불해야 하는 훌륭한 프로세스였지만 아주 높은 사람들만 모아 놓은 것에 불과

했어요. 저는 실제 영향을 받게 될 사람들을 더 많이 참여시키고 싶었습니다. 퓨처서치는 아이들에게조차 매우 간단하고 매력적인 방법이잖아요. 우리가 한 일은 모두 아이들 입에서 나온 것들입니다. 아이들은 지역의 지도자들을 끌어들였고, 결국 정부에도 영향을 미쳤습니다."

에이딘 맥긴리는 레이저 광선을 쏘아대듯 집중을 놓치지 않으면서 이야기를 들려주었다. "경제적, 정치적, 물리적, 환경적 이슈를 모두 통합하는 개발계획을 만들고 싶었어요. 퓨처서치를 하기로 동의해준 당시에는 퓨처서치에 대해 잘 알지 못했어요. 저는 시 의회 의원들과 많은 일을 하면서 현장의 팀으로부터 합의를 받아냈습니다. 그러나 우리 중 어느 누구도 우리가 막 시작하려는 롤러 코스터 타기가 어떤 것인지 제대로 알지는 못했어요. 퓨처서치를 해보고 난 후에야 그것이 얼마나 강력한 프로세스인지 알게 된거죠."

베트 부스는 "AED에서는 보건, 환경, 농촌, 영양, 그 외 많은 분야에서 글로벌 차원의 활동을 하고 있습니다. 책꽂이에 잘 모셔두게 될 멋진 보고서를 만들기 위한 회의에 저는 완전히 지쳐있었어요. 일을 하는 사람은 아무도 없었습니다. 그럼에도 회의를 주최하는 사람은 아젠다를 들이밀었습니다." 라고 당시 내부상황을 소개했다. 왜 부스는 퓨처서치에 솔깃하게 되었을까? "첫째, 전체 시스템이 회의실에 들어온다는 점 때문이었습니다. 우리는 대개 환경론자들하고만 이야기를 해왔습니다. 하지만 민간부문과 공공부문은 물론 시민사회까지 불러들이면 어떻게 될까요? 시스템을 얼마든지 재구성할 수 있습니다. 둘째, 퓨처서치가 패러다임의 변화를 불러올 수 있기 때문입니다. 참가자들은 다른 사람이나 정부가 해야 할 일을 말하기 위해 퓨처서치에 오는 게 아닙니다. 회의실에 들어와 있는 모든 사람은 다른 사람이 아니라 자신이 무엇을 할지 약속하게 됩니다. 셋째, USAID와 같은 기부자는 언제나 비용분담을 요구하기 때문에 저는 그 아이디어를 좋아했어요. 이 회의를 통해 2백만 달러를 만들어냈다고 말할 수만 있다면, 그들은 자세를 바로 하고 어떤 말이든 들을 것입니다. (1장에 소개된 "라틴아메리카의 지역경제 살리기" 참고)

거대한 기대감

이 날 참석한 패널리스트들은 모두 희망을 높게 갖는 경향을 보였다. "퓨처서치에 대해 제가 기대한 것은 사실 두 번 다 지나칠 정도였습니다." 딕 하워스가 한 말이다. "포용력이 있는 회사와 구성원들의 참여를 원하는 회사를 만드려면 피상적인 수준에서만 참여하는 것을 그대로 허용해주면 안됩니다. 우리는 구성원들을 포함시키고 싶다는 말을 자주 합니다. 그러나 정말로 그들이 하는 말을 듣기 위해 포함시키는 것일까요? 그러니까 제 질문은 고객이나 공급업체, 제조업체, 중간관리자와 최고경영진 사이에 존재하는 차이점을 어떻게 해결하고 모두가 흥분할 수 있는 비전을 만드느냐는 것입니다. 퓨처서치는 우리들 사이에 공통 관심사가 상당히 많다는 것을 처음으로 깨닫게 된 이해당사자들이 쏟아내는 말들을 모두 허용해줍니다. 저는 이렇게 해주는 프로세스가 있다는 말을 들어본 적이 없습니다."

"가장 실망스러웠던 부분은 필요한 만큼 후속조치와 실행을 끌어갈 능력이 없다는 것입니다. 코칭이나 교육처럼 어떤 실행계획은 쉽게 일상에서 운영할 수 있는 것들이 있습니다. 그러나 장기전략은 많은 절제와 규율을 필요로 합니다. 우리가 결과를 만들어내기는 했지만, 그것이 언제나 쉽게 만들어낼 수 있는 것은 아닙니다. 우리는 글로벌 조직을 운영하고 있습니다. 8~10개의 다른 언어로 말을 하는 곳에서 어디에서든 통하는 단 하나의 전략을 수립한다는 것은 정말 어려운 일이잖아요."

당시 러시아 프리토레이*FritoLay*에서 일하고 있던 말고르자타 루벨스카는 "사람들은 흐루스팀 브랜드에 대해 상당히 다른 느낌을 갖고 있었습니다. 공통 관심사를 발견하기란 불가능해 보였어요. 처음 이틀은 너무 고통스러웠습니다. 공통 관심사에 어떻게 도달할 수 있을지 명확한 계획이 머리에 떠오르지 않았거든요. 하지만 우리는 해냈습니다. 모스크바에서 진행했던 퓨처서치는 처음으로 모든 사람을 한 자리에 모았다는 점에서 당시 우리에게 확실한 전환점이 되었습니다. 모두가 없

"참가자들은 다른 사람이나 정부가 해야 할 일을 말하러 오는 것이 아닙니다. 회의실에 들어와 있는 모든 사람은 다른 사람이 아니라 자신이 무엇을 할지에 대해 약속하게 됩니다."

애고 싶어했던 브랜드를 영웅으로 탄생시키는 엄청난 반전을 제 경력을 통틀어 단 한 번도 경험해본 적이 없었습니다. 정말 엄청난 일을 해낸거죠." (1장에서 소개한 "러시아 스낵푸드의 부활" 참고)

메사추세츠주 교도시스템 국장인 해롤드 클라크도 많은 사람들이 없어지기만 기다리는 범죄자라는 "산물" 때문에 머리를 싸매고 있었다. 네브라스카에서 열린 첫 번째 퓨처서치에서 재소자들을 위한 "치유 환경"이라는 급진적인 아이디어가 나왔다. 클라크는 "제가 참가했던 다른 포럼에서 그 개념을 발표했을 때 동료들은 저를 미친 사람 취급 했습니다."라고 말했다. "하지만 곧 이어 그들은 우리가 하려는 일이 재소자만을 위한 것이 아니라 우리 직원들을 위한 치유 환경도 만드는 것임을 깨닫게 되었습니다. 제가 보는 퓨처서치의 핵심은 해당 기관만 책임지는 것이 아니라는 데 있습니다. 치안담당관, 공공치안, 형사사법관, 전과자, 변호사, 가족, 경찰, 보건, 주택 등 커뮤니티의 모든 부문에서 사람들이 참여했습니다. 한 번의 회의를 통해 커뮤니티 봉사, 직원 교육, 비용 감소, 수감자를 위한 보건과 교육 서비스, 그들이 사회에 재

통합되도록 지원해주는 것 등 많은 이슈들이 서로 얽혀 있는 전략계획에 대해 참가자들로부터 폭 넓은 지지를 얻을 수 있었습니다."

긍정적 결과물

롤러 코스터를 경험하고 나서야 에이딘 맥긴리는 퍼매너 카운티에 대한 통합 개발계획을 손에 쥘 수 있었다. "혼자 책상 위에 앉아 퍼매너 개발계획을 쓸 수도 있었을 겁니다." 라고 맥긴리가 말했다. "하지만 저는 훨씬 더 많은 것을 얻어 냈습니다. 보다 전략적인 접근을 통해 자원을 확보할 수 있는 방안을 얻어냈으니까요. 그때까지 제가 알지 못했던 것은 그룹, 조직, 부문들을 서로 연결하는 것이었어요. 1,500명이 넘는 사람들이 그 자리에 참가했습니다. 도저히 믿기 어려운 일이었어요. 심각한 경영위기에 처해 있던 종합병원은 안전한 의료서비스를 제공할 수 있게 되었고, 도로와 인프라도 상당히 많은 부분에서 개선할 수 있었습니다. 관광객 수는 눈에 띄게 늘어났고, 창의적인 공예 활동을 하나의 산업으로 개발할 수 있었습니다. 우리 지역에 대한 궁금증이 점점 높아짐에 따라 우리 지역의 문화에 대해서도 적극적인 홍보활동을 펼쳤습니다. 퓨처서치를 통해 298개가 넘는 행동계획이 나왔습니다. 10년이 지난 후에 되돌아보니 그때 세웠던 계획들 가운데 90% 이상이 계획대로 이루어졌습니다. 정말 놀랄만한 일 아닌가요?"

조세핀 리드버그-듀몽이 경험했던 것도 상당히 의미있었다. 그가 후원했던 최초의 퓨처서치는 짧은 시간 안에 장기적인 효과를 만들어 냈다. 퓨처서치의 핵심대상이었던 '엑토르프 소파'는 이 대대적인 활동 이후 회사에서 가장 잘 팔리는 소파가 되어 다른 많은 관련 제품군을 거느리는 위치로 올라서게 되었다. "처음에 진행했던 퓨처서치는 오랫동안 사용해오던 공급체계를 다시 생각하게 하는 학습 모델을 제공해 주었어요. 퓨처서치에서 함께 활동한 후에 고객, 디자이너, 공급업체, 구매부서 간의 협력이 제품개발 프로세스에서 품질을 확보하는데 결정적인 요소로 자리잡게 되었습니다."라고 리드버그-듀몽은 말했다.

베리 차일즈는 퓨처서치 교육을 통해 무엇을 얻을 수 있는지 명확히 알고 있었다. "우리를 가장 놀라게 한 것은 여덟 살에서 스물두 살 사이의, 그 중 절반은 고아이고 굶주린 청소년들이 교육에 집중하는 장면을 목격한 것이었습니다. 그 아이들은 학교에 가고 싶어 했어요! 전기도 라디오도 TV도 인터넷도 없고, 제일 가까운 공항까지 12시간을 가야 하는 곳에 살고 있는 아이들이 미국 성인들보다도 미국 정치에 대해 하고 싶은 말이 훨씬 더 많았습니다!"

샐포드시의 케빈 브레디는 "예상하지 못했던 가시적인 결과들이 정말 많이 나왔어요!"라고 말했다. "퓨처서치에 대해 커뮤니티에서 보내준 피드백을 보면서 얼마나 성공적인 워크숍이었는지 확인할 수 있었어요. 우리 시는 영국의 '종합지역평가Comprehensive Area Assessment' 대상으로 지정되어 소방, 경찰, 보건 분야에서 우리가 제공하는 서비스에 대한 심사를 받아야 했습니다. 당시 심사관들은 파트너십을 통해 우리가 만들어냈던 새로운 변화에 엄청난 관심을 보였습니다. 최근에 영국 정부는 그레이터 멘체스터Greater Manchester 주를 영국에서 단 세 개뿐인 법정 도시지역 중 하나로 승인했습니다. 이 지역에 속한 샐포드는 고용, 스킬교육, 아동빈곤 감소를 위한 지역 종합 시범프로그램을 통해 새로운 삶의 기회를 가질 수 있을 거라고 기대하고 있습니다. 지금이 퓨처서치를 하기에 가장 적합한 시기입니다. 기다린다고 해서 이보다 좋은 때를 만나지는 못할겁니다."

워싱턴 D.C의 시민권·인권에 관한 리더십 컨퍼런스 총 책임자인 웨이드 헨더슨은 오랫동안 기대해왔던 새로운 방향을 발견할 수 있었다. "첫번째로 얻은 것은 공공교육에 대한 것이었습니다. 우리는 커뮤니티의 학교 시스템 내부에서 공청회를 개최하는 것과, 다른 학교 시스템들까지 포함해서 진행할 공청회를 후원해 주었습니다. 참가자들은 이 공청회를 통해 핵심활동인 공공교육의 질을 높여줄 권고안을 만들어냈습니다. 두 번째 결과물은 형사사법 개혁에 대한 것이었습니다. 우리는 크랙[7]과 코카인 사용자를 동등하게 처벌하는 법안을 의회에 상정하였습니다. 우리는 인종 프로파일링[8]에 관해서도 많은 일을 하고 있습니다. 세 번째 결과물은 경제적인 불평등 문제를 해결하기 위한 지속적인 활동입니다. 약자들을 이용해먹는 약탈적인 대출, 주택담보 대출제도의 개혁, 소비자들을 보호하기 위한 활동입니다. 네 번째는 국제적인 인권문제에 목소리를 내는 것입니다."

데이브 휘트웜은 자신이 지난 10년간 해온 일 가운데 가장 결정적인 것은 베리엔 카운티에서 진행한 아홉번에 걸친 퓨처서치였다고 말했다. "처음으로 여러 커뮤니티와 지도자, 가장 중요한 시민들이 한 자리에 모여 그때까지 우리를 분열시키고 있던 인종문제와 불평등 문제를 안전한 방법으로 다룰 수 있게 되었습니다. 우리는 경제개발과 지역개발 측면에서도 상당한 성과를 이루었습니다. 퓨처서치는 '세계 정상급 커뮤니티 위원회'가 긍정적인 방법과 변혁적인 방법으로 행동하게 만들었어요. 덕분에 우리는 지금 아주 잘하고 있습니다. 그렇다고 할 일을 모두 다 했다는 말은 아니에요. 시작 단계의 끝 정도에 와 있는 것 같습니다."

퓨처서치 활용을 위한 조언

마지막으로, 우리는 패널리트스들에게 "회의실 안에 전체 시스템"을 참여하게 하는 방법에 익숙하지 않은 사람들을 위해 몇 마디 조언을 부탁했다. 에이딘 맥긴리는 "용기가 필요해요."라고 말했다. "사람들이 여러분을 구세주로 보지 않도록 퓨처서치에 대해 말할 때는 아주 신중하게 접근해야 합니다. 어떤 것을 추천해주기 전에 문제가 무엇인지에 대해 충분히 생각했는지부터 물어보세요. 때때로 사람들은 자신의 생

---

7 역주: 강력한 코카인의 일종인 마약
8 역주: 피부색, 인종 등을 기반으로 용의자를 추적하는 수사 기법

각을 명확히 하기 위해 새로운 방법을 찾아 나섭니다. 퓨처서치를 통해 더 과감하게 치고 나갈 수 있음에도 불구하고 아주 조금만 앞으로 나갑니다. 정치적으로 행동하는 이해관계자를 참여시켜야 할 때는, 그들에게 다가가 "보세요. 저를 믿으셔야 합니다. 이건 할 만한 가치가 충분히 있는 것입니다."라고 말할 수 있는 리더가 필요합니다. 그래서 저는 스폰서들에게 그런 리더 역할을 해본 사람들과 필요한 용기를 가지고 있는 사람들을 만나서 이야기를 나눠보라고 조언을 하곤 합니다."

딕 하워스는 이렇게 말한다. "반드시 해결해야 할 큰 장애물 두 가지가 있어요. 필요한 만큼의 시간을 확보하는 것과 실패에 대한 두려움입니다. 중요한 사람들을 회의실에 모두 불러 모은 상황이라면, 일이 제대로 돌아가지 않게 될지도 모른다는 두려움을 당연히 느낄 수 있어요. 그러나 일단 한번이라도 경험을 하고 나면, 공통 비전, 초점, 방향, 원하는 방향으로 움직이게 해줄 행동을 얼마나 효과적으로 만들어 낼 수 있는지 이해하게 될 것입니다." 그런 경험을 하려면 도대체 무엇을 해야 하는가? "프로세스를 충분히 이해한 다음에 믿음을 가지고 그냥 하면 됩니다." 하워스는 잠시 생각한 후에 덧붙였다. "그리고 즐겁고 신나게 하는 것입니다."

롤프 카리에르는 지름길을 택하지 말고 시간을 충분히 투자해서 제대로 가라고 조언한다. "진짜 이틀하고도 반나절이나 거기 있어야 하느냐고 사람들이 물어오면 저는 주저하지 않고 '그렇습니다. 나중에 시간을 절약할 수 있기 때문에 그렇게 해야 합니다.'라고 대답합니다. 퓨처서치의 여러 활동 가운데 최고봉은 과거 수십 년간 무슨 일이 일어났는지 타임라인 챠트에 쓰는 바로 그 첫 번째 활동입니다. 여러분 앞에 있는 참가자들이 가지고 있는 풍부한 경험과 잠재력(벽에 쓰여진 것)을 현장에서 보는 것은 정말 엄청난 경험입니다."

"인력자원에 투자해서 거둬들이는 수익은 엄청나게 높습니다." 브라이언 로버츠는 정신적 탐구를 강조하는 경영대학원과 유사한 점을 들어가면서 말했다. "계획수립에 상당히 많은 에너지를 쏟아부어야 하지만 새로운 관계, 촉발된 에너지, 핵심 이슈에 대해 사람들이 얻게 된 새로운 관점을 생각하면 투자할만한 가치는 충분하다고 봅니다. 그리고 퓨처서치를 기획하는 동안 후속조치에 대해서도 계획을 세워야합니다. 누가 그런 길로 안내해 가야 할까요? 팀을 서로 연결해야 할 책임은 누구에게 있을까요? 지금 현재 공식적인 위치에서 그 일을 맡을 수 있는 사람이 있을까요? 아니면 새로 자리를 만들어 그 역할을 맡겨야 할까요? 여정을 꼼꼼히 살펴보면서 준비하시기 바랍니다. 그리고 그 과정을 즐기시기 바랍니다." 딕 하우스와 똑같은 말을 했다.

베리 차일즈는 "퓨처서치는 단순한 도구가 아닙니다." 라고 말했다. "제대로 준비만 하면 결코 잘못될 수 없습니다. 아주 견고하거든요. 무턱대고 뛰어들지 말고 좋은 조언을 들어보세요. 개발사업을 할 때, 만약 여러분이 지속가능성을 원한다면 그 일을 하는 사람들을 논의하는 자리에 참여시켜야 합니다. 그것을 원하지 않는다면 저로서는 더 좋은 방법은 잘 모르겠습니다."

말고르자타 루벨스카는 초반에 많이 걱정했던 것을 생각하면서 통제를 내려놓는데 초점을 맞추었다. "통제를 내려놓는 것이 얼마나 어려운지 저도 잘 알고 있어요. 제가 말씀드리고 싶은 가장 중요한 것은 프로세스를 믿으라는 것입니다. 참지 못하고 속도를 내면 결국 목표에 다가갈 수 없게 됩니다. 성공 스토리가 정말 중요하다고 생각해요. 그것이 '불가능한 일'인 것처럼 여겨지고, 또 회사에 정말 중요한 일이라고 확신한다면, 저는 망설이지 않고 퓨처서치를 추천합니다. 우리에게 익숙한 전통적인 방법으로 결과를 내지 못할 때가 많이 있습니다. 그럴 때는 새로운 방법을 써야 합니다. 후루스팀이 좋은 사례라고 생각합니다."

"저는 사람들에게 무엇을 달성하고 싶은지 명확하게 정의를 내려 보라고 말하곤 합니다." 케빈 브레디가 한 말이다. "예를 들면 당면한 상황이 어떤지, 그 상황이 파트너십에 어떤 문제를 일으키는지를 먼저 판단해야 합니다. 어느 쪽으로 가야할지에 대한 생각이 팽팽한 긴장상태에 있는 커뮤니티에게는 이슈와 어려움을 함께 이해하는 것 자체가 강력한 힘이 됩니다. 하지만 퍼실리테이터가 다 해줄 거라고 기대하지는 마세요. 참가자들이 스스로 해내야 합니다."

필립 파월이 패널회의에서 강조한 말을 들어보자. "참가자들 안에 공동체 의식과 신뢰를 구축해주어 관련된 이슈를 숨기지 않고 투명하게 공유할 수 있도록 해줘야 합니다. 바이워드 시장 준비위원회를 구성해서 자신들의 목소리를 내게 하는 데 13개월이나 걸렸어요. 시작할 당시 그들은 매우 회의적이었습니다. 전략기획 전문가들과 함께 전략을 세울 때도 이 정도 결과는 만들어내지 못했어요. 전문가들이 만들어준 계획을 그대로 실행할 때마다, 우리는 구성원들이 보여주는 높은 적대감을 상대해야 했습니다. 퓨처서치가 진행되는 동안, 노력을 쏟아붓던 모든 순간에서 우리는 새로운 가치를 경험하곤 했습니다. 지금은 매달 이 회의에 자원해서 참여하고 기여할 수 있을 정도로 경험을 두루 갖춘 사람들이 우리에게는 상당히 많이 있습니다. 그들 중에는 커뮤니티를 위해 봉사하면서 바이워드 시장에 근무하는 사람도 있고, 또 직접 매장을 운영하면서 봉사하고 있는 분들도 있어요. 퓨처서치를 통해 얻어낸 엄청난 수확이죠."

책임감을 가지고 후속조치 추진하기

패널에 참가해준 대부분의 리더는 후속조치에 대한 책임감이 얼마나 중요한지 강조해주었다. 서로에 대한 의존성을 높여주고, 그들이 스스로 행동하게 해주는 방법이 얼마나 중요한지 절실히 깨달았다고 한다. "3일 워크숍을 잘 끝냈다고 해서 모든 것이 다 끝난 건 아닙니다." 베렛-퀠러의 스티브 피어산티가 한 말이다. "워크숍에서 세운 계획들을 계속해서 차질없이 실행해가야 합니다. 계획을 세우고 필요한 메커니즘을 만들어야 하며 후속조치를 하나씩 밟아가야 합니다. 뜻밖의 선물을 많이 얻을 거예요. 하지만 퓨처서치를 전략기획 목적으로만 사용한다면 세부적인 모든 것들을 다 얻어내지는 못할 겁니다. 많은 모멘텀,

관점, 맥락, 강조, 힘든 것을 돌파해갈 수 있는 사고를 하게 되었지만, 그 후에도 해야 할 일이 엄청나게 많아요. 후속조치의 일환으로 우리는 이해관계자를 대상으로 온라인 서베이를 실시했고, 직원들과 이사회가 한 자리에 모여 토론하는 시간을 많이 가졌습니다. 우리가 몇 달에 걸쳐 여러 차례 전화회의를 하는 동안 경영진들은 우리에게 중요한 외부인들을 만나러 다녔습니다. 전략기획을 하는데 10개월이 넘는 시간이 들었습니다. 만약 퓨처서치를 하지 않았다면 많이 달랐겠지요. 하지만 우리가 세운 전략 안에는 외부에서 해줘야 할 일들도 많이 들어있습니다. (1장에서 소개한 "미국 내 출판전략 재구성하기" 참고)

데이브 휘트웜은 베리엔 카운티의 실행활동을 개인적인 약속과 연결한 좋은 사례로 들려주었다. "프로젝트에 대한 책임을 지역이 지게 하는 것이 중요하다고 생각했어요. 계획을 세울 때는 퓨처서치 퍼실리테이터에게 의존했지만 결국 실행은 우리 모두에게 달려있다는 것을 알았거든요. 우리 지역의 리더들은 퓨처서치 네트워크가 이곳에서 시

"퓨처서치를 하는 근본적인 이유는 회의에서 각자 책임감을 느끼고 차이점을 만들어내기 위해 무언가 할 수 있다고 믿기 때문이라고 생각해요."

작된 바로 그날부터 책임감을 가지고 움직였습니다. 여러분과 함께 일하는 것이 그들의 프로젝트였던 것이죠. 퓨처서치 네트워크와의 파트너십이 끝날 무렵 우리 모두의 가슴 속에는 강력한 주인의식이 자리잡게 되었습니다."

샤라드 사프라는 또다른 방식으로 표현했다. "퓨처서치를 하는 근본적인 이유는 회의에서 각자 책임감을 느끼고 차이점을 만들어내기 위해 무언가 할 수 있다고 믿기 때문이라고 생각해요. 저는 그동안 제가 참석했던 컨퍼런스를 생각해보곤 합니다. 많은 사람들은 다른 누군가가 행동해주기를 기대하면서 엄청나게 대단한 계획에 대해 말하고, 그것에 필요한 자원을 달라고 요구합니다. 그렇지만 퓨처서치는 그렇지 않았어요. 자신에게 부여된 권한수준에 제한받지 않고, 오로지 차이점을 만들어내기 위해 자신이 할 수 있는 일에 대해서만 말합니다. 여러분 모두는 거대한 꿈을 실현하기 위해 회의실에 앉아 있는 다른 어떤 사람보다도 중요한 한 부분을 책임지게 됩니다."

15장

퓨처서치에 대한 연구와 평가[9]

퓨처서치는 방법론은 보이지 않는 위험들이 도사리고 있는 지뢰밭과 같다. 과학에 대한 규칙을 다시 쓰지 않는 한, 퓨처서치에 대한 "과학적 연구"를 할 수 있는 사람은 없다고 본다. 그러므로 수십 년간 수없이 많은 사람들이 보내준 증거를 퓨처서치에 대한 근거로 삼고 있지만 그럼에도 불구하고 우리에게도 편견이 있을 수 있다는 점을 인정한다. 3장에서 소개했던 성공에 필요한 조건을 따른 사람들은 그렇지 않은 사람들에 비해 과제에 초점을 두고 진행한 퓨처서치 회의를 통해 더 좋은 결과를 만들어냈다. 충분한 일화, 사례 연구, 학술 논문이 이런 주장을 뒷받침해준다. 어떤 두 가지 상황도 서로 동일한 경우는 없기 때문에 통제된 연구작업을 수행할 수는 없다. 어느 스폰서가 퓨처서치를 선택하지 않고 '변화를 위한 핸드북 The Change Handbook' (Holman et al., 2007)에 소개된 60명 이상의 대규모 그룹을 퍼실리테이션하는 방법을 사용할 경우 어떤 일이 일어날지에 대해서도 우리는 추측할 수 없다. 우리가 아는 것은 전 세계에서 수 백 차례 실시된 퓨처서치에서 실

---

[9] 이 장은 '일터에서의 성과 향상 (Improving Performance in the Work Place. Volume 2: Selecting and Implementing Performance Interventions, edited by Ryan Watkins and Doug Leigh. San Francisco: Pfeiffer/John Wiley, 2010)'에 수록된 "Future Search"에 대한 내용의 일부를 가져온 것임.

제로 어떤 일이 있어났는가 하는 것뿐이다. 불명확한 목표, 상호의존성이 떨어진 참가자 그룹, 필요한 힘을 갖추지 못한 리더십 때문에 실망한 경우는 분명히 있었다. 하지만 불가능할 거라 생각했던 것을 돌파해낼 수 있는 결과를 만들어냈다고 우리에게 알려온 컨퍼런스가 훨씬 더 많았다. 2010년 무렵이 되자, 1980년대와 비교해볼 때 성공에 필요한 조건에 대해 훨씬 더 확신할 수 있게 되었다.

문서에 남겨진 기록

지난 30여년 산더미처럼 쌓아 두었던 보고서, 기사, 책, 논문, 연구보고서를 최근 들어 자세히 조사해보았다. 이 책 내용을 뒷받침해 줄 "데이터베이스"가 아래와 같이 정리되었다. 마빈이 퓨처서치에 대해 처음으로 쓴 기사는 1984년 〈플래닝 리뷰Planning Review〉에 실렸는데, 대기업을 대상으로 진행했던 회의를 토대로 쓴 것이다. 그것은 〈생산적인 일터Productive Workplaces, Weisbord, 1987〉 14장에도 자세히 소개되었는데, 당시 많은 현장 전문가들이 직접 실험에 나서게 한 자극제가 되었다. 이 책의 14장은 참여를 통한 문제해결과 전문가 분석에 머무르지 않고, "시스템 전체를 개선하기 위해 모든 사람을 참여"하게 해주는 몇 안되는 방법 중 하나로 퓨처서치를 지목했다. 이 책에서 제시한 회의 디자인으로 성공한 많은 사람들에 대한 이야기는 세계 여러나라에서 활동하고 있는 35명의 저자들이 직접 경험한 것을 모은 〈공통관심사 발견하기Discovering Common Ground, Weisboard, 1992〉'에 자세히 소개하였다. 이 책은 여러 자료를 통해 효과적으로 실행되었던 사례를 찾아내고, 퓨처서치 원칙을 입증해주었다. 1995년에는, 〈퓨처서치 제1판 Future Search: An Action Guide, 1st Version〉을 출간했고, 2000년에는 회의 디자인과 사례 연구를 업데이트하여 제2판을 출간했다.

우리는 1991년부터 퓨처서치 워크숍을 운영하기 시작했다. 2009년까지 5개 대륙에서 3,600명 이상이 우리가 진행한 워크숍에 참여하여 퓨처서치를 배우고 갔다. 그들 가운데 수백 명이 넘는 사람들은 우리가 디자인한 모델을 반복해서 사용거나, 디자인 일부를 바꿔서 실험하기도 했으며, 디자인을 개선하고, 퓨처서치 원칙이 효과가 있다는 것을 입증해 주었으며, 그들이 경험한 것을 문서로 남겼다. 1993년에는 사회봉사에 참여하겠다고 자원한 공동창립자 120명과 함께 퓨처서치 네트워크를 시작해서 중요한 프로젝트에 대해 서로 협력하고 함께 학습을 이어오고 있다. 세계 여러 곳에서 활동하고 있는 네트워크 회원은 여러 언어로 기사를 작성해서 발표해오고 있다.

1993년 부터는 '퓨처서칭 FutureSearching(이전에는 SeachNEWS라 불렸음)'이라는 뉴스레터를 34차례 발간했다. 1997년부터 2008년까지는 베테랑 컨설턴트이자 교육진행자인 레리 포터 Larry Poter가 편집책임자로 뉴스레터 발간을 위해 봉사해주었다. 인터넷이 활발하게 사용되기 시작한 2010년 부터는 웹사이트에 뉴스레터를 올리고 있다. www.futuresearch.net 의 아카이브로 접속하면 이전에 발간했던 뉴스레터를 찾아볼 수 있다.

2005년에는 퓨처서치 네트워크 회원인 리타 슈바이츠, 킴 마틴스, 낸시 아론슨이 미국과 캐나다의 학교 구역에서 사용했던 사례 16가지를 모은 책을 편집하여, 교육분야에서 퓨처서치가 어떤 긍정적인 효과를 만들어냈는지에 대해 보고했다. 저자에는 학교 행정가, 이사회에서 활동하는 이사, 교사, 컨설턴트가 포함되어 있다. 사례들은 학교 구역 통합, 인종간 분열에 대한 치유, 커리큘럼 개혁, 학교와 커뮤니티 간의 파트너십, 구역 차원의 전략기획과 같은 이슈를 다루었다. 이 세 사람들은 대도시, 중소도시, 시골 지역에서 자신들이 실행했던 퓨처서치의 다양한 사례들을 아주 자세히 소개하고 있다. 누구나 주목할 만한 성공사례도 들어있지만, 달성되지 못한 염원, 숨겨진 힘징, 딜레마, 학교를 위한 계획수립을 어렵게 만드는 사회적·정치적·경제적·인구통계적·철학적 영역에 이르는 광범위한 이슈를 이 책 안에 담아내고 있다.

학위 논문

"대그룹을 대상으로 한 개입large-group intervention"에 대한 학술연구 결과도 많이 발표되었는데 대부분의 연구자들은 퓨처서치를 연구에 포함시키고 있다(Rossi, 2009; van der Zouwen, 2009). 그들은 문헌연구, 설문조사, 퓨처서치 수행가와 학자를 대상으로 한 인터뷰를 통해 널리 사용되고 있는 원칙과 관행을 분석하고 분류하는 작업을 진행했다. 이런 연구들이 우리가 경험한 것들을 입증해주었다. 그들이 연구대상으로 삼아 분석했던 프로세스들에는 중복되는 부분이 상당히 많이 있었으며, 이 책에 담긴 내용과 상반되는 것은 없다는 것을 확인해 준다. 퓨처서치에 관한 많은 석사 논문과 박사 논문 중에서 10개의 박사학위 논문에서 입증된 주요결과를 우리는 살펴보았다. 7개는 단일 컨퍼런스에 대한 논문이었고, 2개의 컨퍼런스를 연구한 논문 1개, 3개 컨퍼런스를 연구한 논문 1개, 9개 컨퍼런스를 비교연구한 논문이 1개 있었다. 이 20개의 컨퍼런스 중에서 14개는 이 책의 1995년 버전에서 소개한 것과 유사한 퓨처서치 모델을 따랐고, 나머지 6개 컨퍼런스는 퓨처서치가 부분적으로 받아들이고 있는 '서치 컨퍼런스 모델'을 토대로 한 것이었다.

세코Secor,1999, 맥도널드McDonald,1998, 스타로두프Starodub, 2001, 히메네스-구즈먼Jimenez-Guzman, 2005, 피커스Pickus, 2001, 콘셉시온Concepcion, 1997, 파가노Pagano, 1993가 연구했던 컨퍼런스는 애초에 그들이 세웠던 목표를 달성했다. 오엘스Oels, 2002와 폴라니Polany, 2002가 연구했던 컨퍼런스는 기획 단계에서 세웠던 목표를 달성하지 못했다. 후자의 경우, 실패한 이유의 일부가 회의 디자인에 있었다고 했다. 흥미로운 점은 컨퍼런스가 성공적으로 진행된 경우도 실패한 경우와 마찬가지로 회의 디자인에 기반을 두었다는 점이다. 분명한 목표와 과제에 초점을 둔 참가자들, 대규모 그룹을 이끌 역량과 경험을 갖춘 퍼실리테이터와 같은 다른 요소들도 중요한 역할을 할 수 있다는 것을 짐작해볼 수 있다. 오엘스가 연구한 두 가지 실패 사례 중 하나는 스폰서들이 적합한 사람들을 모으지 못해서 퓨처서치가 아닌 다른 것을 연구해야 했다. 또 다른 한 가지 사례에서 오엘스는 퍼실리테이터가 유연하게 진행하지 못해서 참가자들이 과제에 집중할 수 없었다는 점을 지적했다.

세코(1999), 맥도널드(1998), 파가노(1993)는 그들의 논문을 "실행연구 action research" 프로젝트로 사용했다. 세코는 퓨처서치 방법론을 연구하기보다, 여성들이 사회변화를 가져오는 리더십을 어떻게 발휘하는지를 탐구하는데에 퓨처서치를 활용했다. 맥도널드는 워싱턴주에 있는 학교 상담 서비스의 미래를 위한 제안서를 만들었다. 그런 다음, 퓨처서치 결과물을 활용하여 상담 시스템의 구조를 재구성하였다. 파가노는 뉴욕 시에서 고고학 자원을 관리해온 사람들을 대상으로 지금의 문제해결 전문가에서 시스템 전체를 개선하기 위해 모든 이해관계자를 참여시키는 쪽으로 전환하기 위해 퓨처서치를 활용했다.

비교 연구

엘라인 그라나타는 한 개의 컨퍼런스에 대한 사례가 아니라 여러 개 컨퍼런스에 대해 비교 연구한 것을 토대로 논문을 썼다. 그녀는 누구나 활용할 수 있게 해주는 성공에 도움이 되는 통찰을 이 논문에서 제시해 주었다. 그라나타는 9개의 컨퍼런스를 조사했는데 6개는 퓨처서치 모델을 사용해서 진행했던 컨퍼런스였고, 나머지 3개는 서치 컨퍼런스 형식을 사용한 것이었다. 여기에서 그녀는 컨퍼런스의 효과성을 확인하게 해줄 체계적인 모델을 개발했다. 실제로 그라나타가 발견한 것은 일부 퓨처서치가 애초에 세웠던 목표를 달성하지 못한 이유를 밝히는 데 도움이 되었다. 예를 들면, 그녀는 핵심 원칙과 디자인 요건이 지켜질 경우, 다음과 같은 결과가 예상된다고 정리했다.

▶ 스폰서의 목표가 달성됨

▶ 참가자들은 컨퍼런스 후에도 높은 수준의 영향력과 에너지를 지속적으로 보여줌

▶ 공통 관심사는 변화를 위한 자극제 역할을 해줌

▶ 참가자들은 상호이해에 도달하게 해줄 대화에 적극적으로 참여함

▶ 행동계획 수립단계까지 지속되는 건 아니지만 새로운 네트워크는 언제나 만들어짐 (이 부분은 오엘스의 연구결과로도 뒷받침됨)

▶ 참가자들이 "매우 효과적"이라고 판단했던 컨퍼런스에서 꿈꾸었던 미래의 모습이 컨퍼런스가 끝난 후에도 오랫동안 실현됨

Q: 효과적인 퓨처서치에 최소한으로 갖춰야 할 필수 기준은 무엇인가요?
   A: 그라나타는 자신이 성공했던 사례로부터 두 가지 핵심사항을 찾아냈다.
     ■ 회의실에 반드시 참석해야 할 사람들이 참석하게 해야 한다 (즉, "전체 시스템")
     ■ 공통 관심사를 위한 이슈에 관해서만 논의하기로 합의해야 한다

그라나타는 민주적인 컨퍼런스 구조가 파워를 가지고 있지 않은 참가자들을 임파워해준다는 일부 컨설턴트들의 신념을 지지하거나 반박할만한 증거가 없다는 것을 발견했다. 한번의 컨퍼런스만으로 파워, 신분, 위계구조, 다른 구조적 배열을 바꿀 것으로 기대할 수는 없다. 이케아의 엑토르프 사례에서처럼 최고경영진이 구조개편을 승인해줄 경우에는 퓨처서치가 조직 내 파워를 분산해서 재분배할 수 있다는 것을 보기는 했지만 말이다(Weisbord and Janoff, 2005).

또한 그라나타는 협력에 대해 강한 믿음을 가지고 있는 신뢰할만한 스폰서들이 실행그룹을 지속적으로 활성화시킬 가능성이 높다는 사실을 밝혔냈다. 핵심 참가자가 빠진 채 진행된 경우, 컨퍼런스가 끝난 후에 실행이 제대로 일어나지 않는다는 사실을 휘터커와 허치크로프트(2002)가 지방 재생과정에 관한 연구에서 밝힌 바 있다. 그라나타의 연구대상으로 협력에 대한 믿음을 가지고 있지 않았던 한 스폰서는 "개최하지 말았어야 할 만큼 효과가 없는 컨퍼런스였다"고 말했다.

그라나타는 "공통 관심사에서 통합이 가능하다는 것을 사람들 스스로 알게 되면 이론에서 예측한대로 양극단화 현상은 확실히 줄어들

었습니다. 그렇다고 해서 서로간에 있었던 차이점이 사라졌다는 뜻은 아닙니다. 실제로도 그렇지 않았구요. 그 대신 이해관계자들은 공통 관심사를 토대로 함께 작업하기 위해 의견충돌을 인지하고 인정하면서 옆으로 밀쳐둔 것입니다."라고 보고했다. 퓨처서치에서 한 가지 위험한 것은 사람들이 어쩌면 고도로 추상적인 수준에서만 합의하고, 사소하거나 논란의 여지가 적은 프로젝트만 수행할 수도 있다는 것이다. 실제로 이런 일이 폴라니가 연구한 '반복 사용 긴장성 손상증후군'에 관한 컨퍼런스에서 일어났다. 고용주와 노동조합원 사이에 오랫동안 깊게 자리잡고 있던 가치충돌을 3일짜리 퓨처서치만으로 해소할 수는 없는 일이다.

퓨처서치 방식으로 회의하는 것이 가장 어려운 상황은 정치적인 상황이 심하게 격돌하고 있을 때이다. 사람들이 실행을 위해 선출한 담당자에게만 전적으로 의존하면 제대로 후속조치가 일어나기 어렵다. 다양한 지지층으로부터 다양한 압력을 받는 상황에서 자신이 통제할 수도 없는 회의에 대표자로 참석한다는 것은 누구에게나 힘든 일이다. 지속가능성에 대한 21가지 계획을 영국과 독일에서 실행하는 문제를 다루기 위해 진행했던 2개의 컨퍼런스는 오엘스가 연구대상으로 주목했던 것이다. 컨퍼런스가 끝난 후에 나타났던 활동부족 현상은 "퓨처서치 이후 챔피언들의 철수, 대표자와 참여 민주주의 사이에 존재하는 문화적 격차와 제도적인 격차, 다양한 지배구조 속에서 자치단체에게 부여된 제한된 의사결정 권한과 같은 요소"에 일부 기인한다.

퓨처서치가 진행되는 동안에 일어나는 현상과, 다 끝낸 후에 일어나는 현상들은 "그것을 키우거나 키우지 못하게 만드는 정치적 맥락"과 연결해보면 가장 잘 이해할 수 있다고 결론내렸다. 그녀는 또한 "참여 수단을 최적화하는 것보다 효과적인 지역변화를 퍼실리테이션 할 방법은 많이 있다"고 명시했는데 우리도 강력히 지지하는 문장이다. 그럼에도 불구하고 그녀는 자신이 연구한 것에 기초하여 퓨처서치 디자인에 대한 수정사항을 제안했다. 그녀 혼자만 그걸 발견했던 건 아니다. 그녀가 퍼실리테이터들에게 사전에 말하지 않고 관찰한 것을 토대로 논문에서 비판을 제기했던 대부분은 이미 1990년 후반에 많은 퓨처서치 네트워크 회원들에 의해 퓨처서치 디자인에 반영되어 사용되던 것이었다.

우리가 모르는 것

우리가 모르는 것 대부분은 통제할 수 없는 것을 통제하는 방법이란 카테고리에 들어간다. 아래에 열거하고 있는 리스트는 통제할 수 없는 것들이긴 하지만 우리가 충분히 이해할 만한 희망사항들이다. :

▶ 극심한 회의론자까지 동의하게 만들 방법

▶ 오늘의 변화가 내일도 지속되게 해줄 방법

▶ 더 좋은 퓨처서치 참가자가 되게 하기 위해 사람들의 행동, 태도, 동기, 정치, 갈등, 위계구조, 에고, 투사, 걱정, 고뇌를 바꿔줄 수 있는 방법

▶ 정치적으로 대립하고 있는 상황에서 협력을 불러일으킬 수 있는 방법

▶ 전혀 다른 세계관을 가지고 있는 국가 간에, 역사적으로 중요한 갈등을 겪고 있는 국가들을 화해시켜줄 수 있는 방법

연구자들은 가끔 "추가적인 연구가 필요하다"는 문장으로 연구를 마친다. 우리는 퓨처서치 연구를 더 오래 많이 한다고 해서 더 좋은 원칙이 나타날 거라고 믿지는 않는다. 시스템 전체를 위해 효과적이고 새로운 기법과 방법이 만들어지고 발견될 것이라는 데는 의심의 여지가 없다. 우리가 스폰서들을 올바른 길로 안내하고 있다고 안심시켜주는 파문들에 대해 우리도 지속적으로 연구할 것이다.

여러분도 그렇게 해주기를 요청한다. 퓨처서치에서 했던 것보다 더 많은 사람들이 참여하여 더 적은 노력으로 더 좋은 계획을 세워 더

장기적으로 실행하게 할 방법이 있다면 독자들이 그것들을 발견해서 사용하기를 우리는 진심으로 바란다. 다음은 퓨처서치에 대해 더 연구하고 싶어하는 독자들을 위해 우리가 제시하는 몇 가지 연구 아이디어들이다. (다른 아이디어가 있으면, 우리에게도 알려주기를 기대한다.) 이러한 개념에 대해 배울 것이 있는지 살펴보면 퓨처서치를 사용하는 데 있어 또 다른 도움을 줄 수 있을 것이다:

- ▶ 정신, 육체, 영혼을 다해 미래를 연출해보는 일이 플립차트에 희망 목록을 적는 것보다 더 나은 결과를 만들어내는가?
- ▶ 행동을 취하기 전에 먼저 공통 관심사를 확실하게(100% 합의) 하면 장기적으로 어떤 효과를 얻을 수 있는가?
- ▶ 컨설턴트가 떠나고 난후, 컨설턴트가 주도해서 나온 후속조치에서 얼마나 많은 장기적인 혜택을 얻을 수 있는가?

퓨처서치

에필로그
이 "뉴 패러다임"이 이미 오래전부터 있던 것이라구요?

"퓨처서치는 인류가 여러 세대에 걸쳐 사용해오던 의사결정 방식을 따른다. 지금도 우간다의 부족장들은 모든 이해관계자들을 한 곳에 앉게 하고, 어떤 것에 대해 이야기를 나누고, 서로를 이해하게 한다. 이런 프로세스는 공식적인 메커니즘을 가지고 있지 않았던 사회에서 오랫동안 사용되어 왔다. 이것이 바로 퓨처서치가 하는 일이다. 이렇게 하면 결정하고 행동하는 과정이 훨씬 단순해진다."

- 유니세프 우간다 지역책임자, 샤라드 사프라 -

우리의 친구이면서 수년간 안내자가 되어 준 에릭 트리스트는 오래전에 일터에서 일어나는 혁신 자체에 생명이 있다는 것을 발견했다. 혁신이 일어나면, 혁신은 그것을 만들어낸 조직 안에만 머무르지 않는다. 이야기들이 흘러다니면서 수면 아래에 감춰져있던 아이디어가 드러나고, 멀리 떨어진 곳에서도 이 혁신으로부터 혜택을 보게 된다. 이런 현상을 '형태공명론Morphic resonance'이라고 부른다. 나는 전문용어 사용하는 것을 정말 싫어 하지만, 이 용어만은 아주 좋아한다. 분자생물학자이자 아주 독특한 개성을 가진 과학자인 루퍼트 쉘드레이크 Rupert Sheldrake, 1988가 만든 용어로, 굳이 의도를 가지고 바꾸려 노력하지 않아도 자연스럽게 무언가가 변하는 것을 설명하는 말이다.

하늘을 나는 것을 생각해보자. 역사가 기록하기 시작한 그때부터 사람들은 새처럼 하늘로 솟아오르는 열망을 품었다. 라이트라는 이름을 가진 두 명의 자전거 기계공이 하늘을 나는 기계를 만들어, 마침내 날기 전까지는 아무도 하늘을 나는 꿈을 현실로 구현해내지 못했다. 그렇지만 그 이후부터는 누구든지 10시간이라도 독수리가 되어 하늘을 날 수 있게 되었다(1953년에 실제로 나는 해보았다).

이 에필로그는 〈생산적인 일터 개정판 Productive Workplaces Revisited, Weisbord, 2004〉의 21장과 에필로그에 있는 내용을 이 책의 공저자인 마빈 웨이스보드가 수정해서 작성한 것이다.

로저 배니스터 Roger Bannister가 1954년에 1마일을 4분안으로 달려내기 전까지 사람들은 그런 재주는 인간의 한계를 넘어서는 일이라고 생각했다. 지금은 수천 명이 넘는 사람들이 그렇게 달리고 있다. 2009년에는 더 재미있는 일이 일어났다. 뉴욕주의 애디론댁 Adirondack 산맥에 살고 있던 곰 한 마리가 곰의 공격으로부터 음식을 지켜낼 수 있도록 특수 제작된 음식 저장고를 스스로 열어냈다. 그때부터 이전에는 열지 못했던 많은 다른 곰들도 음식저장고를 열어서 땅콩 버터와 젤리를 가져다 먹었다.

전략 기획을 하는 대규모 그룹도 마찬가지이다. "혼돈이론 Chaos theory"이 경영계의 용어로 자리잡기 전까지 대다수 사람들은 열성주의자가 권하거나 전문가가 나서지 않는 한 낯선 무리들이 함께 모여 일하고, 정보를 공유하고, 계획을 세우고, 그것을 실행하기로 약속할 수 있다는 것을 당연히 믿지 않았다. 하지만 더 많은 사람들이 그렇게 하는 법을 배우면서, 이런 방법을 알지 못했던 사람들조차 지금은 이 방법을 쉽게 사용할 수 있게 되었다. 잘 이해되지도 않는 프로세스에 따라 시간과 공간을 여행하는 것이 얼마나 효과가 있는지 여러분도 곧 관찰하게 될 것이다. 우리가 트렌드의 "기운이 감돈다"고 말할 때는 형태 공명론에 대해 말하고 있는 것이다.

21세기 말에 이 책의 공지자인 산드라 제노프와 나, 그리고 다른 많은 동료들은 "회의실 안에 전체 시스템 Whole system in the room"이라는 거대한 변혁적인 힘을 이해하게 되었다. 우리는 적합한 사람들을 상호소통할 수 있는 회의에 초대하는, 오랫동안 교육을 받지 않고도 평균 정도의 사람은 누구나 해낼 수 있는 이 간단한 행동이, 그동안 어떤 사람도 계획하고 프로그램화하고 결과물을 구체적으로 명시하지 못했던 일련의 상황에서 벗어나, 건설적이고 효율적으로 행동하게 해주는 문을 활짝 열어주었다는 것을 알게 되었다. 우리가 이 방법을 더 많이 사용하면서 다른 사람들도 이 방법을 쉽게 사용할 수 있게 되었다. 그 결과, 회의라는 단어를 '좌절'의 동의어로만 취급해온 수만 명에 이르는 사람들이 이제는 매우 생산적인 포럼에 참석할 수 있게 되었다.

왜 퓨처서치는 "효과"가 있을까?

퓨처서치가 급속하게 확산되면서 나타난 두 가지 현상에 주목할 필요가 있다. 첫째는 교육, 연령, 성별, 민족, 신분과 상관없이 새로운 스킬을 배우지 않고도 많은 사람들이 퓨처서치에 참가할 수 있다는 것을 발견한 것이다. 시스템 사고를 해야 할 필요도 없고, 전문성을 가지고 있어야 할 필요도 없다. 지금까지 경험해온 것만 있으면 그것으로 충분하다. 둘째, 퓨처서치가 그동안 우리 가운데 누구도 건너가지 못했던 문화적 경계선을 자연스럽게 연결해준다는 것이다. 1970년대에 나는 전문대학, 대학교, 의과대학에 비즈니스에 기반한 방법을 적용하는 것이 얼마나 문제가 있는지 알게 되었다. 하지만 퓨처서치 네트워크 회원들은 동일한 원칙을 어디에나 적용하여 세계문화 백과사전 목록에나 나올 것 같은 곳에 살고 있는 참가자들이 자신들의 미래를 스스로 책임지도록 도움을 주고 있다.

우리는 사람들이 오랫동안 유지해온 전통을 정당화하는 데 사용하는 회의 방법론을 우연히 발견하게 되었다. 한 연합교회 목사가 신도들을 부흥시키기 위해 퓨처서치를 사용했는데, 그때 그들이 믿고 있는 신앙의 핵심 교리에 바탕을 둔 원칙을 적용했다는 말을 목사로부터 들었다. 많은 성공회[10]와 감리교회 성직자들도 같은 말을 했다. '유대교

---

10 역주: 스코틀랜드와 미국에서의 영국 성공회

재건주의자 연합*Jewish Reconstructionist Federation*'이 퓨처서치를 하기로 했을 때, 그들은 퓨처서치가 "행동하는 재건주의"를 잘 대변해줄 수 있을 것이라고 말했다. 미국 육군 리더십센터의 센터장은 퓨처서치를 장교 훈련에 통합시켰다. 그 이유는 구조와 열린 가능성 사이에서 균형을 유지하는 퓨처서치 방식이 군 장교들에게도 잘 맞을 것으로 보였기 때문이다.

하와이의 오아후 북쪽 해안에 위치한 커뮤니티인 쿠라우 로아 *Koolau Loa*를 위한 준비위원회는 퓨처서치가 마음, 육체, 영혼의 삼위일체라는 하와이의 전통적인 가치를 회복할 수 있게 해주었다고 말했다. "퓨처서치는 우리가 작은 공동체에서 함께 살면서 생존하고, 의식을 거행하고, 축하하고, 슬퍼하고, 아이들을 기르기 위해 서로를 필요로 했던 때의 경험으로 다시 연결시켜주는 방식입니다. 계절과 대지를 접촉하면서 살았던 그때 우리 모두는 서로에 대해 상호의존적인 존재였어요. 누구도 그것을 정의하고 가르치거나 전파할 필요조차 없었던 시기였죠." 이 말은 마을 장로들이 한 말을 산드라가 전해준 것이다.

싱가포르의 퓨처서치 컨퍼런스에 참가했던 중국계 참가자들은 퓨처서치에서 상호지지와 협력이라는 중국이 전통적으로 유지해오고 있는 공동체의 가치가 재현되는 것을 경험할 수 있었다고 말했다. 인도와 남아프리카에서는 문화적 전통을 깊이 느끼면서 하나의 공동체라는 것을 경험할 수 있었다고 했다.

평범한 것에서 뭔가가 일어나고 있다는 단서는 또 있다. 우리는 많은 그룹이 자신들에게 영향을 미치고 있는 트렌드를 마인드맵으로 그리고, 그것을 보고서에 담거나 인터넷이나 사무실 벽에 붙여 놓는 것을 관심 깊게 보고 있었다. 비즈니스를 하는 기업에서조차 타임라인 챠트가 공감을 받고, 이상적인 미래를 극적으로 표현하는 활동이 폭넓게 받아들여지는 것을 보면서 놀라움을 금치 못했다. 중후한 분위기를 풍기는 임원들이 웃고, 춤추고, 연기하고, 누구도 알아주지 못했던 심각한 개그를 보여줄 때는 할 말을 잃고 말았다. 은행장이 어깨 보호대와 축구 헬멧을 쓰고 희망찬 미래를 향해 돌격을 지휘하는 모습을 상상해 보라. 가상의 TV 인터뷰에 나와서, 10년 전에 커뮤니티가 하나로 굳게 단결할 수 있었기 때문에 지금 이 성공을 즐길 수 있게 되었다고 말한 부사장도 있었다. 지금도 큰 의미가 있는 고대의 원형들을 우리에게 떠올려주기 위해 사람들이 퓨처서치를 사용하고 있는 것처럼 보였다.

왜 이런 일이 일어났을까?

퓨처서치가 인간 심리 깊숙이 잠복해 있던 무언가를 건드린 것이다. 참가자들에게 새로운 스킬과 태도를 먼저 배워야 한다고 했다면 이런 일들은 결코 일어날 수 없었을 거라고 우리는 단언한다. 마스터해야 할 스킬, 기술, 개념, 전략, 관리해야 할 갈등, 해결해야 할 문제들로 참가자들에게 압박감을 주지 않고, 집단역학Group dynamics에 대한 테크놀로지를 한 번에 하나씩 벗겨냈을 뿐이다. 커트 르윈Kurt Lewin의 말을 인용해서 설명하면 이렇다. 사람들이 이미 가지고 있던 스킬, 능력, 동기가 진정으로 원하는 미래를 향해 그들을 휘몰아 갈 수 있도록 그들을 억눌러왔던 힘을 충분히 해방시켜준 것이다. 우리 그룹 안에는 실시간으로 자신에 대해 '실행연구Action research'(체계적으로 분석한 데이터를 바탕으로 변화가 필요한 실행영역을 선택하는 변화과정이다. 실행연구의 중요성은 계획된 변화를 실행하기 위한 과학적 방법을 제공한다는데 있다. 실행연구 과정은 진단, 분석, 피드백, 실행, 평가의 5단계로 구성되어 있다. - 옮긴이) 방법을 적용하는 사람들도 있다. 수십년동안 우리를 도와준 개념과 기법이지만, 변화가 일상이 된 지금은 더 이상 유효하지 않기 때문에 이제는 그것들을 흘려보내야 한다는 르윈의 가치를 실현하고 있는 것이다.

나는 이것이 고도로 복잡해지고 있는 전략경영 프로그램의 종말을 보여준다고 생각하고 싶다. 2010년이 되면서 이런 복잡한 상황을 견디게 해줄 방법으로 협력이 관심을 받기 시작했다. 서로 협력하는데 도움을 줄 간단한 방법을 사람들이 찾고 있다는 것을 나는 더 확신하게 되었다. 더 빠르고, 더 짧고, 더 낮은 비용으로, 더 화려한 기법에 대한 압박을 높여갈 것이라고 많은 사람들은 믿고 있다. 우리 역시 자신뿐만 아니라 다른 사람들에게 무의식적으로 이런 압박의 수위를 높여가고 있다. "변화에 저항"한다는 것은 이미 디자인되어 있는 한계를 넘어서려는 유기체가 보여주는 건강한 반응이라고 할 수 있다. 그렇지만 저항을 다루기 위해 반드시 더 나은 수단이 필요한 것은 아니다. 우리 자신의 일부는 테크놀로지로 인한 압박감, 성장과 성취를 위한 압력, 끊임없이 일어나는 시간으로부터의 압박을 초월할 수 있기를 갈망하고 있다. 퓨처서치는 우리 스스로를 수용하고, 있는 그대로의 모습으로 서로 함께 일하게 해줄 포럼을 우리에게 만들어주었다.

신화, 원형, 집단 무의식

퓨처서치가 널리 수용되기 위해서는 모든 사람들이 보편적으로 가지고 있는 니즈를 해결해 줄 수 있어야 한다. 이런 깨달음은 우리에게 신화적인 측면을 보게 한다. 어떻게 보면 퓨처서치는 계획수립을 위한 또 다른 회의일 뿐이다. 그러나 다른 각도에서 보면, 사람들이 한 공간에서 다른 공간으로 아주 위험한 여행을 하고, 일주일 전까지만 해도 생각조차 할 수 없었던 일을 하게 만드는 세속적인 통과 의식으로 보일 수도 있다. 의식은 타임라인 챠트, 마인드맵, '자랑하고 싶은 것과 미안한 것_Prouds & sorries_', 공통 관심사들이 붙어있는 벽 같은 것이다. 이런 의식들 안에 있는 신화는 "희망하는 미래 시나리오"로 치장한 환상적인 스토리였다.

  동일한 문화권에서 온 사람들에게는 세속적인 신화와 의식은 공동체의 이정표를 축하해주는 친숙한 문화적 프로세스를 떠올리게 해준다. 다양한 문화적 배경을 가진 사람들과 함께 하는 퓨처서치에서는 이런 문화적 프로세스가 다양한 사람들이 서로를 발견하게 해주는 중립적인 다리가 된다. 이런 의식은 어느 하나의 문화에 속하는 것이 아니기 때문에 모든 사람들이 소유할 수 있다. 이것은 마치 사람들이 "과거, 현재, 미래"라는 이름의 빈 공간에 가장 가치 있게 여기는 것을 투영하면서 자신들만의 문화적 맥락을 재현하기 위해 퓨처서치를 사용하는 것과 같다. 새로운 패러다임이 되는 것과는 거리가 멀지만, 어쩌면 우리는 모든 부족이 신화, 의식, 시시각각 바뀌는 계절을 보며 살았던 시대로 돌아가 이 지구에 존재하는 공통의 유산을 무심코 건드린 것인지도 모르겠다. 그 자리에 참석한 사람들 모두를 하나의 부족으로서 경험하게 한 것은 아닐까!

퓨처서치 재정립하기

나는 1995년에 메릴랜드의 컬럼비아 TAI-SOPHIA가 가지고 있던 프로그램(전 전통 침술연구소) 가운데 하나인 "건강을 다시 생각한다"는 주제의 세미나에 참석한 적이 있다. 이 자리에서 중국 전통의학 저변에 깔린 고대 도교철학과 퓨처서치가 가지고 있는 유사점을 발견하고 놀라움을 금치 못했다. 이 은유시스템에는 다섯 가지 계절이 있는데 각 계절은 자연의 요소와 연결된다. 가을=금속, 겨울=물, 봄=나무, 여름=불, 늦여름=대지, 이런 식이다. 나는 이 은유시스템을 각자의 삶에서 일어나는 상황에 적용해보라는 지침을 받았다. 각 계절은 '생명에 효과적인 행동'과 연결된 하나의 조건을 갖게 된다.

계절/요소는 방 가운데 걸어 놓은 커다란 차트 위의 동그라미 안에 그려졌는데, 보도 위에 그려진 돌차기 놀이 패턴 같았다. 자원한 사람들은 자신의 인생에서 하나의 문제를 선택했다. 그리고는 '가을'에서 시작해서 계절에 따라 돌아간다. 각 지점에 도착하면 잠시 멈추고 그 관점에서 말해야 한다. 가을에서는 모든 우려사항을 감사히 받고, 겨울에는 자신도 알지 못하는 것을 질문하고, 봄에는 명확한 비전을 만들고, 여름에는 파트너십을 형성하며, 늦여름에는 무엇을 할지에 대해 상호합의를 한다. (침술가들은 치료를 받는 동안 환자가 이 다섯 가지 조건을 경험하도록 가이드를 해줬다. 온전한 존재가 되어 에너지로 가득찰 때는 이 다섯 가지 상태를 모두 알게 되는 순간이다.)

처음으로 자원했던 사람이 계절을 따라 걸어가면서 딸과의 관계에 대해 이야기하는 것을 보고 너무 흥분해서 안달이 날 정도였다. 그 남자가 들려주는 삶의 여정이 퓨처서치의 다섯 단계와 정확하게 유사했기 때문이다! 퓨처서치를 할 때 우리도 회의실 안에 있는 모든 사람의 과거 경험을 존중하면서 시작한다. 그리고 나서 우리가 사는 세상의 복잡성에 대해 질문하기 위한 기초로서 글로벌 트렌드에 관한 마인드맵을 만든다. 다음에는 공통 관심사와 사람들이 기꺼이 노력을 쏟아붓고 싶어하는 극적인 미래의 비전으로 이동한다. 마지막 단계는 자발적으로 파트너십, 합의, 실행에 대한 약속을 받아낸다. 이 세미나에 참가하면서 이런 경험주기가 수천 년 동안 사람들에게 알려지고 전해져 내려왔다는 것을 깨닫게 되면서 나는 몸 전체에서 전율을 느꼈다. 40년이 넘는 기간동안 우리는 다른 기원에 대해서는 전혀 알지도 못한 채 실험적으로 우리가 하는 일을 반복해왔는데 이것은 어쩌면 인간의 집단 무의식인지도 모르겠다.

다른 시스템, 동일한 목표

고대의 지혜
계절 - 지속적인 조건

가을: 모든 것을 감사하게 받아들임; 현재 상황에 있는 각 개인에 대한 통찰
겨울: 지식; 탐색, 알지 못함을 기꺼이 받아들임
봄: 명확성과 의도를 가지고 비전을 바라봄
여름: 파트십을 위해 가슴을 오픈함
늦여름: 유익한 것에 대해 상호합의

퓨처서치
단계 - 목적

과거: 모든 사람의 경험을 정당화함; 공통의 맥락 형성
현재: 알지 못하는 영역 탐색; 상호 질문과 발견
미래: 꿈을 그림; 진정으로 원하는 것을 내재화함
공통 관심사: 공유하는 염원과 가치를 확인함
행동: 모두에게 유익한 미래로 가는 다음 단계를 위해 서로 협력함

연구자들은 내가 가정하고 있는 것에 동의할 거라고 생각하지만, 퓨처서치가 원형에서 나왔다는 것을 현재로서는 입증할 수 없다. 퓨처서치와 유사한 방법들이 그동안 지배하고 있던 패러다임을 바꾸게 해주었기 때문이 아니라, 존엄성, 의미, 커뮤니티, 생산적인 일처럼 우리 종(種)에게 언제나 근본적으로 작용해온 것들에 다시 초점을 맞추게 해주기 때문이라는 공식적인 근거를 볼 날이 언젠가는 올지도 모르겠다. 대부분의 변화는 스스로 만들어지고 그렇게 만들어진 것중 상당 부분은 스스로 사라져가는 변화의 조류 안에서, 우리가 함께 일한 것이 삶의 기쁨이 되게 해주었던 경험들을 다시 회복하기를 많은 사람들이 열망하고 있다. 21세기를 여는 새벽에 우리 모두는 과거에 함께 일하면서 즐겁고 신났던 그 순간으로 다시 돌아가고 싶다는 꿈을 꾸고 있다.

부록 A
퓨처서치 단계별 퍼실리테이터 가이드

수천 명에 이르는 사람들이 우리가 가르치는 워크숍에 직접 와서, 실제로 진행하는 현장에 참여하면서, 이 책의 도움으로 퓨처서치를 진행하는 법을 배웠다. 부록 A에서는 최근 여러 해 동안 세계 각지에서 우리가 사용해왔던 워크숍 디자인을 단계적으로 소개하려고 한다. 여기에서 제시한 소요시간은 대략적인 것이다. 직접 진행해보면 어떤 과제가 일찍 끝나는 바람에 다른 과제에 시간을 좀 더 여유있게 쓸 수 있을 때도 있다. 시간이 가장 희소가치가 높은 자원임을 기억하기 바란다. 이처럼 시간을 소중하게 다루려면 그룹 안에서 무슨 일이 일어나고 있는지 주의를 기울여야 한다. 서둘러서 될 일은 아니지만 그렇다고 주춤거려서도 안된다. 목적에서 눈을 떼지 않고 있어야 한다. 그렇지만 확신이 서지 않을 때도 있을 것이다. 그럴 때는 그룹과 상의하라. 그룹은 모든 것을 알고 있다.

퓨처서치 디자인을 수정하고 싶다면

퓨처서치 디자인을 수정하기 전에, 그 디자인이 아래의 결과를 줄 수 있는 것인지에 대해 먼저 자문해보기 바란다:

▶ 더 쉬운 방법으로 동일한 결과 또는 더 좋은 결과를 만들게 해주는 디자인인가?

▶ 참가자들이 자율적인 운영과 책임을 더 많이 경험하게 해주는 디자인인가?

▶ 우리가 디자인한 시간 내에 또는 더 짧은 시간으로 더 많은 사람들이 공유하는 세계를 더 충분히 경험할 수 있게 해주는 디자인인가?

▶ 과제에 대한 집중을 놓치지 않으면서도 참가자들이 가지고 있는 다양한 학습 스타일이 나타나도록 충분히 수용해줄 수 있는 디자인인가?

아래와 같이 디자인을 바꾸려는 시도에 대해서는 우리는 심각하게 경고한다.

▶ 그룹의 경험을 개인적인 경험으로 수정

▶ 참가자들이 대화할 수 있는 시간 축소

▶ 개인적인 성장을 위한 활동 추가

▶ 퍼실리테이터가 데이터를 수렴하고 우선순위를 정하고 이슈를 분류하는 일

▶ 사람들이 서로의 감정과 꿈을 나누지 못하게 하는 디자인

▶ 그룹이 스스로 활동을 통제할 수 있는 기회 박탈

이 중 일부는 모순된다고 볼 수도 있다. 예를 들면, 참가자들에게 모든 통제권을 넘긴다는 것은 아무것도 디자인하지 않는다는 뜻으로 받아들일 수도 있다. 할 수 있게 해주는 것과 통제하는 것 사이에서 우리는 세심하게 줄타기를 해야 한다. 우리가 원하는 만큼 충분히 성공하지 못할지는 몰라도 위에 언급한 것들은 우리에게 중요한 것이 무엇인지 말해준다.

1일차

오후 1시   오리엔테이션, 소개 (60분)

퓨처서치 단계별 퍼실리테이터 가이드

퓨처서치 원칙

- "회의에 시스템 전체"가 참여하게 한다
- 실행에 필요한 전체적인 맥락, "코끼리 전체"를 이해한다.
- 문제와 갈등이 아닌 미래와 공통 관심사에 집중한다.
- 자율적으로 관리하고 실행에 대해 책임진다.

목적

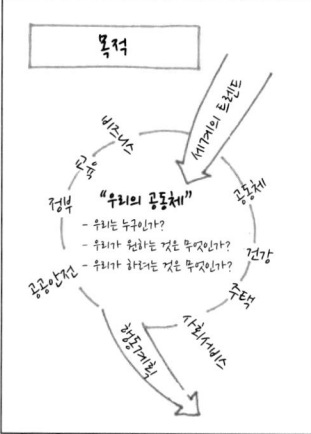

진행 아젠다

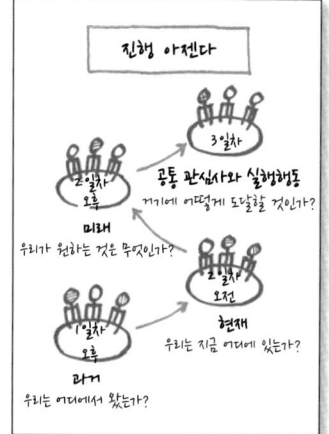

4가지 변화의 방

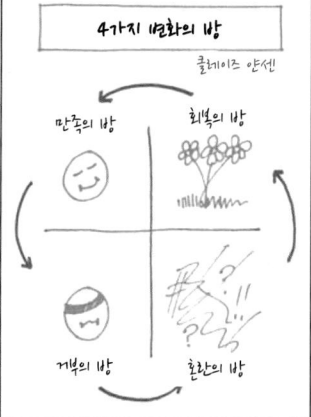

학습에 필요한 기본가정

우리는 모두 학습한다:

　다른 속도로

　다른 방법으로

　다른 경험으로부터

그래서 …

우리는 인내심을 갖는다.

타임라인 챠트와 마인드맵에 사용할 목적으로 빈 종이를 붙여두고, 미리 작성해둔 왼쪽의 플립챠트 7장은 회의실 전면에 회의를 시작하기 전에 붙여둔다.

힘풀을 위한 합의

컨퍼런스 스탭　　참가자

- 시간/과제　　　　정보/의미

- 모든 관점을 받아들일　자율적인 그룹
  공간 확보

- 시작과 중간시점에서　미래/실행
  퓨처서치 목적에 집중

성공에 필요한 조건

- 모든 아이디어는 타당하다
- 모든 정보는 공개한다

　경청한다

- **시간을 준수한다**
- 공통 관심사와 실행에 초점을 맞춘다
- 갈등과 문제를 인정하되 "해결"하지 않는다
- 즐긴다!

목적: 퓨처서치 목표 확인, 참가자 소개, 진행 아젠다 검토

소그룹: 전체 참가자들을 최대한 섞어서 그룹 구성. 8명이 하나의 그룹이 되게 하여 총 8개 그룹을 만들거나 가능한편 이에 가깝게 구성

회의장 준비: 타임라인 챠트와 마인드맵 챠트는 미리 붙여둠(전형적인 회의장 배치는 5장 참고). 준비해둔 플립차트 일곱 장을 벽에 나란히 붙인다: 원칙, 목적, 아젠다, 변화의 4가지 방, 학습을 위한 기본가정, 활동을 위한 합의, 성공에 필요한 조건 (다음 페이지 참고)

진행절차

1. 스폰서의 환영인사 (5~10분)
2. 퍼실리테이터의 오리엔테이션: 절차, 목적, 진행 아젠다

   각 이해관계자 그룹 안에서 차례로 일어나 자신의 이름과 소속을 말하면서 소개하게 한다

3. 각 그룹에 속한 참가자들에게 지참해오라고 사전에 요청했던 상징물을 사용해서 서로 만난다(선택사항). 시간 내에 그룹 내 모든 사람과 이야기할 수 있게 한다. (20분)
4. 퍼실리테이터는 전체 참가자에게 자신이 가져온 상징물을 보여줄 자원자를 받는다. (그룹 당 하나)
5. 퍼실리테이터는 오리엔테이션을 마친다: 변화의 방, 학습을 위한 기본가정, 활동을 위한 합의, 성공에 필요한 조건

퍼실리테이터를 위한 팁

▶ 회의실에서 길이가 가장 긴 면의 중앙에서 창문을 바라보면서 진

행한다. 이렇게 하면 모든 그룹에 최대한 가까이 갈 수 있고 참가자들도 빛을 피하기 위해 눈을 가늘게 뜨고 퍼실리테이터를 보지 않아도 된다.

▶ 참가자들이 회의의 목적에 대해 확신하고 있는지 의구심이 들면 스폰서의 환영인사가 끝난 후 서로 이야기를 나누게 한다. 각 그룹이 목적을 어떻게 이해하고 있는가? 스폰서에게 물어보고 싶은 것은 무엇인가?

▶ 첫 번째 과제를 시작하기 전에 워크북에 들어있는 내용을 소개한다.

세션1: 과거에 초점 맞추기

14:00   타임라인 챠트를 채우고 이야기 만들기 (2시간)

목적: 과거 역사를 공유하면서 커뮤니티 구축: 모든 사람이 돌아다니면서 벽과 마커를 사용하여 아이디어를 적게 한다.

개인: 각 타임라인 챠트에 자신이 기억하는 과거의 이벤트를 적는다. 다양한 이해관계자들로 구성된 소그룹은 발표준비를 한다.

진행절차

1. 워크시트 1의 목적과 지시사항을 읽는다

2. 각 개인은 워크시트에 적은 아이템을 타임라인 챠트로 옮긴다. (30분) 소그룹은 워크시트 2를 사용한다.

3. 각 그룹은 이야기와 그 이야기가 자신이 하는 일에 미친 영향에 대해 이야기 하기 위해 하나의 타임라인을 선택한다. (45분)

4. 각 그룹이 나와서 3분간 전체에게 보고한다. (전체 30분)

5. 전체 보고가 끝난 후, 무엇을 대해 소그룹 안에서 자체적으로 이야기를 나눈다. (5분)

6. 관찰한 것, 반응, 영향, 시사점에 대하여 전체 그룹과 다시 대화를 나눈다. (20분이내)

퍼실리테이터를 위한 팁

▶ 참가자들이 선택할 수 있도록 옵션을 준다. 워크시트를 사용하지 않고 바로 벽에 적을 수도 있고, 그림으로 표현할 수도 있다. 자기가 낸 아이디어와 유사한 항목이 있으면 그 옆에 표시를 할 수도 있다.

▶ 각 그룹으로부터 보고를 듣고 난 후에 소그룹에서 다시 이야기하게 하는 것은 전체그룹 대화를 활발하게 해주는 가장 빠른 방법이다. 워크숍 초반에 이렇게 하다가, 참가자들이 서로에 대해 편안하게 느낀다는 생각이 들면 이 단계를 건너뛸 수도 있다.

오후 4시　　휴식 (15~20분)

세션2: 현재에 초점 맞추기

16:15　　　마인드맵을 만들고 핵심 트렌드 기록하기 (최대 90분)

목적: 모든 참가자들이 자신이 인식하고 있는 세계에 대해 이야기하게 한다. 다음 단계 활동을 위해 전체가 공유할 수 있는 프레임워크를 만든다.

회의실 준비: 벽에 2m×4m 전지를 붙이고, 퓨처서치 주제를 동그라미 안에 적는다. 모두가 챠트를 볼 수 있도록 벽 가까이로 다가오게 한다.

전체 그룹: 모든 사람이 마인드맵을 만드는 데 참여하

게 한다. (이해관계자 그룹은 다음 세션에서 맵을 가지고 함께 활동한다.)

준비물: 마인드맵 가이드라인 : 워크시트 3

진행절차

1. 전체 참가자들은 벽에 붙어 있는 마인드맵을 마주보고 앉는다.

2. 참가자가 트렌드를 말하면, 퍼실리테이터는 그것을 받아 적는다. 트렌드에 순서를 매길 수도 있다. (25~45분)

3. 그룹이 마인드맵에 만족하면 퍼실리테이터는 마인드맵에 대한 반응, 논평과 감정을 물어본다. 한 마디라도 좋다. 2일차에서 마인드맵을 어떻게 활용하게 될 것인지에 대해 자세히 설명해준다.

4. 이해관계자 그룹별로 일곱 가지 색깔로 구분된 스티커를 참가자들에게 나눠준다. 각자 생각에 따라 트렌드 위에 스티커를 붙이는데, 7개 트렌드에 하나씩 붙일 수도 있고, 하나의 트렌드에 7개를 다 붙일 수도 있으며, 어떤 조합으로 붙여도 무방하다.

5. 모든 사람이 스티커를 다 붙이고 나면 퍼실리테이터는 이번 과제를 마무리한다.

퍼실리테이터를 위한 팁

▶ 참가자들은 문제와 트렌드를 혼동할 수도 있다. 그러면 "무엇을 알게 되었습니까?" 라고 다시 물어보라. 만약 그들이 "필요"라는 단어를 사용하면 무엇이 그 "필요"라는 단어를 사용하게 하는지 다시 질문하라. 그들이 말하는 "필요" 뒤에는 트렌드가 들어 있다. 이 활동이 목표는 관찰하고 그것을 표현하는 것이지 문제와 해결책을 찾는 것이 아니다.

▶ 한꺼번에 많은 사람들이 손을 들면 번호를 매겨주고 번호순서대

로 말하는 것을 맵에 추가한다. 그룹의 에너지에 따라 한 번 혹은 여러 번 말할 기회를 줄 수도 있다.

▶ 부정적인 것을 만회하기 위해 긍정적인 것을 질문하려는 유혹에 빠지지 않도록 하라. 사람들이 무엇을 생각하고 있는지 스스로 발견하게 하라.

▶ 그들이 원하는 곳에 해당 트렌드를 배치하라. 판단하지 말라. 누군가 두 가지 트렌드를 연결시키고 싶어하면 선으로 연결해준다.

▶ 이 활동은 중요도에 따라 우선순위를 매기는 것이 아니라는 점을 이야기해주는 것도 도움이 된다. 그렇게 해주면, 어떤 인식도 모두 수용해줄 수 있는 대화를 할 수 있다.

17:30-18:00   1일차 종료

2일차

08:30   핵심 트렌드 마인드맵에 대한 그룹 토의 (30분)

목적: 모든 사람이 모든 트렌드에 익숙해지게 한다; 이해관계자끼리 대화할 수 있게 해준다.

전체 그룹: 마인드맵 앞에 모두 모이게 한다.

진행절차

1. 참가자들에게 많은 스티커가 붙은 트렌드 묶음을 보게 한다. 각 묶음을 묶은 후 그 주위로 원을 그리는 방법을 직접 보여준다.
2. 한 사람에게 원 안에 있는 스티커의 개수를 세어 달라고 한 다음, 원 안에 그 숫자를 적어 넣는다.
3. 참가자 몇 명을 앞으로 나오게 하여 스티커가 많이 붙은 묶음에 대해 동일한 절차를 반복하게 한다. 보통은 6~8개의 묶음이 나온

다. 그렇지만 판단은 여러분의 몫이다.

4. 가장 많은 스티커가 붙은 6~8개 트렌드를 순서에 상관없이 플립차트에 옮겨 적는다. 이것은 순위를 매기거나 우선순위를 정하는 것이 아니다. 하나의 묶음으로 만들어줄 단어를 사용하라.

준비물

스티커 색깔을 이해관계자별로 다르게 주면, 어떤 이해관계자가 어떤 트렌드에 관심이 있는지 쉽게 알 수 있다. 이제 각 이해관계자 그룹은 이것을 가지고 자기그룹 안에서 관심이 가장 높은 트렌드를 결정하게 한다. 모든 트렌드는 서로 관련성을 가지고 있다. 각 트렌드가 가지고 있는 문제를 해결하려 하지 말고, 핵심 트렌드들간의 상관관계를 생각하면 나중에 더 좋은 계획안을 만들 수 있다. 어느 한 트렌드에 변화가 생기면 다른 많은 트렌드에 영향을 미친다. 그러므로 그 상관관계를 찾는데 집중하게 하라.

09:00 이해관계자 그룹안에서 핵심 트렌드를 검토한다 (2시간)

목적: 참가자들이 트렌드에 대해 지금 무엇을 하고 있고, 무엇을 하고 싶어하는지 모든 사람들이 알게 된다.

절차

1. 이해관계자 그룹끼리 그룹을 재구성한다.

2. 워크시트 4를 소개해준다.

3. 핵심 트렌드 3~5개로 마인드맵을 만들어서 서로 어떻게 연결되는지 주목한다. 그런 다음 그에 대해 그들이 지금 무엇을 하고 있고, 미래에 하고 싶은 것은 무엇인지에 대해 논의하게 한다. (45분)

4. 그룹별로 4분씩 발표한다. (최대 40분, 8개 그룹)

10:15 휴식(15분)

5. 각 이해관계자 그룹의 발표를 들은 후, 이해관계자 그룹 안에서 이야기를 나누게 한다. (5분)

6. 전체 그룹이 다시 모여 이해관계자 그룹에서 논의한 것에 대해 논의하게 한다. (최대 25분)

11:00   "자랑하고 싶은 점과 미안한 점" (최대 60분)

목적: 이해관계자가 자신들의 역할을 받아들이고 책임지게 한다.

진행절차

1. 워크시트 5를 읽어준다. 퓨처서치 주제와 관련하여 그룹이 자랑스러워하는 것과 미안하다고 느끼는 것에 대해 브레인스토밍 하게 한다. "가장 자랑스러운 자랑거리" 3가지와 "가장 크게 미안한" 3가지에 주목한다. (30분)

2. 각 그룹은 전체를 대상으로 위의 6가지를 읽어준다. (15분 소요)

3. 전체 그룹 토의: 반응과 논평(15분)

세션3: 미래에 초점 맞추기

12:00   미래 시나리오 만들기

목적: 희망하는 미래를 상상하고 직접 만들어서 보여주기

진행절차

1. 1일차와 같이 이해관계자를 섞어서 그룹을 재구성한다.

2. 워크시트 6을 함께 검토한다.

3. 점심시간을 포함해 2시간 30분의 시간을 준다.
(보통은 오후 12:00-15:00까지 진행)

4. 잘 보이는 테이블 위에 창의적 활동에 필요한 물품을 두고, 위치를 알려준다. (아이디어가 필요하면 부록 C의 "셋팅" 부분을 참고)

12:30   점심식사

15:00   각 그룹이 만든 미래에 대한 시나리오를 소개한다.
                 (각 그룹별로 7분)

진행절차

1. 자원하는 그룹부터 먼저 발표를 시작한다. 원하는 장소에 발표준비를 위해 미리 세팅할 수 있다.
2. 다른 그룹들은 직접 보기 위해 세팅된 장소로 모인다.
3. 그룹이 스스로 시간을 체크하게 하지만, 시간관리를 해달라고 요청해오면 시간관리를 해준다. 시간이 2분이 남았을 때 발표자에게 알려주도록 그룹의 시간관리자에게 사전에 주지시킨다.
4. 모든 팀의 시나리오 발표가 끝나면 간단히 참가자들의 반응을 확인하고 휴식시간을 갖는다.

16:00   휴식

세션4: 공통 관심사 발견하기

16:15   그룹은 공통 관심사 목록을 만들어 게시한다. (75분)
                 목적: 모든 사람이 원하는 것에 합의한다. (워크시트 7)

회의장 준비

(1안) 방 전면에 이젤 8개를 세워놓고 플립챠트지를 준비해둔다. (참가자들이 목록을 만든 후 각 항목을 자르고 있는 동안에 준비할 수 있다.)
(2안) 벽에 플립차트 8장을 줄지어 붙여놓는다.

소그룹: 여러 이해관계자 그룹을 섞어서 소그룹을 재구성한다.

진행절차

1. 각 그룹은 회의실 안에 있는 모든 사람들이 바란다고 믿는 것을 플립차트에서 확인한다. (30분)
2. 그룹은 자신들이 만든 리스트를 하나씩 가위로 잘라낸다.
3. 그 항목을 읽어주고 플립차트 또는 벽에 붙인다 (풀 혹은 테이프 이용)
4. 각 그룹이 차례로 자신들의 항목을 읽고 붙인다. 이미 붙어 있는 항목과 유사하면 그곳에 추가한다. 전체 그룹은 이것을 지켜보면서 제안이 있을 경우 제안을 하게 한다.
5. 어떤 항목과도 합치기 어려운 항목이 나오면 이젤이나 다른 빈 종이에 붙여놓는다.
6. 몇 분 이내에 해결될 수 없는 항목을 가지고 논쟁에 빠지면, 그 항목은 "동의하지 않음" 목록에 올린다.
7. 종료시간 안에 끝나면 여기에서 2일차를 끝내고, 그렇지 않으면 다음 날 아침에 이어서 진행한다.

17:30-18:00   2일차 종료

3일차

08:30   공통 관심사 확신하기 (90분)

목적: 100% 합의한 공통 관심사를 발견하고, 의견충돌 (반대자 1명 이상)에 대해서는 있는 그대로 인정해준다.

진행절차

1. 게시된 항목 앞에 전체 그룹이 모이게 한다.

2. 전체 그룹은 각 항목이 서로 관련성이 있는 것끼리 모여 있는지 다시 확인한다.

3. 일부는 승인했지만 전체가 승인하지 않은 것은 "동의하지 않음"으로 표시한다.

4. 자원자를 모아 각 문안을 완성할 그룹을 만든다. 자원자는 편안한 공간으로 플립차트를 가져간다. 벽에 붙어 있는 플립챠트는 이젤로 옮겨 붙이면 된다.

5. 나머지 사람들은 자신이 원하는 그룹에 합류한다.

6. 문장 초안을 만드는 데 20분을 준다. (워크시트 8)

7. 각 그룹이 만든 문장을 전체에게 읽어준다.

8. 문장이 명확하지 않으면, 모두가 만족할 때까지 수정한다.

9. 다시 써야 할 경우에는 휴식시간을 활용한다.

10:00   휴식

세션 5: 실행계획 만들기

10:15   각 문장에 대해 실행계획 그룹을 만든다.
목적: 공통 관심사를 정책, 프로그램, 프로젝트, 또는 책임자 이름과 마감일자를 결정하게 한다.

진행절차

1. 자원자, 이해관계자 그룹, 또는 기존에 있던 전담팀이 각 문장을 가지고 실행계획을 만들게 한다. 준비위원회가 이 그룹들을 사전에 결정할 수도 있고 모두가 있는 현장에서 그룹을 구성할 수도 있다.

2. 실행계획 양식은 워크시트 9를 참고하도록 한다.

3. 각 개인은 워크시트 10에 개인적으로 할 일을 적어넣는다.

11:15　　　　실행그룹으로부터 보고서 진행상황을 듣는다.

12:00　　　　같은 그룹과 활동을 이어가거나 새로운 그룹을 만난다.

12:30　　　　점심식사

13:45　　　　그룹이 전체를 대상으로 발표하고 이후 진행단계를 소개한다.

14:30　　　　퓨처서치 마감

진행절차

1. 모든 참가자들을 동그랗게 앉게 한다. (비어 있는 의자가 없게 한다.)
2. 준비위원회 그룹이나 퓨처서치를 주도한 사람이 이후 진행단계, 보고서, 후속조치 전략, 검토회의 날짜를 요약해준다.
3. 자기들만의 마감활동을 하는 그룹도 있다.
4. 사전에 합의한 경우, 참가자 전원에게 마이크를 돌려서 한 마디씩 하게 한다. (원한다면) 각자 회의 결과로 자신이 무엇을 할지 간단히 말한다.

15:00　　　　퓨처서치 폐회

부록 B
환경 생각하기

회의에서 퍼실리테이터로서 우리가 통제할 수 있는 한 부분은 지구 자원 활용에 대한 것이다. 미래 세대를 위해 남겨 줄 수 있는 것 환경에 대해 창의적으로 생각해볼 수 있다. 퓨처서치 네트워크 회원인 랄프 코플먼은 우리 할 수 있는 범위안에서 지속가능성에 대해 책임을 질 수 있는 구체적인 행동을 다음과 같이 만들었다.

▶ 환경에 대한 관심을 높일 수 있는 회의실과 회의 분위기를 조성하고 협력을 요청한다

▶ 플립차트를 포함해 가능한 한 재활용 종이제품을 사용한다. 제품 포장에 재활용이란 표시가 있으니 확인만 하면 된다.

▶ 회의실 구석에 "종이 재할용"이라고 붙인 쓰레기통을 비치한다.

대형 벽을 만들 때는 (회의실 벽을 사용하기 어려운 경우) 대략 1.25m×2.5m 크기의 이중 골판지를 선택한다.

▶ 참가자들이 카풀이나 대중교통을 이용하도록 사전에 안내한다. 사전준비를 맡은 준비위원회에서 카풀팀을 만들어주면 훨씬 쉽게 처리할 수 있다.

▶ 에너지 절약을 위해 실내온도가 너무 덥지도 너무 춥지도 않도록 세팅한다.

▶ 재활용할 수 있는 이름표를 사용하라. 이렇게 하면 이름표를 매일 새로 주지 않아도 된다.

▶ 참가자들에게 머그나 텀블러를 준비해오라고 사전에 안내하라. 일회용 종이컵, 플라스틱, 스티로폼을 최대한 피한다. 재사용할 수 있는 은식기나 자기를 사용하라. 퇴비로 사용할 수 있는 종이 접시를 찾아서 사용한다

▶ 필기용 종이는 편지봉투보다 더 작은 사이즈를 사용하라. 흰색 종이가 가장 좋다. 무독성 마커를 사용하라.

▶ 먹는 방식도 지구의 지속가능성과 관련이 있다. 가급적 로컬에서 생산한 유기농 식품을 사용하면 가격은 낮추고 영양가는 더 높은 음식을 제공할 수 있다. 스낵 타임에는 신선한 과일과 견과류를 포함해라.

▶ 회의실 의자는 최대한 편안한 것을 사용한다. 그래야 피로를 덜 느끼고 에너지를 유지하기 위해 설탕이 들어간 음식을 찾지 않을 것이다.

부록 C
회의실 세팅

> "전망 없는 방은 그곳에 있어야 하는 사람들에게는 감옥이다... 어떤 공간에 일정 시간동안 있었다면, 다른 세상을 보면서 생기를 되찾을 필요가 있다. 그렇게 하면 충분히 원기를 회복할 수 있다."
>
> - 크리스토퍼 알렉산더 -

경험 많은 퍼실리테이터들은 퓨처서치를 어떻게 세팅하느냐에 따라 참가자들의 웰빙과 생산성이 얼마나 다르게 나타나는지 잘 알고 있다. 다음에 소개하는 팁은 한의사이자 전직 건축가인 로버트 웨이스보드가 퓨처서치 네트워크에 쓴 지침에서 발췌한 것이다.

회의실 준비

퓨처서치 회의실과 장소는 얼마든지 우리가 통제할 수 있다. 성공의 조건을 갖추기 위해 참가자들이 좋아하는 장소를 선택하는 것이 좋다. 이것은 생각보다 간단하다. 럭셔리한 호텔과 리조트의 컨퍼런스룸은 기자재 활용이나 야간에 즐길 거리를 잘 갖추고 있긴 하지만, 회의에 가장 중요한 창문이 충분하지 않다. 창문 없는 "지하 감옥" 같은 방에도 벽 공간이 있기는 하지만 우리는 언제나 벽 공간과 창문이 충분한 회의실을 확보하기 위해 마지막 순간까지 최선을 다한다.

이것을 쓸데없는 요구라고 생각하면 안된다. 수술환자들 중 병원

창문을 통해 자연을 본 환자가 벽밖에 보이지 않는 병실에 있던 환자보다 회복이 더 빨랐고, 입원기간도 단축되었으며 병원 직원들에게 더 상냥하게 대했다는 연구결과가 있다(August, 2008).

1993년에 우리는 회의디자인, 회의실 세팅, 회의실에 필요한 요건을 다루는데 새로운 돌파구가 되어준 폼보드를 발견했다. 시트 당 대략 1.3m×2.6m x 1.2 ㎝ 크기의 얇은 스티로폼으로 된 보드이다. 최근에는 인터넷을 통해 1.3m×2.6m 크기의 이중 골판지를 주문할 수도 있다. 보다 적은 비용으로 더 친환경적인 옵션을 갖게 된 것이다. 비록 갈색이지만 하얀 전지로 덮으면 폼보드와 비슷한 하얀 바탕을 만들 수 있어 문제없이 사용할 수 있다. 아주 가벼워서 벽이나 기둥에 테이프로 손쉽게 붙일 수도 있다. 또한 이젤 선반에 옆으로 세울 수도 있다. (이젤 두 개가 보드 하나를 지탱하게 하면 된다.)

이젤 위에 골판지를 올려서 큰 컨퍼런스룸을 분리하는 도구로 쓸 수도 있다. 예약한 회의실 내에 벽 공간이 충분하지 않으면 12장에서 20장의 폼보드를 미리 보낸 후, 현장에서 세팅한 후 벽으로 사용한다. 폼보드 6장을 테이프로 묶어서 타임라인 챠트 활동에 사용하고, 3장을 하나로 묶어 마인드맵 활동을 할 때 사용할 수 있다. 회의실 중앙에 이젤과 함께 이런 보드를 세워두면 회의 도중에 이리저리 움직일 필요가 없다. 특히 회의실 내부를 사전에 확인할 수 없는 경우에는 이런 폼보드를 여러 장 준비해 가면 현지 상황에 구애받지 않고 회의실을 세팅할 수 있다.

▨ 이상적인 회의실 찾기

로버츠 웨이스보드는 "회의실 안으로 들어갔을 때 기분 좋은 느낌이 들면 좋은 퓨처서치 룸을 얻었다고 생각합니다."라고 말한다. 아래에 회의실에 들어갔을 때 좋은 느낌을 갖게 해줄 세팅을 자세하게 소개하고 있으니 참고하기 바란다. 아래 조건을 잘 갖출수록 참가자들은 더 행복하고 창의적으로 회의에 집중할 수 있다.

적합한 형태와 크기   정사각형 혹은 그에 가까운 (길이는 폭의 두 배에 미치지 못한) 회의실이 가장 좋다. 넓이 10m에 길이 12.5m 크기의 회의실 정도가 적당하다. 이 정도면 그룹당 8명으로 하여 8개 그룹을 만들 경우, 64명이 들어가기에 충분하다. 회의실 안을 돌아다니며 의사소통할 때도 서로 연결되어 있다는 느낌을 가질 수 있는 세팅이 된다. 회의실이 더 크거나 직사각형태일 경우에는 친밀감을 갖기 어렵다. 우리 경험에 따르면, 대그룹이나 소그룹이나 1인당 2제곱미터 정도가 가장 적당한 크기이다. 필요하다면 1.3m × 2.6m 크기의 폼보드를 이용해 경계를 만들 수도 있다. 대부분의 호텔은 폼보드를 지지하는 데 필요한 이동식 프레임을 가지고 있어서 우리가 원할 때마다 즉각 벽을 만들 수 있다.

창문   자연채광, 외부 공기, 회의실 밖을 볼 수 있는 기분 좋은 전망은 창문을 통해 우리가 누릴 수 있는 것들이다. 퓨처서치에 가장 이상적인 회의실은 창문 너머에 외부세계가 있다는 것을 참가자들이 기억하게 해줄 수 있는, 양 측으로 창이 있는 곳이다. 이 방에서 누릴 수 있는 또 다른 보너스는 잘 들어오는 햇빛 덕분에 전기사용을 줄일 수 있을 뿐만 아니라, 인공조명 때문에 우울감을 느낄 가능성을 줄일 수 있다는 것이다.

벽 공간   타임라인 챠트와 마인드맵 활동을 하려면 벽이나 골판지가 필요하다. 플립차트에 있는 모든 정보가 가려지지 않고 누구에게나 잘 보여야 하기 때문에 벽 공간을 충분히 확보해야 한다.

원 vs 테이블   1996년부터 우리는 테이블 없이 의자만으로 원을 만들어서 참가자들이 앉게 해왔다. 고정되어 있지 않기 때문에 누구나 쉽게 돌아다니면서 주의를 집중할 수 있다. 어쩔 수 없이 더 작은 회의실을 사용해야 할 때도 문제없이 진행할 수 있다. 드문 경우이긴 하지만 부득이 탁자가 있어야 한다면 정사각형이나 직사각형 테이블보다 지름 1.6m 크기 정도의 라운드 테이블이 더 낫다. 더 큰 탁자는 편안하게 대화하기에는 너무 크다.

편안한 의자 참가자들은 매일 장시간 앉아 있어야 할 뿐만 아니라, 전체그룹과 소그룹 사이를 왔다 갔다 하면서 많은 시간을 보내야 하기 때문에 바퀴가 잘 굴러가는 의자가 가장 좋다.

음향 시스템 방의 크기와 상관없이 엠프 시스템은 필요하다. 엠프 시스템은 안이 복잡해서 음향시설을 정리할 필요가 있을 때도 언제든지 시스템만 분리하면 된다. 마이크는 적어도 2개는 준비해야 한다. 하나는 퍼실리테이터가 사용하고 다른 하나는 참가자들이 의견을 제시할 때 돌아가면서 사용하기 위해서다. 유선 마이크보다는 돌리기 쉬운 무선 마이크가 훨씬 편리하다. 휴식시간에는 음악을 틀어서 정신을 이완시켜줄 수도 있다.

등록 테이블 접근하기 쉬운 테이블 위에 참가자용 워크북, 이름표, 진행관련 정보 같은 것을 사전에 준비해둔다. 참가자 워크북에는 진행아젠다, 참가자 명단, 혼합그룹과 이해관계자 그룹에게 주어진 과제, 각 과제에서 사용하는 워크시트, 핸드아웃, 메모지를 포함해서 준비한다. 퍼실리테이터는 링바인더, 스프링 제본 책, 시트를 담을 폴더 같은 것을 사용하면 편리하게 진행할 수 있다.

회의실 준비

회의실을 세팅하는 데 2시간 정도 필요하므로 이 점을 고려해서 현장에 도착할 수 있도록 한다. 대개는 준비위원회에 소속된 자원봉사자들이 회의실 세팅을 도와준다.

타임라인 챠트 걸기

타임라인 챠트를 붙일 벽이 여의치 않으면 골판지 6장을 세워서 2.6m x 8m 크기로 벽을 만든다. 힌트: 아코디언처럼 서로 만나는 면을 (가리개처럼) 붙일 수 있다면, 접어서 보관했다가 나중에 다시 사용할 수 있다. 이젤 옆면에 골판지 3장을 세워서 두 시대의 타임라인 챠트를 적을 수 있

회의실 세팅을 확인하기 위한 체크리스트

✓ 골판지 12~20장

✓ 전지:

    – 타임라인 챠트용 3장 (폭 0.7m x 길이 8m)

    – 마인드맵용 2장 (폭 1.3m x 길이 4m)

✓ 그룹별로 8개입 수용성 마커 2박스 (끝이 넓은 Mr. Sketch 상품)

✓ 퍼실리테이터용 12개입 수용성 마커 2박스(끝이 넓은 Mr. Sketch 상품)

✓ 그룹별로 마스킹 테이프 1개

✓ 그룹별로 플립챠트를 놓을 이젤과 여분의 플립챠트 용지

✓ 색깔있는 동그라미 스티커 (큰 것) – 이해관계자 그룹별로 다른 색깔, 1인당 7개

✓ 미래 시나리오 작업을 위한 물품을 각 그룹별로 충분하게 준비 (공작용 판지, 가위, 스카치테이프, 풀, 담배 파이프 청소도구, 스티커, 상상에 도움이 되는 것은 무엇이든 추가 가능)

✓ 엠프 시스템: 무선용 핸드 마이크

✓ 소그룹이 앉을 수 있도록 의자를 원형으로 배치

✓ 퍼실리테이터를 위한 작은 탁자 1개, 시나리오 물품 비치용 탁자 1개

✓ 3개 타임라인 챠트는 게시: 골판지로 된 챠트 1개는 중앙에 붙이고, 다른 2개 챠트는 공간 어디든 가능

✓ 마인드맵 종이는 벽에 붙이거나 골판지에 붙여 세워둠. 마인드맵 중앙에 원을 그리고 퓨처서치 제목 기재

✓ 오프닝 플립차트 7장 게시

   ■ 원칙

   ■ 목석

   ■ 진행 아젠다

   ■ 변화의 네 가지 방

   ■ 학습에 필요한 가정

   ■ 활동을 위한 합의

   ■ 성공에 필요한 조건

✓ 그룹별 플립차트 이젤은 벽에 기대어 세워둔다. (바로 사용하지 않기 때문에 접어둔다. 이것들이 우리가 소개하는 시간동안 시야를 가로막지 않도록 한다.)

는 높이 1.3m에 길이 8m 크기의 타임라인 챠트 벽을 만들어둔다.

　　타임라인 챠트 벽을 만들기 위해 하얀 전지를 잘라 높이 0.7m에 길이 8m 크기로 3장을 만든다. 8m 크기로 자른 종이 하나를 참가자들이 쓰기 편하도록 "타임라인 챠트 벽" 중앙에 붙인다. 타임라인 챠트 중앙에 퓨처서치 주제를 쓰고, 상단에 시작시점과 끝나는 시점을 표시한다. 똑같이 높이 0.7m에 길이 8m 크기의 가느다란 종이 2장을 잘라서 하나는 글로벌 이벤트와 다른 하나는 개인적인 이벤트를 적을 수 있도록 마련한다. 우리가 과거를 검토할 때는 대체로 3개의 시기로 나누기 때문에 각 시기는 2.6m 폭으로 준비해왔다.

　　우리는 글로벌 타임라인 챠트와 개인적인 타임라인 챠트 2개를 회의실 내에 떨어진 곳에 붙여두고 사람들이 쓰기 쉽도록 충분한 공간을 만들어준다. 글로벌 타임라인 챠트와 개인적인 타임라인 챠트가 서로 붙어 있어야 할 필요는 없다. 2.6m 폭으로 구획을 3개로 나누거나 3.9m 폭으로 구획을 2개로 나눌 수도 있다. 이렇게 하는 이유는 구획을 분명하게 만들어서 과거를 검토한 챠트와 쉽게 연결하기 위해서다.

　　글로벌 타임라인 챠트와 개인적 타임라인 챠트에 대해 보고하기로 정해진 그룹은 데이터베이스를 이동하여 골판지로 된 타임라인 벽에 있는 퓨처서치 목적 타임라인 챠트와 매칭한다. 글로벌 타임라인 챠트는 위에 두고 개인적인 타임라인 챠트는 아래에 둔다

■ 마인드맵 걸기

마인드맵을 걸어둘 벽공간이 여의치 않으면 골판지 3장을 붙인후 세워서 2.4m×2.6m짜리 벽을 만든다. 이 벽에 약 1.8m×2.6m 크기의 직사각형으로된 하얀 전지를 중앙에 붙인다. 골판지 2 장을 이젤에 기대게 하고, 1.2m×4.8m 크기의 마인드맵을 만들 수도 있다. 이것만으로도 아주 훌륭하다. 종이 가운데에 원을 그린 후 조직, 커뮤니티 혹은 이슈를 나타내는 퓨처서치 제목을 적는다.

퓨처서치 컨퍼런스 준비물 체크리스트

참가자
- ✔ 참가자 초대장 (부록 E 참고)
- ✔ 등록테이블에서 행정적인 지원에 필요한 세팅
- ✔ 이름표

참가자 워크북
- ✔ 참가자 워크북 바인더
- ✔ 참가자 명단
- ✔ 그룹 배정표 (혼합그룹/이해관계자 그룹)

부록 D
워크북 샘플

퓨처서치 특성을 고려해서 우리가 사용하고 있는 것을 수정한 워크시트를 독자들이 쉽게 사용할수 있도록 다음 페이지부터 소개한다. 워크시트는 퓨처서치 각 단계의 활동을 진행하는데 도움이 될 것이다. 굳이 필요하지 않다고 생각되는 부분은 여러분의 상황에 맞게 수정해서 사용하거나, 그마저도 필요하지 않으면 아예 생략할 수도 있다. 이해관계자 그룹 명단이나 혼합그룹 편성표, 참가자 연락처, 시설활용 안내 등 참가자들이 알아야 할 기본정보는 워크북에 포함해주는 것이 좋다. 퓨처서치를 시작할 때는 퍼실리테이터가 발표할 내용 일부를 요약한 핸드아웃을 준비해서 나눠주기도 한다.

2020년 우리지역

지속가능한 미래를 위해 함께 일하기

퓨처서치 진행순서

2019년 10월 27일

13:00-14:00	개회 및 환영인사 개요 및 진행절차
14:00-16:00	과거에 초점 맞추기: 중요 사건과 이정표 목적: 지나온 역사를 알아보고 과거의 역사가 퓨처서치 활동에 주는 의미를 찾는다.
16:15-18:00	현재에 초점 맞추기: 현재 트렌드 목적: "우리 지역"에 미치는 영향을 이해하고 모든 참가자가 동일한 세상에 대해 말한다.

2019년 10월 28일

08:30-12:30	현재에 초점 맞추기(계속)
12:30-13:30	점심식사
13:30-16:00	미래에 초점 맞추기 목적: "우리 지역"에 대해 바라는 미래의 모습을 상상해 본다.
16:15-18:00	공통지대 발견하기 목적: 우리 지역에 대해 모든 사람이 공통적으로 원하는 것을 찾는다.

2010년 10월 29일

08:30-10:00	공통지대 확인하기 목적: 우리 지역에 대해 모두가 원하는 것을 확인한다.
10:15-12:30	행동계획 만들기 목적: 공통지대를 위한 장, 단기 실행계획을 세운다
12:30-13:30	점심식사
13:30-15:00	다음 단계 및 폐회

주의: 모든 세션은 정해진 시간에 시작해서 정해진 시간 내에 마친다. 오전과 오후에 한 번씩 공식적인 휴식시간이 있지만 개인적으로 휴식이 필요할 때는 스스로 자유롭게 판단해서 휴식을 취하면 된다.

퓨처서치 프레임워크

퓨처서치가 다른 회의와 다른 점:

- *전체 시스템이* 참가하게 한다 – 행동을 취할 권한, 자원, 전문성, 정보, 니즈를 가지고 있는 사람들을 포함해서 가능한 한 많은 이해당사자들이 참여할 수 있게 한다는 점에서 상당히 실용적인 방식이다. 이전에는 가능하다고 생각조차 하지 못했던 방식으로 함께 배우고 행동할 기회를 갖는다.

- *역사적*인 관점과 *글로벌* 관점을 가지고 현재 일어나는 일을 관찰한다. 각 참가자들은 자신이 알고 있는 것을 바탕으로 기여하여, 서로에게 새로운 통찰을 주고 행동으로 이어갈 공동의 이미지를 만들어낸다.

- "갈등관리"보다는 *공통지대에* 중심을 둔다. 서로간에 있는 차이와 다름을 모두 존중한다는 뜻이다. 그러나 문제와 갈등을 인정하기는 해도 그것을 해결하지는 않는다. 이렇게 하면 모두가 공유할 수 있는 목표를 발견할 가능성이 더 높아진다.

- 모든 참가자는 문제를 해결하는 것이 아니라 대화를 가장 중요한 도구로 사용하여 자신이 해야 할 일을 스스로 관리하기 위해 초대받는다. 이것은 과제수행을 위해 서로 도움을 아끼지 말아야 할 뿐만 아니라, 자신이 관찰한 것, 실행, 후속조치에 대해 스스로 책임진다는 것을 의미한다.

활동에 대한 합의사항

컨퍼런스 진행자: 산드라 제노프, 마브 웨이스보드

스탭

- 시간과 과제를 설정한다
- 전체그룹 대화를 진행한다
- 회의목적을 최우선 순위에 둔다

참가자들

- 자신의 정보, 통찰, 아이디어를 제공한다.
- 자신이 속한 그룹을 자율적으로 관리한다.
- 책임있게 행동한다.

성공에 필요한 조건

- 모든 아이디어는 타당하다
- 모든 정보는 공개한다
- 어떤 상황에도 경청한다.
- 시간을 준수한다
- 공통 관심사와 실행에 초점을 맞춘다
- 차이점과 문제를 "해결하려고" 하지 않고, 있는 그대로 인정한다.
- 즐긴다!

자율적 운영을 위한 리더십 역할

각 소그룹은 대화, 플립차트, 시간, 보고서 등을 자율적으로 운영한다. 다음은 이 일을 자체적으로 운영하기 위해 유용한 역할을 구분해놓은 것이다. 일을 분산하여 4가지 역할을 돌아가면서 책임지게 한다.

- **토의 진행자(Discussion Leader)**는 발언하고 싶어하는 사람이 누구든 주어진 시간 내에 말할 기회를 준다. 주어진 시간 내에 그룹활동을 끝낼 수 있도록 순조롭게 진행한다.

- **기록자(Recorder)**는 발언한 사람의 말과 대화내용을 그대로 플립차트에 적는다. 설명이 길어지면 간단하게 다시 한번 더 말해달라고 요청한 후 적는다.

- **발표자(Reporter)**는 주어진 시간 내에 그룹이 논의한 내용을 전체 그룹에게 보고한다.

- **시간관리자(Timekeeper)**는 그룹토의시 그룹원들에게 시간이 얼마나 남았는지 알려준다. 보고서를 발표할 때도 발표자에게 남은 시간을 신호로 알려준다.

과거에 초점 맞추기

보고서 마감일자: _____년 _____월 _____일 _____시

목적: 퓨처서치와 관련한 역사와 발전과정을 가장 넓은 맥락에서 살펴보고 그것이 우리가 취할 행동에 어떤 의미가 있는지 결정한다.

과제: 과거에 일어났던 중요한 사건들을 세 가지 관점에서 혼자 생각해본다.
- 개인: 지금의 당신이 있게 한 중요한 경험
- 세계: 지금 사회의 모습이 되도록 영향을 주었던 세계적인 사건
- "X" [퓨처서치 주제] : 주제와 관련하여 있었던 결정적인 사건과 이정표

벽에 붙어 있는 타임라인 챠트에 자신이 생각하는 내용을 마커를 사용하여 글이나 그림으로 표현한다.

벽에 붙어 있는 타임라인 챠트에 바로 적을 수도 있고, 아래 공간에 먼저 적어본 후 벽에 있는 챠트에 옮겨 쓸 수도 있다.

개인적인 경험

1990-1999 _____

2000-2009 _____

2010-현재 _____

주요 글로벌 사건

1990-1999 _____

2000-2009 _____

2010-현재 _____

"X" [퓨처서치 주제]의 주요 이정표

1990-1999 _____

2000-2009 _____

2010-현재 _____

과거에 초점 맞추기

보고서 마감일자: _____년_____월_____일_____시

목적: 이 퓨처서치 회의에서 나눌 대화 프레임을 구성하기 위해 참가자 모두의 경험을 활용한다.

자율적 운영: 그룹 내에서 논의리더, 기록자, 보고자, 시간관리자 역할을 맡게 될 사람을 결정한다

그룹과제

1. 그룹_____

    a. '개인적인 (Personal)' 타임라인 챠트에 적힌 내용을 살펴본 후 회의 참가자들이 어떤 경험을 했는지 이야기를 들려준다.

    b. 우리가 하려는 일과 관련지어 볼 때 이 이야기에서 어떤 의미를 찾을 수 있는가?

2. 그룹_____

    a. '글로벌 (Global)' 타임라인 챠트에 적힌 내용을 살펴본 후 세상이 어떻게 변해왔는지 이야기를 들려준다.

    b. 우리가 하려는 일과 관련지어 볼 때 이 이야기에서 어떤 의미를 찾을 수 있는가?

3. 그룹_____

    a. "X" [퓨처서치 주제] 타임라인 챠트에 적힌 내용을 살펴본 후 지난 30년 동안 어떤 일들이 일어났는지 이야기를 들려준다.

    b. 우리가 하려는 일과 관련지어 볼 때 이 이야기에서 어떤 의미를 찾을 수 있는가?

4. 그룹_____

    a. 모든 타임라인 챠트에 적힌 내용을 살펴본 후 지난 30년간 일어난 일들이 서로 어떻게 연결되는지에 대해 이야기를 들려준다.

    b. 우리가 하려는 일을 생각해볼 때 이 이야기에서 어떤 의미를 찾을 수 있는가?

3분간 발표할 요약보고 내용 준비

현재에 초점 맞추기

X(퓨처서치 주제)에 영향을 미치는 트렌드

목적: 함께 대화를 나눈 후 의사결정하기 위해 가장 넓은 범위에서 사회적, 경제적, 기술적 맥락을 구성해본다.(모든 참가자들이 동일한 세상에 대해 말할 수 있게 한다.)

질문: 사회에서 일어나는 트렌드 중에서 우리가 계획을 세울 때 반드시 고려해야 할 트렌드는 무엇인가?

과제: 우리의 미래에 큰 영향을 줄 거라 믿고 있는 현재 우리 사회에서 일어나고 있는 트렌드(사회, 경제, 기술, 정치, 환경 등)를 마인드맵으로 표현한다.

마인드맵을 위한 가이드라인

- 트렌드에는 반드시 움직이는 방향이 들어 있어야 한다. 많은 쪽에서 더 적은 쪽으로, 적은 쪽에서 더 많은 쪽으로, 큰 쪽에서 더 작은 쪽으로, 작은 쪽에서 더 큰 쪽으로 가는 움직이는 방향을 말한다. 무슨 일이 일어나고 있는지 관찰하기 위해 이 활동을 한다. 판단과 분석은 하지 말아야 한다. 트렌드는 문제점이 아니다.
- 평가도 검열도 내려놓고 합의를 시도하지 않으면서 "브레인스토밍"해야 한다.
- 트렌드를 말한 사람이 마인드맵의 어디에 둘 것인지 결정하게 한다.
- 뒷받침해줄만한 사례가 있을 경우엔 상반되는 트렌드를 말해도 된다.
- 트렌드를 말할 때는 구체적인 사례를 들어주도록 한다. 누가 무엇을 하는 것을 보고 그 트렌드를 생각하게 되었는지 말하면 된다.
- 이 활동에서는 모든 참가자들은 다른 사람이 말해주는 사례를 주의깊게 경청하는 것이 중요하다.

현재에 초점 맞추기

"자랑스러운 점과 아쉬운 점(Prouds and Sorries)"

보고서 마감일자: _____년_____월_____일_____시

목적: 자부심을 가지고 지금까지 해온 것과 자기행동에 대해 책임져야 할 부분을 솔직하게 고백한다.

자율적 운영: 그룹 내에서 논의리더, 기록자, 보고자, 시간관리자 역할을 맡게 될 사람을 결정한다

과제: 플립차트에 다음 2가지 사항에 대해 브레인스토밍 한다.

1. (개인적으로 혹은 그룹으로) "X" [퓨처서치 주제]에 관해 자부심을(Prouds) 가지고 지금도 하고 있는 것은 무엇인가?
2. 지금 하고 있거나 하고 있지 않은 일 중에 미안하다고(Sorries) 생각하는 것은 무엇인가?(주의: "그들이 우리에게 예산을 충분히 주지 않아서 아쉽다"는 것은 아쉬운(Sorries) 것이 아니다. "우리가 기금을 충분히 확보하지 못해서 아쉽다"고 표현하는 것이 이번 과제의 핵심 포인트다.)

   - "가장 자랑스러운 일" 3가지와 "가장 아쉬운 일" 3가지를 강조한다.
   - 이것을 2분내에 전체그룹에게 큰 소리로 읽어준다.

메모:

미래에 초점 맞추기

희망하는 미래 시나리오

보고서 마감일자: _____ 년 _____ 월 _____ 일 _____ 시

목적: 추진하고 싶은 미래를 상상해본다.

자율적 운영: 그룹 내에서 논의리더, 기록자, 보고자, 시간관리자 역할을 맡게 될 사람을 결정한다

과제: ___년 후 자신의 모습을 상상해본다. 오늘은 _____이다. 그동안 꿈꿔온 것을 마침내 실현했다. 지금부터 커뮤니티(기업, 네트워크, 조직)의 모습을 마음 속에서 그려본다

1. 플립차트에 다음 사항을 생생하게 묘사해본다.
   - 현재 운영중인 탁월한 정책/프로그램/구조
   - 이해관계자들간의 소통방법
   - 지속적 성장과 발전을 만들어냈던 구체적인 방법

퓨처서치를 실시했던 그 당시로 되돌아 가본다. 상상했던 미래에 도달하기 위해 어떤 단계들을 밟아왔는가? 그 단계에서 어떻게 했는가?

2. 간절히 원했던 미래의 모습을 창의적으로 표현해본다. 마치 그 일들이 지금 일어나고 있는 것처럼 생생하게 표현해본다. (드라마, 이야기, 시, 음악, 예술, TV쇼 등, 어떤 방법이든 자유롭게 선택해서 표현한다).

주의: 현재시제를 사용해서 표현한다. "우리는...이다", "우리는...을 가지고 있다", "우리는… 을 한다", "우리는...을 믿는다."

미래의 시나리오는 다음 사항을 충족할 수 있어야 한다.
   - 실현 가능해야 함: 실행할 수 있는 노하우를 담고 있어야 함
   - 바람직해야 함: 사회에 도움이 되어야 함
   - 동기를 부여해줘야 함: 그 일을 해낼 준비가 되어 있고, 기꺼이 하고 싶은 것이며, 해낼 수 있는 것이다.

(시나리오 당 7분)

공통 관심사 발견

목적: 모든 참가자들이 원하는 것을 미래의 기반으로 만들어낸다.

자율적 운영: 그룹 내에서 논의리더, 기록자, 보고자, 시간관리자 역할을 맡게 될 사람을 결정한다

과제: 각 그룹은 모든 참가자들이 원한다고 믿는 것들을 목록으로 준비한다.

- 선택사항: 다른 그룹이 만든 공통 관심사 리스트 목록과 비교해본다. 그리고나서 하나의 목록으로 합친다. 그러나 동의할 수 없는 항목이 있으면 "동의하지 않음" 리스트에 그 항목을 올린다.
- 합쳐진 목록에 있는 항목을 하나씩 잘라서 벽에 붙인다.
- 합의에 이를 때까지 전체 그룹은 공통 관심사에 대해 대화를 나눈다. 다른 의견이 나오면 그에 대해 들어보고 수용한다. 모두가 수용할 수 없는 항목은 "동의하지 않음" 목록으로 옮긴다.

메모:

공통 관심사 확인

목적: 미래를 계획할 때 따르게 될 지침을 선언문의 형식으로 적는다.

자율적 운영: 그룹 내에서 논의리더, 기록자, 보고자, 시간관리자 역할을 맡게 될 사람을 결정한다

과제: 공통 관심사 그룹 별로 선언문을 작성한다.

- 선언문은 차트 종이 한 장에 몇 개의 문장으로 작성한다.
- 이 자리에 참석하지 않은 사람도 무엇을 말하는지 이해할 수 있을 정도로 명확하게 표현해야 한다.

주의: 현재 시제를 사용해서 표현한다. "우리는...이다", "우리는...을 가지고 있다", "우리는... 를 한다", "우리는... 을 계획한다".

메모:

ACTION PLANNING

그룹: 자원봉사자, 특별 프로젝트 팀, 이해관계자

이 페이지는 그룹이 계획하고 있는 아이디어와 결정사항을 기록하기 위한 페이지이다.

그룹명: _____

보고서 마감일자: _____년_____월_____일_____시

목적: 단기와 장기행동 단계를 결정하기 위해서이다. 공통지대 아젠다를 실행으로 옮기기 위해 당신은 어떤 단계를 밟아가고 싶은가?

자율적 운영: 그룹 내에서 논의리더, 기록자, 보고자, 시간관리자 역할을 맡을 사람을 결정한다

과제:

1. 단기적으로 취할 행동을 결정한다. (향후 3개월)

구체적 행동	성공여부를 측정할 방법	필요한 지원	마감일자

2. 장기적으로 취할 행동을 정한다. (향후 3년)

구체적 행동	성공여부를 측정할 방법	필요한 지원	마감일자

ACTION PLANNING

개인

이 페이지는 여러분의 개인적인 아이디어와 결정사항을 기록하기 위한 페이지이다.

목적: 단기와 장기행동 단계를 결정하기 위해서이다. 공통지대 아젠다를 실행으로 옮기기 위해 지금부터 어떤 단계를 통해 달성하고 싶은가?

과제:

1. 단기적으로 취할 행동을 결정한다. (향후 3개월)

구체적 행동	성공여부를 측정할 방법	필요한 도움	마감일자

2. 장기적으로 취할 행동을 정한다. (향후 3년)

구체적 행동	성공여부를 측정할 방법	필요한 도움	마감일자

부록 E
초대장 샘플

퓨처서치 개최일자와 장소, 이해관계자를 결정하고 나면 준비위원회는 빠른 시간 내에 초대장을 보내야 한다. 초대장은 1회에 한해 보낼 수도 있지만 참석율을 높이기 위해 여러 번 나눠서 보낼 수도 있다. 개최일자가 가까워질 무렵에 전화로 참석여부를 확인하면 참석율을 높일 수 있다. (자세한 내용은 9장 참고)

다음 페이지에 소개한 초대장 샘플을 참고해서 상황에 맞게 수정한 후 사용하도록 한다.

CITY OF PHILADELPHIA

Office of the Mayor
215 City Hall
Philadephia, PA 19107
(215) 686-2180

MICHAEL A. NUTTER
시장

2009년 7월 29일:

친애하는 _____,

2020년 10월 14일부터 16일까지 필라델피아 시청은 퓨처서치 컨퍼런스를 후원하게 되었다는 기쁜 소식을 전합니다. 우리 시의 건강과 안전, 경제안정에 영향을 미치는 가장 중대한 이슈 중 하나인 재소자들의 사회 재진입 문제를 다루기 위해서입니다. "재진입 2020; 자원 재집중을 통한 삶 되찾기" 라는 이름으로 진행될 컨퍼런스는 이들의 재진입을 지원해줄 다양한 서비스를 위해 최고위직에 있는 분들이 이해관계자 그룹으로 참여할 것입니다. 이들의 재진입을 지원하기 위해 시스템 전체의 관점을 반영하기 위해 다양한 부문에 계신 분들, 법률집행, 재판에 관여하는 분들, 복지서비스, 훈련과 교육, 고용주, 지원 서비스, 전과자와 가족들, 종교단체와 멘토링 기관, 정책입안자와 여론형성자 그룹에서 활동하시는 분들이 참가 대상자로 초대되었습니다.

이미 알고 계시다시피 매년 4만여명이 연방 교도소와 주 또는 지역 교도소에서 석방되어 필라델피아로 나오고 있습니다. 이들 중 상당수는 우리 사회에 노숙자로 들어오고 그들 가운데 대다수는 일자리를 찾지 못하고 있습니다. 다른 선택을 할 수 없기 때문에 이들 전과자의 67%는 다시 체포되고, 50%이상은 3년 이내에 재수감되는 것이 현실입니다. 이들이 교도소로 돌아가면서 범죄율은 높아지고 있습니다. 뿐만 아니라 교도소 내 수감자 수가 엄청나게 증가하면서 새로운 문제가 발생하고 있습니다. 이들 가운데 상당수는 전염병 (HIV/에이즈, 결핵, B형 간염과 C형 간염)과 심각한 정신질환, 약물 남용으로 심한 고통받고 있습니다.

이런 많은 이슈들을 잘 조정하여 효과적으로 대응할 방법을 준비하지 못하면 필라델피아의 미래는 심각한 문제에 직면할 것입니다. "재진입 2020"을 끝까지 실행한다는 약속을 드리며, 책임감을 가지고 시스템과 세부 실행계획을 만들기 위해 핵심 의사결정권자들을 모시기로 한 것입니다. 재범율을 줄이고 퇴소자들의 삶을 향상시키며, 우리 시민들의 삶의 질을 보호하는 데 목적을 두고 통합서비스를 제공하는데 필요한 새로운 시스템에 대한 청사진을 이 자리를 통해 만들 것입니다. 이러한 획기적인 결과를 만들어내기 위해 이미 세계 여러 곳에서 효과가 입증된 "퓨처서치" 계획수립 방식을 사용하기로 결정하였습니다. 독특한 경험을 가지고 있는 각 부문들이 모여 복잡한 이슈를 함께 해결하게 해주는 이 방법은 지금까지 많은 성공사례를 만들어왔습니다.

귀하가 참가자로 선정된 것은 재진입 서비스를 위한 정책과 활동에 영향을 미칠 수 있는 역할을 맡고 계시기 때문입니다. 귀하가 제공해주실 내용과 협력, 지속적인 헌신은 성공의 열매를 맺는데 중요하기 때문에 필라델피아 시장으로서 귀하께서 꼭 참가해주시기를 간청드립니다.

귀하는 퓨처서치 준비위원회 위원으로부터 컨퍼런스 참석에 대한 자세한 안내를 받으실 겁니다. 이런 노력에 동참해주시고 시민들의 복지를 위한 귀하의 헌신에 미리 감사 인사를 드립니다.

시장 마이클 A. 너터

감사의 말

이 책은 퓨처서치 네트워크에 속한 동료 수백 명이 40여년 동안 적용해온 활동을 담고 있다. 그들은 우리에게 도전거리를 던져주었지만 지원 또한 아끼지 않았다. 우리를 흥분하게 했을 뿐만 아니라 강화시켜 주기도 했다. 그들은 사람들이 평생에 걸쳐 접할 수 있는 것보다 더 다양한 문화권에서 봉사할 수 있는 많은 기회를 우리에게 제공해주었다. 우리의 이메일인 리스트서브, 세계 여러 곳에서 참여하는 '학습공유*Learning Exchanges*', '퓨처서칭*FutureSearching*'에 올라온 기사를 통해 함께 나누었던 생생한 대화들 덕분에 우리는 이 책에 중요한 내용을 추가할 수 있었다. 이 자리를 빌어 결코 끝나지 않을 이 작업에 지능, 지혜, 결정적인 판단과 창의성을 더해주고 헌신적으로 기여해준 모든 분들에게 감사의 마음을 전한다.

사회봉사를 위해 제한적인 자원을 효과적으로 연결하도록 실질적인 교훈을 준 '인력개발자원*Resources for Human Development*'의 밥 피시먼*Bob Fishman* 사무총장과 이 책의 플립차트를 만들어 준 전(前) 퓨처서치 네트워크 프로그램 매니저였던 샐리 워드 타일라커*Sally Ward Theilacker*, 그녀의 후임으로 와서 기대한 것보다 훨씬 많은 도움을 준 제니퍼 노이머*Jennifer Neumer*에게도 감사의 말을 전하고 싶다. 베테랑 컨설턴트이자 '퓨처서칭*FutureSearching*' 편집장을 지낸 레리 포터는 수년간 이 활동을 충실하게 지원해줬을 뿐만 아니라 퓨처서치 네트워크의 창립멤버이다.

이에 대해 감사를 표하지 않을 수 없다.

더 완벽하게 퓨처서치 활동을 설명할 수 있도록 우리를 독려해 준 베렛-퀠러Berrett-Koehler의 스티브 피어산티와 그 여정에서 도움을 아끼지 않았던 베렛-퀠러Berrett-Koehler 직원들에게도 감사한다. 특히 이번 개정판 디자인과 가독성을 높이기 위해 창의적인 아이디어를 나눠준 다이앤 플래트너, 게리 팔마티에, 엘리자베스 본 라틱스에게 감사의 마음을 전한다. 늘 그렇듯 우리 두 사람의 배우자인 도로시 웨이스보드와 앨런 코버닉은 변함없이 우리에게 무한한 지지를 보내주고 있다.

특별한 감사

우리는 이번 개정판에서 다양한 사례를 제공해주고 인터뷰에 응해준 전 세계의 많은 퓨처서치 네트워크 스폰서들에게 감사를 표하고 싶다. (Mansoor Ali, Dominique Bach, Th omas Bergmark, Bette Booth, Kevin Brady, Robin Lynn Buchanan, Rolf Carriere, Barry Childs, Harold Clarke, Anders Dahlvig, Cheryl Franscisconi, Dick Haworth, Wade Henderson, Karen Lawson, Torbjörn Lööf, Malgorzata Lubelska, Gerard McCleave, Aideen McGinley, Sir Roy McNulty, Alexei Mekhonoshon, Toshimitsu Tsumura, Hideo Murakami, Kazuhiko Nakamura, Tomas Oxelman, Steve Piersanti, Philip Powell, Eric Robbins, Brian Roberts, Marcus Robinson, Josephine Rydberg- Dumont, Sharad Sapra, Göran Stark, and Dave Whitwam).

또한, 2000년 이후에 진행했던 퓨처서치 사례와 디자인 변경과 관련한 자료를 보내주고 리스트서브 대화에 참여하고 책의 부제를 선정하는 데 도움을 준 전 세계 많은 분들에게 감사한다. (Fred Adair, Billie Alban, Rachel Antrobus, Kate Armstrong, Nancy Aronson, Richard Aronson, Beverly Arsht, Jeff rey Axelbank, Dick Axelrod, Emily

감사의 말

Axelrod, Andre Baken, Glen Barnes, Barry Bateman, Jean-Pierre Beaulieu, Hans Begeer, Tom Behr, Mike Bell, Jack Bender, Kees Jan Bender, Don Benson, Hernando Bermudez, Renuka Bery, Lisa Beutler, Verna Blewett, Alain Bolea, Joe Bowers, Ken Bratz, Mary Broad, Bjorn Brunstad, Cynthia Bryant-Pitts, Ellie Buckingham, Alejandro Builes, Joanna Burke, Donald Burkins, David Callen, Bob Campbell, Adam Canwell, Teresa Carter, Gerard Castles, Bonnie Chandler, Claudia Chowaniec, Harry Christiansen, Claudia E. Cohen, Shem Cohen, Carole Cohn, Eric Collier, Joe Collins, John Colvin, Peggy Comeny, Donna Conlin, Paula Cope, Drusilla Copeland, Ralph Copleman, Clark Cowden, James Cumming, Sonia Daugaard, A. J. Deeds, Christina DelliSanti-Miller, Alice Dendinger, Bapu Deolalikar, Cynthia deWindt, Tom Diamond, Barbara Dickinson, Denise Dolan, Michael Donnelly, Yuval Dror, Maurice Dubras, Susan Dupre, Saul Eisen, Linda Ellinor, Bill Elmore, Katharine Esty, Marybeth Fidler, Gail Fisher, Franciska Fleminger, Connie Fuller, Anne Gardon, Elaine Gaudet, May Gauffin, Ray Gordezky, John Goss, Anne Grady, Gary Graham, Elaine Granata, John Griffin, Gail Terry Grimes, Sue Grolnic, Charles Hall, Bill Hancy, Peter Hardie, Jon Harvey, Jean Haskell, Tara Haughian, Dr. Thomas R. Hawkins, Paul Hedlund, Lisa Heft, Mark Hollern, Drew Howick, Joy Humphreys, Heather Iliff , Peter Jackson, Louise Jamison, Leslie Janoe, Vidyanand Jha, Steve Johnson, Michael Johnston, Lynda Jones, Orrin Judd, Marti Kaplan, Jean Katz, Thomas Kerscher, Chris Kingsbery, Chris Kloth, Mia Konstantinidou, Ferne Kuhn, Joan Kuyper, Rajni Sood Laurent, Gail Ledesma, Alice Leibowitz, Rick Lent, Marty Levine, Justus H. Lewis, Bengt Lindstrom, Rolf Lynton, Ernest Maganya,

퓨처서치

Elena A. Marchuk, Mel Marsh, Kim Martens, Laura Mason-Smith, Marie McCormick, Aria Merkestein, Kathy Minardi, John Mitchell, Gene Moncrief, Marily Mondejar, Winston Moore, Mike Moss, Maria Mosser, Cliodhna Mulhern, Sheila Murtagh, Deepika Nath, Terry Nelidov, Magy Oriah Nock, Barbara Oezdemir, Kenoli Oleari, Douglas Oloughlin, Bonnie Olson, Michael Pannwitz Jr., Michael Pannwitz Sr., Udai Pareek, Neal Pegram, Jacqueline Pelletier, Marcia Pendergrass, Cathy Perme, Peter Peschang, Larry Peters, Anne Peyton, Will Phillips, Mark Pixley, Jacquelyn Holly Pogue, Nancy Polend, Colleen Ponto, Larry Porter, Grace Potts, Keke Quei, Tobin Quereau, Ellen Raboin, Loretta Raider, Han Rakels, Marcia Rayene, Ray Redburn, Rolf Resink, Larry Richard, Tony Richardson, Stan Rifk in, Brian Roberts, Karen Robertson, Rigoberto Rodriguez, Christopher Roesel, Adrienne Rosen, Fran Ryan, Steve Ryden, John A. Sample, Sharad Sapra, Judy Schector, Chris Schoch, Michael Schwartz, Tom Schwarz, Rita Schweitz, Elaine Scott, Masud A. Sheikh, Steve Siegel, Marilyn Siff ord, Sandra Silva, Donna Singer, Diana Smith, Liz Solms, Vijaya Somasundaram, Eric Spaans, Helen Spector, Amy Steff an, Gil Steil, Faith Stewart, Annemieke Stoppelenburg, Bob Sullens, Christina Sutcliff e, Tamara Sutila, Shelley Sweet, Betel Tassew, Liz Reynolds Th omas, Marc Tognotti, Karen Trader- Leigh, Vicki Triponey, Tommy Tucker, Marina Tyasto, Gemma van der Ploeg, Tonnie van der Zouwen, Mario Verweijen, Susan Vonsild, Perry Walker, Tracy Wallach, Ilene Wasserman, John Webb, Laverne Webb, Sandy Weiner, Jane Weiss, Ray Wells, Claude Whitmyer, Jan Williams, Kate Williams, Candace Wilson, Gale Wood, Bob Woodruff , Abby Yanow, and Peter Yates).

사진 제공

Bill Aal: 72, 75, 79, 90, 136, 177
AED: 33
Berrett-Koehler (photo by Ann Campbell): 30
Christina DelliSanti-Miller: 23
퓨처서치 네트워크 : 28, 77, 187
Ilex the Regeneration Company, Derry-Londonderry: 19
Sandra Janoff : 81
Kaap-Z Consulting: 31
Allan Kobernick: 24, 70, 73, 80, 83, 86, 88, 139, 150
Monika Lundholm: 21, 131, 179, 192, 273
Nanzan University: 26

우리는 저작권자에게 연락을 취하기 위해 모든 합리적인 노력을 다했다. 만약 오류나 누락이 있다면 베렛-쾰러가 이 책의 다음 개정판에 적절한 승인 문구를 삽입할 것이다.

퓨처서치

참고문헌

Ackoff, Russell. *The Democratic Corporation: A Radical Prescription for Recreating Corporate America and Rediscovering Success,* Chap. 4. New York: Oxford University Press, 1994.

———. *Redesigning the Future: The Systems Approach to Societal Problems.* New York: Wiley, 1974.

Agazarian, Yvonne. *Systems-centered Theory for Groups.* New York: Guilford Press, 1997.

Agazarian, Yvonne M., and Sandra Janoff. "Systems Theory in Small Groups." In *Comprehensive Textbook of Group Psychotherapy,* edited by Harold I. Kaplan and Benjamin J. Sadock, MD. Philadelphia: Lippincott Williams & Wilkins, 1993.

Alban, Billie, and Loren Mead. *Creating the Future Together: Methods to Inspire Your Whole Faith Community.* Arlington, VA: Alban Institute, 2008.

Alban, Billie, and Barbara Bunker, eds. *Journal of Applied Behavioral Science* 28, no. 4 (1992): 403–22. Special Issue: "Large Group Interventions."

Alexander, Christopher. *A Pattern Language.* New York: Oxford University Press, 1977.

Asch, Solomon. *Social Psychology.* New York: Prentice-Hall, 1952.

August, Yosaif. "Less Is More—Or Less: Improving Patient Experience in Hospital Rooms." *Art, Design, and Medicine* 81, no. 9 (2008): 32–33 (quoting a study by Roger Ulrich in "View through a Window May Influence Recovery from Surgery," *Science* 224 [1984]: 420–21).

Berman, Morris. *Coming to Our Senses: Body and Spirit in the Hidden History of the West.* New York: Bantam Books, 1990.

Bion, Wilfred. *Experience in Groups.* London: Tavistock, 1961.

Brown, Juanita, and David Isaacs. *The World Café: Shaping Our Futures through Conversations That Matter.* San Francisco: Berrett-Koehler, 2005.

Bunker, Barbara B., and Billie T. Alban. *Large Group Interventions: Engaging the Whole System for Rapid Change,* 2nd ed. San Francisco: Jossey-Bass, 2006.

Buzan, Tony. *Use Both Sides of Your Brain.* New York: Dutton, 1976.

Concepcion, Lujan Alvarez. "Strategic Planning for Sustainable Community Forestry in Chihuahua, Mexico." PhD diss., New Mexico State University, 1997.

Cooperrider, David L., and Diana Whitney. *Appreciative Inquiry: A Positive Revolution in Change.* San Francisco: Berrett-Koehler, 2005.

Dannemiller-Tyson Associates. *Whole Scale Change: Unleashing the Magic in Organizations.* San Francisco: Berrett-Koehler, 2000.

Emery, Fred E., and Eric L. Trist. "The Causal Texture of Organizational Environments." *Human Relations* 18, no. 1 (1964): 21–32.

———. *Toward a Social Ecology.* New York: Plenum, 1973.

Emery, Fred E. *The Emergence of a New Paradigm of Work.* Canberra, ACT: Centre for Continuing Education, Australian National University, 1978.

Emery, Merrelyn, ed. *Participative Design for Participative Democracy.* Canberra, ACT: Centre for Continuing Education, Australian National University, Rev. 1993.

Flower, Joe. "Future Search: A Power Tool for Building Healthier Communities: An Interview with Marvin Weisbord." *Healthcare Forum Journal* 38 no. 3 (1995).

Fritz, Robert. *The Path of Least Resistance.* New York: Fawcett Columbine, 1989.

Granata, Elaine Christine. "An Assessment of Search Conferences: Citizen Participation and Civic Engagement in Turbulent Times." PhD diss., University of Colorado at Denver, 2005.

Holman, Peggy, Tom Devane, and Steve Cady, eds. *The Change Handbook,* 2nd ed. San Francisco: Berrett-Koehler, 2007.

Isaacs, William. *Dialogue: The Art of Thinking Together.* New York: Broadway Business, 1999.

Janoff, Sandra. "Experiencing the Asch Conditions in Cultures around the World." *FutureSearching* 14 (2003).

Janoff, Sandra, and Marvin Weisbord. "Speaking with the Ancients." *Healthcare Forum Journal* 40, no. 3 (1997): 26–28, 30–34.

Jacobs, Robert J. *Real Time Strategic Change.* San Francisco: Berrett-Koehler, 1994.

Janssen, Claes. *Personlig Dialektik,* 2nd ed. Stockholm: Liber, 1982.

Jimenez-Guzman, Jaime. "Participation and Development in Mexico." PhD diss., University of Pennsylvania, 2005.

Jung, C. G. *Two Essays on Analytical Psychology.* Translated by R. F. C. Hull. Princeton, NJ: Princeton University Press, 1966.

Korzybski, Alfred. *Science and Sanity,* 3rd ed. Lakeville, CT: International Non-Aristotelian Library, Institute of General Semantics, 1948.

Lent, Richard M., Marie T. McCormick, and Donna Skubis Pearce. "Combining Future Search and Open Space to Address Special Situations." *Journal of Applied Behavioral Science* 41, no. 1 (2005), 61–69.

Lewin, Kurt. *Resolving Social Conflicts.* Edited by Gertrude W. Lewin. New York: Harper & Row, 1948.

Lewin, Kurt, Ronald Lippitt, and Ralph White. "Patterns of Aggressive Behaviour in Experimentally Created 'Social Climates.'" *Journal of Social Psychology* 10 (1939): 271–99.

Lindgren, Mats, and Hans Bandhold. *The Link between Future and Strategy.* Basingstoke, Hampshire, UK: Palgrave Macmillan, 2003.

Lippitt, Lawrence L. *Preferred Futuring: Envision the Future You Want and Unleash the Energy to Get There.* San Francisco: Berrett-Koehler, 1998.

Lippitt, Ronald. "Future before You Plan." In *NTL Manager's Handbook.* Arlington, VA: NTL Institute, 1983.

Ludema, James D., Diana Whitney, Bernard J. Mohr, and Thomas J. Griffin. *The Appreciative Inquiry Summit: A Practitioner's Guide for Leading Large-group Change.* San Francisco: Berrett-Koehler, 2003.

Mager, Robert F., and Peter Pipe. *Analyzing Performance Problems.* Atlanta: CEP Press, 1997.

Merrill, Alexandra. *Self-differentiation: A Day with John and Joyce Weir* (three videotape set). Philadelphia: Blue Sky Productions, 1991.

McDonald, Kathleen L. "The Future of School Counseling and Guidance in Washington State: A Future Search Conference." EdD diss., Seattle University, 1998.

Naisbitt, John. *Megatrends: Ten New Directions Transforming Our Lives.* New York: Warner Books, 1982.

Oels, Angela. *Evaluating Stakeholder Participation in the Transition to Sustainable Development: Methodology, Case Studies, Policy Implications.* Münster, Germany: Lit Verlag, 2003.

―――. "Investigating the Emotional Roller-coaster Ride: A Case Study–Based Assessment of the Future Search Conference Design." *Systems Research and Behavioral Science* 19 (2002): 347–55.

Owen, Harrison. *Open Space Technology: A User's Guide,* 3rd ed. San Francisco: Berrett-Koehler, 2008.

Pagano, Daniel Neil. "Systems Design of a Collaborative Community to Manage New York City's Archaeological Resources." PhD diss., Saybrook Institute, 1993.

Paumgarten, Nick. "The Death of Kings." *New Yorker,* May 8, 2009, 46.

Pickus, Kirsten Nicole. "Participatory Strategic Planning in Nonprofit Organizations: The Roles of Social Capital and Collaboration in Explaining Changes in Personal Actions." PhD diss., University of California, Irvine, 2001.

Polanyi, Michael F. D. "A Qualitative Analysis and Critique of a 'Future Search' Conference: Reframing Repetitive Strain Injuries for Action." PhD Diss., York University (Canada), 2000.

―――. "Communicative Action in Practice: Future Search and the Pursuit of an Open, Critical and Non-coercive Large-Group Process." *Systems Research and Behavioral Science* 19 (2002): 357–66.

Roesel, Chris. "Compressing the FS Process in an Emergency." *FutureSearching* 30 (2004).

Rossi, Alberto. "Key Success Factors of Large Group Interventions." MA thesis, School of Business and Management, Pepperdine University, 2009.

Saxe, John Godfrey. *The Poems of John Godfrey Saxe* (Highgate Edition). Boston: Houghton, Mifflin, 1881.

Schweitz, Rita, and Kim Martens, eds. *Future Search in School District Change.* Lanham, MD: Rowman and Littlefield, 2005.

Schindler-Rainman, Eva, and Ronald Lippitt. *Building the Collaborative Community: Mobilizing Citizens for Action.* Irvine: University of California, Irvine, 1980.

Secor, Julianne H. "Advancing Women as Leaders: An Intergenerational, Multicultural Future Search Conference for Activist Women." EdD diss., Seattle University, 1999.

Sheldrake, Rupert. *The Presence of the Past: Morphic Resonance and the Habits of Nature.* New York: Vintage Books, 1988.

Sontag, Bonnie, and Heather Harker. "I See What You Mean." *FutureSearching* 24 (2002).

Starodub, Linda Ann Susan. "Facilitating Whole-system Methods across Cultures: A Case Study of a Future Search Conference on the Future United Nations in Pakistan." PhD diss., Union Institute, 2001.

Trist, Eric L., and Fred E. Emery. "Report on the Barford Conference for Bristol/Siddeley Aero-Engine Corp." Document No. 598. London: Tavistock Institute, July 10–16, 1960.

Van der Zouwen, Tonnie. "A Practical Guide to Effective Use of Large Scale Interventions: Identification, Evaluation and Facilitation of Sustainable Change with the Whole System."

PhD diss., Department of Organisation Studies, Tilburg University (Netherlands), 2009.

Von Bertalanffy, Ludwig. *General Systems Theory.* New York: Wiley, 1952.

Weir, John. "Laboratory Method in Personal Growth." Chap. 13 in *Laboratory Method in Teaching and Learning,* by Lee Bradford, Kenneth Benne, Jack Gibb, and Ronald Lippitt. Palo Alto, CA: Science & Behavior Books, 1971.

Weisbord, Marvin, and Sandra Janoff. *Don't Just Do Something, Stand There! Ten Principles for Leading Meetings That Matter.* San Francisco: Berrett-Koehler, 2007.

———. "Faster, Shorter, Cheaper May Be Simple, It's Never Easy." *Journal of Applied Behavioral Science: Large Group Interventions: Innovations and Globalization* 41, no. 4 (2005): 503–5.

———. "Future Search." Chap. 4 in *Improving Performance in the Workplace. Volume 2: Selecting and Implementing Performance Interventions,* edited by Ryan Watkins and Doug Leigh. San Francisco: Pfeiffer/John Wiley, 2010.

Weisbord, Marvin R., et al. *Discovering Common Ground.* San Francisco: Berrett-Koehler, 1992.

Weisbord, Marvin R. "Future Search: Innovative Business Conference." *Planning Review* 12, no. 4 (1984): 16–20.

———. "How I Lied My Way Out of Latin and Became a Behavioral Scientist." *OD Practitioner* 7, no. 2 (1975).

———. *Productive Workplaces: Organizing and Managing for Dignity, Meaning and Community,* Chap. 14, "Future Search." San Francisco: Jossey-Bass, 1987.

———. *Productive Workplaces Revisited: Dignity, Meaning and Community in the 21st Century,* Chap. 21, "Improving Whole Systems World Wide." San Francisco: Jossey-Bass/Wiley, 2004.

Wheatley, Margaret J. *Leadership and the New Science,* 3rd ed. San Francisco: Berrett-Koehler, 2006.

Whittaker, Julie, and Ian Hutchcroft. "The Role of Future Search in Rural Regeneration: Process, Context and Practice." *Systems Research and Behavioral Science* 19 (2002): 339–45.

Wilber, Ken. *No Boundary: Eastern and Western Approaches to Personal Growth.* Boston and London: Shambhala, 1985.

Zand, Dale E. "Collateral Organization: New Change Strategy." *Journal of Applied Behavioral Science* 10, no. 1 (1974): 63–89.

퓨처서치

저자 소개

마빈 웨이스보드와 산드라 제노프 박사는 국제적 전문가 모임인 퓨처서치 네트워크를 함께 이끌고 있다. 두 사람은 자신들이 개발한 방법론을 다른 사람들이 사용할 수 있도록 4,000명이 넘는 사람들을 대상으로 교육을 진행해왔다. 이들은 〈아무거나 함부로 하지 말고, 거기에 그대로 서 있어라! Don't Just Do Something, Stand There!〉(2007)를 함께 저술하였다. 산드라는 고등학교를 대상으로 오픈 시스템을 실험하면서 자신이 직접 경험한 것과, 시스템 중심의 그룹개발 활동에 참여했던 경험을 퓨처서치로 가져왔다. 마빈은 비즈니스 조직과 의대들을 대상으로 수십년간 수행했던 중대한 조직개편 활동에서 얻은 경험을 퓨처서치에 접목시켜주었다.

　　마빈은 2004년에 조직개발 네트워크Organization Development Network로부터 공로상Lifetime Achievement Award을 수상했다. 특히 그가 저술했던 〈생산성이 높은 조직Productive Workplaces〉은 지난 40년동안 가장 큰 영향을 미친 책으로 선정되었다. 그는 시애틀대학의 '시스템과 조직개편' 프로그램과 베네딕틴 대학의 조직개발 프로그램 박사과정에 초빙교수로 강의를 해왔다. 펜실베니아 대학의 조직역학 프로그램은 블루스카이 프로덕션의 알란 코버닉과 공동으로 웨이스보드 그동안 진행했던 사례연구와 인터뷰를 담은 "웨이스보드 비디오 아카이브"를 2010년에 만들었다. 마빈은 조직변화에 대해 수많은 논문을 발표했으며, 〈생산성이 높은 조직 재고(2004)〉, 〈공통지대 발견(1992)〉, 〈조직진단(1978)〉을 저술하기도 했다.

　　심리학자이자 컨설턴트인 산드라 제노프는 글로벌화, 지속가능성, 경제개발, 그리고 인간들의 오랜 관행에 대해 수많은 기업조직, 정부기관, 커뮤니티와 함께 작업을 해왔다. 그녀는 영국에 있는 타비스톡 인간관계 연구소가 후원하는 타비스톡 컨퍼런스의 일원이기도 했다. 산드라는 전략기획 프로세스, 조직개편과 합병에 대해 컨설팅을 해오고 있다. 그녀는 '그룹 심리치료'에 대한 교재로 이본 아가자리안과 함께 〈소그룹에서의 시스템 이론(1993)〉이란 책을 저술했다. 조직구조와 행동, 성 사이의 관계에 대한 연구논문인 "도덕 추론에 대한 법 해석"은 '미네소타 법률 리뷰'와 '페미니스트 법학: 여성선택, 진지하게 하라 – 사례와 재료〉에 발표했다.

두 저자와 연락하고 싶은 독자들은 아래 이메일 주소를 활용하기 바란다.
마빈 웨이스보드 : mweisbord@futuresearch.net
산드라 제노프　 : sjanoff@fururesearch.net
퓨처서치 네트워크에 관심이 있는 분은 www.futuresearch.net로 연결해 들어가면 된다.

퓨처서치

번역을 마치고…

일어나야 할 일은 결국 일어난다

내가 전략기획 프로세스를 처음 경험한 것은 휴렛팩커드에 근무하던 1995년이다. 당시 HP 본사에는 여러 나라의 HP 조직을 다니면서 전략기획(당시 HP에서는 전략기획 프로세스의 결과물인 BSS, Business Strategy Summary 라는 것을 모든 조직이 가지고 있어야 했다.) 프로세스를 디자인하고 퍼실리테이션해주는 전문가 그룹이 있었다. 내가 만났던 Alan Padula라는 내부 컨설턴트는 모든 매니저들이 이 과정에 참여해서 조직의 10년 계획 수립에 기여할 수 있도록 했다. 지금은 10년 계획을 수립하는 경우가 거의 없지만 당시에는 10년 계획이 일반적이었다.

Alan이 3일간 진행했던 프로세스는 그 자리에 있었던 모든 참석자들에게는 마술과 같았다. 3일이 어떻게 지나갔는지 모를 정도로 다양한 활동에 모였다가 흩어지고, 다시 모이고, 전체를 대상으로 발표하고, 발표내용에 대해서는 깊은 논의가 이어졌다. 이러기를 반복하면서 환경분석, 미션과 비전, 전략목표와 전략, 그에 따른 인재채용 계획, 사무실 공간 계획, 평가지표 등이 50페이지 분량의 BSS로 만들어졌다. Alan이 사용했던 마술은 다름 아닌 퍼실리테이션이었다. '쉽게 만들어준다'는 의미를 담은 라틴어에서 유래한 이 말은 단순한 기법이 아니라 철학이었고, 나는 이 철학에 매료되었다.

번역을 마치고…

　내게 가장 인상적이었던 것은 우리를 대화의 광장으로 끌어들인 구조와 기법들이었다. 우리 모두는 준비된 시, 공간에서 우리 자신의 생각과 기대, 꿈 등을 노출하기만 하면 되었다. 때로는 생각이 다른 참가자들을 만나지만 대화를 하다 보면 그의 생각이 이해가 되었고, 그 이해를 바탕으로 내 생각을 다른 방식으로 표현하면 상대방은 내 생각을 이해하고 공감해주었다. 마치 아름다운 오케스트라와 같은 대화를 3일간 경험하면서 우리는 비로소 속속들이 한 팀이 되었다.

　그 일의 가치가 나도 모르게 내 DNA 깊이 새겨졌는지, 많은 것들을 보장해주는 좋은 직장을 떠나 홀로서기를 하면서 나는 이런 대화방법을 통한 전략기획 프로세스를 우리나라에 소개하기로 마음 먹었다. 다행스럽게도 이 프로세스를 경험한 분들로부터 요청을 받으면서 조금씩 사례를 만들어갔다. 내가 디자인해서 퍼실리테이션 했던 전략기획 프로세스는 50여개가 넘을 것이다. 이런 방식을 경험한 회사들에서 지금은 조금씩 변화가 나타나고 있다. 그동안 기업 차원에서만 해오던 이 방식을 사업부별로 확대하는 경우가 점점 많아지고 있다. 조직에 맞게 이런 방식을 적용하여 깊은 대화를 주고 받을 수 있는 조직문화를 정착시킨 성공적인 사례도 나오고 있다.

　지속적으로 대그룹 퍼실리테이션에 관심을 갖고 있던 나는 퓨처서치를 알게 되고, 산드라가 진행하는 퓨처서치 워크숍에 직접 참여하기 위해 필라델피아로 갔다. 미국 외 지역에서 참여한 사람은 내가 유일했다. 이들이 사용하는 방식은 어떤 점이 다른지, 왜 그렇게 하는지, 그것의 효과는 또 어떤지 궁금했다. 5일동안 진행된 워크숍에서 내가 감명깊게 목격한 것은 디자인의 견고함 뿐만 아니라, 퍼실리테이터의 존재였다. 자신의 역할을 최소한으로 하고, 참가자들이 주도하도록 자리를 내주는 자연스러운 모습이 놀라웠다. 굳이 참가자들을 웃길 필요도 없고, 시끌벅적한 아이스브레이킹도 필요하지 않았다. 참가자들은 아주 자연스럽게 프로세스로 밀려 들어와 자신의 생각과 관점, 꿈을 편안하게 드러내고 있었다. 어떤 질문이 나와도 서둘러 답해주지 않고 스스로 답을 찾을 수 있도록 기다려주면, 참가자 중에서 어김없이 좋은 아이디어가 나왔다. 일어나야 할 모든 일들은 그렇게 참가자들에 의해 일어나고 있었다.

태극권에서 말하는 '졸력(拙力, 서투른 힘, 상대를 쉽게 이기기 위해 사용하려는 힘)'을 굳이 쓸 필요가 없었다. 졸력은 상대방도 힘을 쓰게 하지만, 졸력을 빼면 상대방도 졸력을 내려놓는다. 힘을 빼면 오히려 힘이 생기는 아이러니컬한 상황들이 절로 일어난다. 애쓴다는 것은 에고를 쓰고 있다는 말일 것이다. 내 생각이 옳다는 에고를 내려놓으면 상대방도 에고를 내려놓고 함께 공통 관심사에 집중한다.

필라델피아에서 산드라의 워크숍을 경험한 후 나는 퓨처서치를 번역하기로 마음 먹었다. 그러나 그 길이 쉽지는 않았다. 단순한 워크숍이 아니라 구조 안에 담긴 이론에 대한 이해도 필요했고, 퓨처서치의 기본 원칙을 비춰볼 철학도 궁금했다. 이렇게 시간을 보내다 나는 결국 2019년 12월에 다시 필라델피아를 찾아 두번째 워크숍을 경험했다. 이때는 퓨처서치 철학과 원칙을 좀 더 깊이 들여다 볼 수 있었고, 산드라 뿐만 아니라 다른 참가자들과도 이야기를 나누었다. 리투아니아에서 온 참가자와 노자와 장자에 대한 이야기도 나누고, 융의 원형에 대한 이야기, 조직개발 이론에 대해 대화를 나누면서 나는 점점 더 깊이 퓨처서치에 매료되었다.

번역을 마치고…

그리고 2020년, 드디어 퓨처서치를 우리 말로 소개하는 책이 세상에 나오게 되었다. 우리 사회도 민주주의가 점점 더 깊이 뿌리내리고 있고, 사람들은 자신의 목소리를 내고 있다. 목소리를 내고, 담고, 또 통합해가는 과정을 쉽고 편안하게 해주는 길잡이로서 이 책이 조직 내에서, 커뮤니티 개발을 위한 현장에서, NGO들의 사회활동에서 믿을 수 있는 파트너가 되기를 기대한다.

이 책이 나오도록 꼼꼼하게 원고를 읽고 교정을 도와준 얼라인드 노애란 과장과 문형식 부대표에게도 감사의 말을 전하고 싶다. 또한 그동안 직원참여를 통해 비전을 수립하고 전략개발을 하는 모험을 함께 해준 고객사의 사장님과 경영진들에게 감사드린다. 그들의 모험이 없었다면 나는 이 책의 진가를 결코 발견하지 못했을 것이다.

일어나야 할 일은 결국 일어난다.

2020년 7월
옮긴이 이영숙

퓨처서치

옮긴이 소개

이 영 숙

현) Aligned & Associates 대표, 조직개발컨설팅/그룹 퍼실리테이션/임원코치
   국제퍼실리테이터협회 공인 퍼실리테이터

전) 국제퍼실리테이터협회 한국지부 대표
   한국MSD, 조직개발 및 사업개선 임원
   한국HP, 조직개발, 품질부서장, 사업기획담당 매니저
   한국외국어대 겸임교수, 이화여대 리더십개발원 지도교수

네덜란드 트웬테대학 박사과정 수료 (주제: 변혁적 리더십과 조직변화)
헬싱키경제경영대학원, MBA (국제경영 전공)

역자는 구성원 참여를 통한 조직개발 활동, 변화관리와 비전/전략수립에 전문성을 가지고 활발하게 활동할 뿐만 아니라 조직 내 갈등상황 중재와 창의적 문제해결을 위한 워크숍을 디자인하고 퍼실리테이션을 수행하면서, 변화과정에 있는 임원들에게는 임원코치로서 변화관리를 지원하고 있다.

저서 : 성공하려면 루이비통을 버려라(2010), 파워코칭 27+3(2010)
역서 : Lead More Control Less(2019), 글로벌 노마드(2011), Google Way(2010),
      리더가 넘어야 할 18개 산(2007), Creating We(2006)